前書き

◇この本の構成
問題（本冊）

   〈漢字読み〉　　　　　　120問：6問×20回
   〈文脈規定〉　　　　　　140問：7問×20回
   〈言い換え類義〉　　　　　60問：6問×10回
   〈用法〉　　　　　　　　　60問：6問×10回

解説（別冊）

◇この本の特徴と使い方

① 問題数が多い。

　新しい「日本語能力試験」を受けるみなさんがN1の「文字語彙」をマスターするための練習問題が数多く入っています。N1レベルの漢字（2000字以上）、語彙（10000語以上）の中から、試験に出そうな重要なものを選んであります。

　漢字と語彙の知識は日本語の勉強の基礎です。文字語彙の力がつけば、文法や読解の試験の得点も必ず上がるはずです。文字語彙の勉強は単調になりがちですが、問題を解きながら覚えれば、ただ暗記をするよりも面白く勉強できるでしょう。合格への近道は、とにかく問題をたくさんやってみることです。この本でしっかり勉強して、合格をめざしてください。

② 回ごとに少しずつ進むことができる。

　少しずつ勉強を進めることができるように、4つの問題がそれぞれ10回または20回に分けてあります。どこから始めても大丈夫ですが、1回ごとに、ページ上の得点欄に点数を書き入れて、現在の実力を測ってください。全部の回が終わったら、また第1回に戻って、もう一度チャレンジします。間違えた問題には印をつけて、二度と間違えないようにすることが大切です。くり返し勉強するために、本には答えを書き込まないようにしましょう。

③ ていねいな解説がついている。

　別冊には、正解と問題の解説（問題文の翻訳、正解語の翻訳、例文、正解でない語の意味や使い方、など）があります。勉強する時間があまりない人は、正解をチェックしてから、間違えた問題だけ、その解説を読んでみればいいでしょう。時間がある

人は、正解できても答えに自信がなかった問題は、必ず解説の部分をゆっくりよく読んでください。解説を読むことで、また力をつけることができます。

④ 語句や例文、難しい説明には翻訳がついている。
別冊の解説では、問題文、正解の語には翻訳（英語、中国語、韓国語）がついています。翻訳を見て解説の内容を確認することができます。

⑤ 正解ではないものについても説明がある。
選択肢の中の、正解ではないものについても説明があります。答えを間違えたときは、参考にしてください。正解ではない語も、知っておかなければならない重要な語ですから、意味をしっかり確認しましょう。

◇Ｎ１「文字語彙」の勉強のポイント

＜漢字読み＞
漢字で書かれた言葉の読み方を選びます。ひらがなの表記を選びますから、ひらがなでどのように書くかをきちんと知っていなければなりません。特に、次のような読み方は間違えやすいので、注意しましょう。

１．長い音と短い音：例（世紀）せいき／（世論）せろん　（登場）とうじょう／（登山）とざん　（夫婦）ふうふ／（夫人）ふじん　（理由）りゆう／（経由）けいゆ

２．清音と濁音：例（交代）こうたい／（世代）せだい　（財布）さいふ／（財産）ざいさん　（大金）たいきん／（代金）だいきん　（酒屋）さかや／（居酒屋）いざかや

３．促音への変化：例（団結）だんけつ／（結束）けっそく　（徹夜）てつや／（徹底）てってい　（復習）ふくしゅう／（復興）ふっこう　（出場）しゅつじょう／（出世）しゅっせ

４．半濁音への変化：例（台風）たいふう／（突風）とっぷう　（法律）ほうりつ／（寸法）すんぽう　（発電）はつでん／（原発）げんぱつ

５．読み方がたくさんある漢字：例「日」（日、日曜、休日、二日）
　　　　　　　　　　　　　　　　　「下」（下、下流、上下、下りる、下る、下がる）

６．例外的な読み方の言葉：例「息子」「素人」「玄人」「吹雪」「雪崩」「故郷」「老舗」「洒落」「建立」

＜文脈規定＞
文の意味を推測して、それに合う言葉を選びます。語彙の問題としては標準的な

問題です。（　　　）に入る言葉を探すのはクイズ的な面白さもありますが、4つの選択肢には、意味や音や漢字が似ている言葉が並んでいますから、間違えないようによく注意しましょう。

＜言い換え類義＞

文中の下線で示された言葉と同じ意味、近い意味の言葉を選びます。示された言葉と選択肢の言葉と、両方の意味を知っていれば答えることができます。語彙の勉強では、単語カードや単語ノートを作って言葉を覚える人が多いですが、単語の意味を母語に置き換えるだけでなく、別の日本語で置き換えて覚えるのも良い方法です。こうすれば、一度に2つ、3つの単語が覚えられて、語彙を増やすのに効果的です。

＜用法＞

下線のついた言葉が適切に使われている文を選びます。語彙の問題ですから、文法的な適切さではなく、意味的に適切かどうかを判断します。この問題は単語の意味を知っているだけではなく、その言葉が文の中でどのように使われるかを知らないと答えられません。ですから、単語の意味を暗記するだけではだめで、文で覚えるのが良い勉強法です。覚えやすい例文を選んで、その文全体を覚えましょう。例えば「手間」なら、「この仕事は手間がかかる」という文を覚えます。カタカナの言葉も出題されますが、外来語でも日本語としての使い方を知っておかなければなりません。

Preface

◇ **The makeup of this book**
Questions (this book)
< Kanji reading > 120 questions : 6 questions × 20 sets
< Contextually-defined expressions > 140 questions : 7 questions × 20 sets
< Paraphrases > 60 questions : 6 questions × 10 sets
< Usage > 60 questions : 6 questions × 10 sets
Explanations (separate booklet)

◇ **Features of and how to use this book**

(1) A large number of questions are provided
This book contains a large number of practice tests in the area of "characters and vocabulary" for those who are going to take the new "Japanese-Language Proficiency Test" Level N1. From among the N1 Level kanji (over 2000) and vocabulary (over 10000), some of the most important ones that are most likely to be asked in the test have been selected.
The knowledge of kanji and vocabulary is the most basic for learning Japanese. With the acquisition of characters and vocabulary, you will certainly be able to earn higher scores in grammar or comprehension tests. Learning characters and vocabulary tends to be monotonous and boring, but if you learn them while you answer questions in the tests, you will find it more fun to learn them than simply memorizing them. A shortcut for you to pass the test is to try as many practice questions as possible. We hope you study this book hard and can finally pass the test.

(2) You can proceed gradually by taking one test at a time
Each of the four sets of practice tests are split into 10 or 20 portions so you can proceed your study little by little. You can begin with whichever portion you want, but make sure you fill in your score each time in the score space at the top of the page so you know your current level. When you have finished all the tests, go back to the first one and try again. Mark the ones in which your answers were wrong, and try not to make the same error again. We advise you not to write the answers on the book so you can try the same questions repeatedly.

(3) It comes with detailed explanations.
In the separate book, you will find the correct answers and explanations (translations of questions and answers, meanings of examples and usages of non-correct alternatives, etc.). If you don't have much time to study, you can read explanations of only the questions you gave wrong answers to, after you checked the correct answers. If you do have time, make sure you read the explanations carefully even if you gave the correct answers but were not confident. You can further improve your skills by reading them.

(4) Phrases, examples, difficult explanations are followed by translations.
In the separate book, the questions and answers are translated into English/Chinese/Korean. You can make sure you understand the explanations by reading the translations.

(5) Non-correct alternatives also come with explanations.
Among the choices, the non-correct alternatives also come with explanations which will be helpful when you chose a wrong answer. You also need to know the meanings of non-correct alternatives which are also important.

◇ **How to prepare for N1 "Characters and Vocabulary"**
< **Kanji reading** >
You are asked to choose the right readings of words written in kanji. You need to choose the right readings written in hiragana, so you must know exactly how to rewrite kanji characters using hiragana. Below are some examples of kanji readings you need to pay special attention to:

1. Long and short sounds：Examples （世紀）せいき／（世論）せろん　（登場）とうじょう／（登山）とざん　（夫婦）ふうふ／（夫人）ふじん　（理由）りゆう／（経由）けいゆ
2. Voiceless and voiced sounds：Examples （交代）こうたい／（世代）せだい　（財布）さいふ／（財産）ざいさん　（大金）たいきん／（代金）だいきん　（酒屋）さかや／（居酒屋）いざかや
3. Shift to double consonants：Examples （団結）だんけつ／（結束）けっそく　（徹夜）てつや／（徹底）てってい　（復習）ふくしゅう／（復興）ふっこう　（出場）しゅつじょう／（出世）しゅっせ
4. Shift to semi-voiced sounds：Examples （台風）たいふう／（突風）とっぷう　（法律）ほうりつ／（寸法）すんぽう　（発電）はつでん／（原発）げんぱつ
5. Kanji with multiple readings：Examples 「日」（日、日曜、休日、二日）
　　　　　　　　　　　　　　　　　　「下」（下、下流、上下、下りる、下る、下がる）
6. Kanji with special readings：Examples 「息子」「素人」「玄人」「吹雪」「雪崩」「故郷」「老舗」「洒落」「建立」

< Contextually-defined expressions >

You are asked to guess the meaning of a sentence and to choose the proper word which matches the sentence. This is a standard type of vocabulary questions. You may find it sort of fun like playing a game to try to find the proper words to fill in the blanks, but you need to be very careful in choosing the right one because the four choices given are very much alike in meaning, sound, or kanji.

< Paraphrases >

You are asked to choose the word which has (about) the same meaning as of the underlined word in a sentence. You can pick the right word if you know the meaning of both the underlined word and of the choices. A lot of people use cards or a notebook for learning vocabulary, but you could also practice rephrasing words using different Japanese words when learning vocabulary rather than simply translating them into your native language. It will be effective in enhancing your vocabulary if you do this, because you can learn two or three words at the same time.

< Usage >

You are asked to choose the right sentence which has the proper usage of the underlined word in the sentence. Because this is a vocabulary question, you need to judge if a word is being properly used in a sentence rather than judging the grammatical accuracy. You cannot pick the right sentence unless you know how a word is used in a sentence besides the original meaning of it. Therefore, it will be no good to just memorize vocabulary mechanically. You need to learn how they are used in sentences. Pick example sentences that are easy to remember, and memorize the whole sentences. For example, when you want to learn the word "tema" (手間), you memorize the sentence "This work takes a lot of work." (この仕事は手間がかかる). Katakana words are also asked, and although they are foreign words, you need to know the right usage as used in Japanese.

序言

◇这本书的构成
练习题 (本册)
＜汉字读法＞ 120 题：6 题 ×20 回
＜上下文的连贯性规则＞ 140 题：7 题 ×20 回
＜替换近义词＞ 60 题：6 题 ×10 回
＜用法＞ 60 题：6 题 ×10 回
解说 (另册)

◇这本书的特征和用法
①练习题多
　　为了使准备应试新"日语能力试验"的学习者掌握 N1"文字词汇"，本书收入了大量的练习题。从 N1 水平的汉字（2000 字以上），词汇（10000 词语以上）的范围中，选择了在考试中容易出现的重要的部分。
　　汉字和词汇的知识是日语学习的基础。如果能增强文字词汇的能力，文法，阅读和理解的得分也必定会提高。虽然文字词汇的学习很容易变得单调，但是一边做练习题一边记的话，总比就这样死记硬背学起来有趣得多。及格的近道，就是大量地做习题。请认真学习这本书，向合格的目标挺进。

②每回都能循序渐进地向前发展
　　为了循序渐进地向前发展，4 个问题，各分为 10 回到 20 回。从哪儿开始做都可以，每回都可以在当页上的得分栏中填入分数，测试现在的能力。全部做完后，再回到第 1 回，再挑战一次。做错的练习题请做一下记号，再做的时候 不要再错，这很重要。为了重复练习，请不要直接把答案写在书上。

③附有详细的解说
　　在另册里有正确答案和练习题的解说。(也附有练习题的译文，正确答案的译文。例句和非正确答案的词语的意思和用法等。)。没有时间学习的人，只要核对正确答案，然后读一下自己答错了的练习题的解说就可以了。有时间学习的人，即使你答对了，但却觉得还没有自信的练习题，也请一定仔细地读一下解说。通过读解说，会提高你的能力。

④语句，例句和比较难的说明都附有翻译
　　在另册解说中，练习题，正确答案都附有翻译（英语，中文和韩文）。能够看着译文确认解说的内容。

⑤对非正确答案的选项也有说明
　　在选择题中，对非正确答案的选项也作了说明。答错的时候，可作参考。非正确答案的词语，也是必须知道的重要词语，请确认词语的意思。

◇ N1"文字词汇"的学习要点
＜汉字读法＞
　　选择用汉字写的词语的读法。因为是用平假名书写的，必须确切地掌握用平假名是怎么写的。特别是下面的词语的读法容易出错，请注意。

1. 长音和短音：例如 （世紀）せいき／（世論）せろん （登場）とうじょう／（登山）とざん （夫婦）ふうふ／（夫人）ふじん （理由）りゆう／（経由）けいゆ
2. 清音和浊音：例如 （交代）こうたい／（世代）せだい （財布）さいふ／（財産）ざいさん （大金）たいきん／（代金）だいきん （酒屋）さかや／（居酒屋）いざかや
3. 促音的变化：例如 （団結）だんけつ／（結束）けっそく （徹夜）てつや／（徹底）てってい （復習）ふくしゅう／（復興）ふっこう （出場）しゅつじょう／（出世）しゅっせ
4. 变成半浊音时：例如 （台風）たいふう／（突風）とっぷう （法律）ほうりつ／（寸法）すんぽう （発電）はつでん／（原発）げんぱつ
5. 有很多读法的汉字：例如「日」(日、日曜、休日、二日)
　　　　　　　　　　　　　「下」(下、下流、上下、下りる、下る、下がる)
6. 读法例外的词语：例如「息子」「素人」「玄人」「吹雪」「雪崩」「故郷」「老舗」「洒落」「建立」

< 上下文的连贯性规则 >
　　推测文章的意思，选择合适的词语。作为词汇的练习题，是标准的习题。寻找填入（　　　）的词语时，虽然有像猜谜一样有趣的一面，但在4个选择项目中，排列着意思，读音和汉字相近的词语，如果不注意的话很容易出错。

< 替换近义词 >
　　选择与文中画着下线的词语意思相同或相近的词语。如果同时知道画着下线的词语和被选择的词语的意思，那么就能正确回答。在学习词汇时，很多人制作单词卡，单词本来记住单词。不只是用自己国家的语言来记住单词，而是用其他的日语词语来解释单词也是一种很好的记忆方式。如果这样做的话，一次能记住2，3个单词，有增加词汇量的效果。

< 用法 >
　　选择画有下线的词语被正确使用的语句。因为这是词汇的练习题，所以并不是选择文法是否合适，而是判断文的意思是否贴切。在这个练习题中，不只是要知道单词的意思，而且要知道怎样在文中使用，如果不知道，就无法回答。所以，不只是要记住单词的意思，记住整个语句才是好的学习法。选择容易记住的语句，记住整个句子。例如：要记住「手間」这个单词，最好记住「この仕事は手間がかかる」这个句子。也会出片假名的题目，即使是外来语，也须记住在日语中的用法。

머리말

◇이 책의 구성
문제 (본책)
< 한자읽기 > 120 문 : 6 문 ×20 회
< 문맥규정 > 140 문 : 7 문 ×20 회
< 환언유의 > 60 문 : 6 문 ×10 회
< 용법 > 60 문 : 6 문 ×10 회
해설 (별책)

◇이 책의 특징과 사용법
①문제수가 많다.
　새로운「일본어능력시험」을 보시게 될 여러분이 N1 의「문자어휘」를 마스터할 수 있도록 연습문제를 많이 넣었습니다. N1 레벨의 한자 (2000 자 이상), 어휘 (10000 어 이상) 중에서 시험에 나올만한 중요한 부분을 선택하였습니다.
　한자와 어휘에 대한 지식은 일본어 공부의 기본입니다. 문자어휘의 실력이 쌓이면 문법과 독해 시험의 점수도 반드시 오르게 됩니다. 문자어휘 공부는 단조로울 수 있지만 문제를 풀면서 외우게 되면 단순히 암기하는 것보다는 재미있게 공부하실 수 있을 것입니다. 합격의 지름길은 무엇보다도 문제를 많이 풀어보는 것입니다. 이 책을 착실히 공부하여, 꼭 합격하시기 바랍니다.

②회마다 조금씩 진도를 나갈 수 있다.
　조금씩 공부해 나갈 수 있도록 4 개의 문제가 각각 10 회 ~20 회로 나눠져 있습니다. 어디서부터 시작해도 괜찮습니다만, 1 회마다 페이지 상단의 득점란에 점수를 기입하여 현재의 실력을 측정해 보십시오. 모든 회가 끝나면 다시 제 1 회로 돌아가 다시 한번 도전해 봅시다. 틀린 문제에는 표시를 하여 두 번 다시 틀리지 않도록 하는 것이 중요합니다. 반복하여 공부할 수 있도록 책에는 답을 기입하지 않도록 합시다.

③자세한 해설내용이 있다.
　별책에는, 정답과 문제의 해설 (문제 문장의 번역, 정답어의 번역, 예문, 정답이 아닌 단어의 의미와 사용법 등) 이 있습니다. 공부할 시간이 그다지 없는 사람은, 정답을 체크한 후 틀린 문제만 그에 관한 해설을 읽어 보는 것이 좋겠지요.
공부할 시간이 있는 사람은 정답을 맞추었더라도 대답에 자신이 없는 문제였다면, 반드시 해설 부분을 자세히 잘 읽어 보시기 바랍니다. 해설을 읽음으로써 한층 실력이 쌓이게 될 것입니다.

④어구와 예문, 어려운 설명에는 번역이 있다.
　별책의 해설에는, 문제문장, 정답어에 번역내용 (영어, 중국어, 한국어) 이 있습니다. 번역을 보고 해설 내용을 확인할 수 있습니다.

⑤정답이 아닌 내용에도 해설이 있다.
　선택지 중, 정답이 아닌 내용에도 설명이 있습니다. 답이 틀렸을 때는 참고해 주세요. 정답이 아닌 단어도 꼭 알아두어야 할 중요한 단어이므로, 의미를 정확히 확인해 둡시다.

◇ N1「문자어휘」공부 포인트
< 한자읽기 >
　한자로 적혀져 있는 단어의 읽는 법을 선택하는 문제입니다. 히라가나의 표기를 선택하게 되므로, 히라가나로 어떻게 쓰는지 정확히 알아둬야만 합니다. 특히 다음과 같은 읽는법은 틀리기 쉬우므로 주의해 주십시오.
1. 장음과 단음 : (世紀) せいき／ (世論) せろん　 (登場) とうじょう／ (登山) とざん　 (夫婦)

ふうふ／(夫人)ふじん　(理由)りゆう／(経由)けいゆ
2. 청음과 탁음 : (交代)こうたい／(世代)せだい　(財布)さいふ／(財産)ざいさん　(大金)たいきん／(代金)だいきん　(酒屋)さかや／(居酒屋)いざかや
3. 촉음으로의 변화 : (団結)だんけつ／(結束)けっそく　(徹夜)てつや／(徹底)てってい　(復習)ふくしゅう／(復興)ふっこう　(出場)しゅつじょう／(出世)しゅっせ
4. 반탁음으로의 변화 : (台風)たいふう／(突風)とっぷう　(法律)ほうりつ／(寸法)すんぽう　(発電)はつでん／(原発)げんぱつ
5. 읽는 법이 많은 한자 : 「日」(日、日曜、休日、二日)
　　　　　　　　　　　　「下」(下、下流、上下、下りる、下る、下がる)
6. 읽는 법이 예외적인 단어 : 「息子」「素人」「玄人」「吹雪」「雪崩」「故郷」「老舗」「洒落」「建立」

< 문맥규정 >
　문장의 의미를 추측하여, 그에 맞는 단어를 선택하는 문제입니다. 어휘문제로는 표준적인 문제입니다. ( )에 들어갈 단어를 찾는 것은 퀴즈문제와 같이 재미있을 수도 있습니다만, 4개의 선택지에는 의미나 음이나 한자가 비슷한 단어가 나열되어 있으므로 주의하지 않으면 틀리기 쉽습니다.

< 환언유의 >
　문장 중에 밑줄이 그어져 있는 단어와 같은 의미, 가까운 의미의 단어를 선택하는 문제입니다. 밑줄 그어진 단어와 선택지의 단어, 양쪽의 의미를 알고 있다면 답할 수 있습니다. 어휘를 공부하는 방법으로 단어카드나 단어노트를 만들어 외우는 사람이 많습니다만, 단어의 의미를 모국어로만 옮겨 놓지 말고 다른 일본어로도 옮겨 놓고 외우는 것도 좋은 방법입니다. 그렇게 하면 한번에 2~3개의 단어를 외울 수 있으므로 어휘력을 늘리기에 효과적입니다.

< 용법 >
　밑줄이 그어진 단어가 적절하게 사용되어져 있는 문장을 선택하는 문제입니다. 어휘 문제이므로 문법적으로 적절한가가 아닌, 의미적으로 적절한가로 판단합니다. 이 문제는 단어의 의미를 알고 있어야 할 뿐만 아니라, 문장 중에서 어떻게 사용되어야 하는가도 알고 있어야만 답할 수 있습니다. 그러므로 단어의 의미만 암기하지 말고, 문장으로 외우는 것이 좋은 공부방법입니다. 외우기 쉬운 예문을 선택하여, 그 문장 전체를 외워봅시다. 예를 들어,「手間 (수고, 노력, 손)」의 경우, 「この仕事は手間がかかる (이 일은 손이 간다)」와 같이 문장으로 외워봅시다. 가타카나로 된 단어도 출제되므로, 외래어라도 일본어로써의 사용방법을 알아두고 있어야 합니다.

目次
もくじ

前書き まえがき	2
Preface	5
序言	7
머리말	9
目次 もくじ	11
文字 もじ	13
漢字読み かんじよ	14
語彙 ごい	35
文脈規定 ぶんみゃくきてい	36
言い換え類義 いかるいぎ	56
用法 ようほう	66

【別冊】正解・解説
べっさつ　せいかい・かいせつ

文字 もじ　　漢字読み かんじよ	2
語彙 ごい　　文脈規定 ぶんみゃくきてい	38
言い換え類義 いかるいぎ	73
用法 ようほう	85

文 字

漢字読み　第1回 - 第20回

第1回 漢字読み

日付	／	／	／
得点	／6	／6	／6

_____の言葉の読み方として最もよいものを、1・2・3・4から一つ選びなさい。

【1】 店の売上(うりあげ)金額は、毎日出納帳に記入しています。

　　1　でのうちょう　　　　2　しゅっとうちょう
　　3　すいとうちょう　　　4　しゅつのうちょう

【2】 失業して、家賃や税金の支払いが滞ってしまった。

　　1　とどこおって　　　　2　さかのぼって
　　3　かたよって　　　　　4　ただよって

【3】 パンをスープに浸して食べた。

　　1　つるして　　2　とかして　　3　ひたして　　4　はたして

【4】 出発の時刻になり、見送りに来た友人に別れを告げた。

　　1　すげた　　2　つげた　　3　とげた　　4　こげた

【5】 新聞の記事からニュースを抜粋して、レポートの参考にしている。

　　1　ばつすい　　2　ぬきすい　　3　ばっすい　　4　ぬきずい

【6】 あ、それでは上下が逆様ですよ。

　　1　きゃくよう　　2　ぎゃくさま　　3　さかよう　　4　さかさま

第2回 漢字読み

___の言葉の読み方として最もよいものを、1・2・3・4から一つ選びなさい。

【7】 教会での結婚式の後、ホテルで披露宴が行われた。

1　ひいろうえん　　2　ひろうえん　　3　ひろえん　　4　ひいろえん

【8】 顔色が冴えないね。どうしたの。

1　ひえない　　2　きえない　　3　さえない　　4　たえない

【9】 中途半端な気持ちでは、どんな仕事も務まらない。

1　ちゅうとはんはし　　2　なかどはんぱ
3　ちゅうとはんぱ　　4　なかとはんぱ

【10】 そんなくだらない議論に貴重な時間を費やすのはやめよう。

1　ついやす　　2　ひやす　　3　たがやす　　4　もやす

【11】 彼は辛い仕事を忍耐強く続けている。

1　じんたい　　2　にんだい　　3　にんない　　4　にんたい

【12】 彼女が仕事をするときの手際のよさには驚かされる。

1　てさい　　2　しゅぎわ　　3　しゅさい　　4　てぎわ

第3回 漢字読み

_____の言葉の読み方として最もよいものを、1・2・3・4から一つ選びなさい。

【13】 たとえ貧乏でも、愛があれば幸せだ。
1 びんぼう　　2 ひんほう　　3 びんぼ　　4 ひんぽう

【14】 今、夏休みの北海道旅行の計画を練っている。
1 そっている　　2 ねばっている　　3 になっている　　4 ねっている

【15】 果てしない宇宙をいつか旅してみたい。
1 たてしない　　2 はてしない　　3 かてしない　　4 くてしない

【16】 対立する意見を折衷して結論を出した。
1 おりあい　　2 せっちゅう　　3 せつちゅう　　4 おりちゅう

【17】 職場で仕事中に人の噂話（うわさばなし）をするのは慎むべきだ。
1 つつしむ　　2 しんむ　　3 いつくしむ　　4 はにかむ

【18】 私は山の麓の静かな町で少年時代を過ごした。
1 ろく　　2 ふもと　　3 すその　　4 しか

第4回 漢字読み

日付	/	/	/
得点	/6	/6	/6

_____の言葉の読み方として最もよいものを、1・2・3・4から一つ選びなさい。

【19】 国際交流のイベントを催す計画が進んでいる。

　　1　ほどこす　　2　もよおす　　3　さいす　　4　うながす

【20】 この庭には花の香りが漂っている。

　　1　さからって　2　あやつって　3　とどこおって　4　ただよって

【21】 この国の国民の大部分が貧困と闘っている。

　　1　びんいん　　2　ひんいん　　3　びんこん　　4　ひんこん

【22】 これは彼の作品の中で最高の傑作だ。

　　1　けっさ　　2　けさく　　3　けっさく　　4　けつさく

【23】 彼女は細やかな心づかいのできる人だ。

　　1　こまやかな　2　ほそやかな　3　ひそやかな　4　さいやかな

【24】 製品の良し悪しは見た目ではよくわからない。

　　1　よしわし　　　　　　　2　りょうしあくし
　　3　りょうしわるし　　　　4　よしあし

第5回 漢字読み

＿＿＿＿の言葉の読み方として最もよいものを、1・2・3・4から一つ選びなさい。

【25】 社会生活において重要なことは、円滑な人間関係を築くことだ。
1 まるこつ　　2 まるすべり　　3 えんかつ　　4 えんこつ

【26】 田中選手が今季限りで競技を退くそうだ。
1 しりぞく　　2 たいく　　3 みちびく　　4 なげく

【27】 「そんなことはわけないさ」と彼は無造作に言った。
1 ぶぞうさく　　2 むぞうさく　　3 ぶぞうさ　　4 むぞうさ

【28】 2つの町を隔てていた川に橋がかけられた。
1 はばてて　　2 へだてて　　3 そばだてて　　4 おだてて

【29】 言論の自由が束縛される国もある。
1 たばじゅう　　2 そくばく　　3 たばせん　　4 そくばっく

【30】 彼はいつも見栄を張って部下に食事をおごっている。
1 みえ　　2 みえい　　3 けんえい　　4 けんさかえ

第6回 漢字読み

日付	/	/	/
得点	/6	/6	/6

_____ の言葉の読み方として最もよいものを、1・2・3・4から一つ選びなさい。

【31】 テレビで紹介されて以来、店が繁盛するようになった。

　　　1　はんじょう　　2　はんせい　　3　はんもり　　4　はんざかり

【32】 被災地では復興(ふっこう)に協力するボランティアを募っている。

　　　1　つのって　　2　したって　　3　ぼって　　4　くだって

【33】 この作品は情景の細かい描写が評価されている。

　　　1　ひょうしゃ　　2　びようしゃ　　3　びょうしゃ　　4　みょうしゃ

【34】 他人の成功を妬むのはやめよう。

　　　1　にらむ　　2　ひがむ　　3　からむ　　4　ねたむ

【35】 待遇の改善を求めて、従業員がストライキを行った。

　　　1　たいぐう　　2　じぐう　　3　まちぐう　　4　じまい

【36】 インターネットで電話料金の内訳を確認した。

　　　1　ないやく　　2　うちやく　　3　ないわけ　　4　うちわけ

第7回 漢字読み

日付	／	／	／
得点	／6	／6	／6

_____の言葉の読み方として最もよいものを、1・2・3・4から一つ選びなさい。

【37】 健康のために、酒はなるべく控えたほうがいい。

1　そろえた　　2　おさえた　　3　かかえた　　4　ひかえた

【38】 携帯電話の登場は、通信機器の新時代を開く画期的な出来事であった。

1　がきてき　　2　がくきてき　　3　かっきてき　　4　かくきてき

【39】 彼は旅行の予定を変更して、その町に留まることにした。

1　たまる　　2　とどまる　　3　かたまる　　4　おさまる

【40】 彼の言っていることは矛盾だらけだ。

1　じゅうじゅん　2　むじゅん　　3　むじゅう　　4　じゅうじゅ

【41】 彼女はまだ若いのに、実際の年齢よりも老けて見える。

1　ふけて　　2　おけて　　3　ろうけて　　4　ほうけて

【42】 手紙の宛名を書き間違えるのはとても失礼だ。

1　えんめい　　2　しめい　　3　あだな　　4　あてな

第8回 漢字読み

_____の言葉の読み方として最もよいものを、1・2・3・4から一つ選びなさい。

【43】 事業の拡張にともなって、新しい従業員を雇うことにした。

1　やとう　　　2　まかなう　　　3　かなう　　　4　したう

【44】 昨夜は友人とお洒落なレストランで食事をした。

1　さけらく　　2　さからく　　　3　しゅらく　　4　しゃれ

【45】 早いもので、この制度が発足して10年になる。

1　ほっそく　　2　はそく　　　3　ほそく　　　4　はつそく

【46】 手土産を携えて上司の家を訪問した。

1　かかえて　　2　たずさえて　　3　そなえて　　4　もとめて

【47】 登山は体力を消耗する。

1　しょもつ　　2　しょうも　　　3　しょうもう　　4　しょも

【48】 ドアの隙間から風が入ってきて寒い。

1　すきかん　　2　げきかん　　　3　すきま　　　4　げきま

第9回 漢字読み

_____の言葉の読み方として最もよいものを、1・2・3・4から一つ選びなさい。

【49】 我々の連勝を阻む強敵が現れた。

1 こばむ　　2 はばむ　　3 あやぶむ　　4 つつしむ

【50】 彼は面倒見がいいので、大勢の後輩に慕われている。

1 かまわれて　2 になわれて　3 したわれて　4 おもわれて

【51】 彼女は炊事があまり好きではない。

1 たくじ　　2 けつじ　　3 かじ　　4 すいじ

【52】 両親の期待に背いてしまって、無念だ。

1 はいいて　2 せいて　　3 ほくいて　4 そむいて

【53】 政治家のスキャンダルが暴露された。

1 ばくろ　　2 ぼうろ　　3 ぼうつゆ　4 ばくつゆ

【54】 この小説は主人公の心の闇を描いている。

1 おと　　2 もん　　3 やみ　　4 とい

第10回 漢字読み

_____の言葉の読み方として最もよいものを、1・2・3・4から一つ選びなさい。

【55】 高齢化社会をむかえ、介護サービスを提供する事業が増えている。

1　かんご　　　2　かいご　　　3　かんじょう　　4　かいじょう

【56】 講義の要旨をまとめたものを配りますので、よく読んでおくこと。

1　ようじ　　　2　ようし　　　3　ようけん　　　4　ようこう

【57】 この薬は胃腸の調子を整えてくれる。

1　そびえて　　2　かかえて　　3　ふりかえて　　4　ととのえて

【58】 大地震による被災者の数は10万人を超えた。

1　ひがいしゃ　2　ふさいしゃ　3　かわさいしゃ　4　ひさいしゃ

【59】 博士はノーベル賞の受賞によって世界的な名声を獲得した。

1　ごとく　　　2　かくとく　　3　しゅうとく　　4　かっとく

【60】 船は左に舵を取った。

1　だ　　　　　2　じゃ　　　　3　かじ　　　　　4　へび

第11回 漢字読み

日付	/	/	/
得点	／6	／6	／6

_____の言葉の読み方として最もよいものを、1・2・3・4から一つ選びなさい。

【61】 審判の判定に選手が異議を唱えることはできない。

  1　となえる 2　たたえる 3　おさえる 4　さかえる

【62】 お金を賭けてゲームをしてはいけません。

  1　もうけて 2　あずけて 3　かけて 4　さけて

【63】 どんなに素晴らしい薬でも万人に効くとは限らない。

  1　まんひと 2　まんじん 3　ばんにん 4　ばんひと

【64】 S社からの申し出を承諾することが会議で決定された。

  1　しょうにん 2　しょうち 3　しょうじゃく 4　しょうだく

【65】 開発による自然環境の悪化は、今後さらに深刻な状況に陥るだろう。

  1　おちる 2　おちいる 3　おとる 4　おとずれる

【66】 その建物は古いけれど、どことなく風情がある。

  1　ふじょ 2　ふぜい 3　ふうじょ 4　ふうぜい

第12回 漢字読み

_____の言葉の読み方として最もよいものを、1・2・3・4から一つ選びなさい。

【67】 母親の飲酒はお腹の赤ちゃんの健康に弊害を及ぼすという。

1 ひがい　　2 きがい　　3 へいがい　　4 しょうがい

【68】 妹は無茶なダイエットをして体を壊してしまった。

1 むちゃ　　2 むさ　　3 ぶさ　　4 ぶちゃ

【69】 地震の揺れを感じたら、すぐに机の下に潜ることです。

1 まさる　　2 もぐる　　3 かくれる　　4 はまる

【70】 不幸を嘆いてばかりいないで、新たな目標に向かって進もう。

1 つぶやいて　　2 なげいて　　3 あざむいて　　4 みちびいて

【71】 求職者に仕事を斡旋するコーナーには長い行列ができていた。

1 かんせん　　2 かんせ　　3 あっせん　　4 あっせ

【72】 知り合ってからまだ日が浅いので、私は彼の人柄をよく知りません。

1 じんかく　　2 ひとがら　　3 にんそう　　4 ひとなみ

第13回 漢字読み

日付	/	/	/
得点	/6	/6	/6

_____の言葉の読み方として最もよいものを、1・2・3・4から一つ選びなさい。

【73】 この数日、川の水が濁っている。

　　1　にごって　　2　におって　　3　まざって　　4　とどこおって

【74】 長年(ながねん)の願いがついに成就した。

　　1　せいじゅ　　2　せいしゅう　　3　じょうじゅ　　4　じょうしゅう

【75】 この辺りは起伏の多い土地で坂が多い。

　　1　きけん　　2　きふく　　3　きだい　　4　きふせ

【76】 戦時中に武器を売って儲ける人がいる。

　　1　しょける　　2　もうける　　3　かける　　4　うなずける

【77】 板をしばらく外に出しておいたら、太陽を浴びて反ってしまった。

　　1　はって　　2　かえって　　3　まがって　　4　そって

【78】 彼らの人気は一時に比べて下火になっている。

　　1　げか　　2　かひ　　3　したび　　4　しもひ

第14回 漢字読み

_____の言葉の読み方として最もよいものを、1・2・3・4から一つ選びなさい。

【79】 入院中の妻の容体に回復の兆しが見えてきた。

1　きざし　　　2　ひざし　　　3　ほどこし　　　4　まなざし

【80】 犯人はすきを狙って逃走しようとしたが、警官に取り押さえられた。

1　はかって　　　2　さそって　　　3　ねらって　　　4　ともなって

【81】 コーヒー1杯で6時間も粘るなんて、ずうずうしい客だ。

1　ねばる　　　2　のこる　　　3　しめる　　　4　とどまる

【82】 T社の製品に欠陥が見つかったため、製品の回収が行われた。

1　けっかん　　　2　けっきゅう　　　3　けつかん　　　4　けつきゅう

【83】 そこ、汚れてるから、拭いて。

1　はいて　　　2　ふいて　　　3　みがいて　　　4　むいて

【84】 ここは江戸時代の町並みの名残を感じさせる。

1　めいざん　　　2　めいごり　　　3　なざん　　　4　なごり

第15回 漢字読み

日付	／	／	／
得点	／6	／6	／6

_____ の言葉の読み方として最もよいものを、1・2・3・4から一つ選びなさい。

【85】 科学は近年めざましい発展を遂げた。

　　1　つげた　　2　とげた　　3　あげた　　4　ささげた

【86】 彼の別荘は海に臨んでいる。

　　1　いどんで　　2　のぞんで　　3　はばんで　　4　はさんで

【87】 _{ひとこと}一言お礼を言うつもりで電話をしたが、話が弾んで3時間も話してしまった。

　　1　すすんで　　2　とんで　　3　さかんで　　4　はずんで

【88】 A選手は足の不調を訴えてレースを途中で棄権した。

　　1　はき　　2　はいき　　3　きけん　　4　きごん

【89】 彼は過去に挫折というものを経験していない。

　　1　ざせつ　　2　ざっせつ　　3　ざおり　　4　ざせき

【90】 犯人は幼い子どもを人質にとって、立てこもっている。

　　1　じんしち　　2　ひとじち　　3　にんじつ　　4　じんしつ

第16回 漢字読み

_____の言葉の読み方として最もよいものを、1・2・3・4から一つ選びなさい。

【91】 輸入をめぐって両国間に摩擦が起きた。

1　まさつ　　　2　てさつ　　　3　しゅさつ　　　4　まっさつ

【92】 母の日に娘たちが真心のこもった手作りのプレゼントをくれた。

1　しんしん　　2　ましん　　　3　まごころ　　　4　まこころ

【93】 2人の考えには若干の相違がある。

1　じゃくかん　2　じゃっかん　3　わっかん　　　4　わかせん

【94】 努力なしに夢を叶えることはできない。

1　となえる　　2　うったえる　3　かなえる　　　4　きたえる

【95】 私は、法律関係にはまったくの素人です。

1　しろうと　　2　くろうと　　3　そにん　　　　4　そじん

【96】 選手の間の結束の固さがこのチームに勝利をもたらした。

1　けつそく　　2　けそく　　　3　けっそ　　　　4　けっそく

第17回 漢字読み

_____の言葉の読み方として最もよいものを、1・2・3・4から一つ選びなさい。

【97】 消費者を欺いて多額の利益を得ていた悪徳業者が逮捕された。

　　1　おもむいて　　2　あざむいて　　3　きずついて　　4　といて

【98】 体を鍛えるために水泳教室に通うことにした。

　　1　きたえる　　2　さかえる　　3　こころえる　　4　こたえる

【99】 だれからも指図されずにできる仕事がしたい。

　　1　しず　　2　ゆびず　　3　さしず　　4　しと

【100】 この島の唯一の交通手段はバスである。

　　1　ただひと　　2　ただいち　　3　ゆいいち　　4　ゆいいつ

【101】 体裁はどうあれ、大切なのは内容だ。

　　1　たいさい　　2　ていさい　　3　だいさい　　4　ていざい

【102】 業績悪化が続き、事業の規模を縮小せざるを得ない。

　　1　きも　　2　ぎも　　3　ぎぼ　　4　きぼ

第18回 漢字読み

_____の言葉の読み方として最もよいものを、1・2・3・4から一つ選びなさい。

【103】 ラッシュアワーには、電車は3分間隔で運行される。
　　1　かんかく　　2　かんけつ　　3　かんまん　　4　かんゆう

【104】 昨日、父が心臓発作で病院に運ばれた。
　　1　ほっさ　　2　はっさ　　3　ほっさく　　4　はつさ

【105】 焦っても良い結果は出ない。深呼吸して落ち着いてから始めよう。
　　1　さとって　　2　とどまって　　3　あせって　　4　ねばって

【106】 彼は何度大金を失ってもパチンコに出かける。懲りない人だ。
　　1　こりない　　2　おりない　　3　たりない　　4　かりない

【107】 父は頑固で、融通がきかない。
　　1　ゆうつう　　2　ゆつう　　3　ゆうずう　　4　ゆづう

【108】 彼は40歳を過ぎた今でも現役の選手として活躍している。
　　1　げんやく　　2　けんやく　　3　けんえき　　4　げんえき

第19回 漢字読み

日付	／	／	／
得点	／6	／6	／6

＿＿＿＿＿の言葉の読み方として最もよいものを、1・2・3・4から一つ選びなさい。

【109】 振り込め詐欺(さぎ)の被害が増えているため、警察は注意を促している。

1　うながして　　2　うがなして　　3　こころざして　　4　そくして

【110】 兄は、私の仕事のために、いろいろと便宜を図ってくれた。

1　べんせん　　2　べんぎ　　3　びんせん　　4　びんぎ

【111】 最先端の技術を駆使したロボットが開発されている。

1　かしした　　2　くしした　　3　きしした　　4　くっしした

【112】 働きすぎて健康を損なうサラリーマンが増えている。

1　そんなう　　2　こそなう　　3　そこなう　　4　そなう

【113】 彼女は私が本音を言える唯一の友達だ。

1　もとね　　2　ほんおと　　3　もとおと　　4　ほんね

【114】 この大会の決勝戦はテレビで中継される。

1　ちゅうだん　　2　ちゅうけい　　3　なかけい　　4　なかつぎ

第20回 漢字読み

_____の言葉の読み方として最もよいものを、1・2・3・4から一つ選びなさい。

【115】 なくしたときのために、合鍵を作った。

1　あうかぎ　　2　あいかぎ　　3　ごうけん　　4　ごうげん

【116】 中国への出張は来月に決まった。

1　しゅちょう　2　しゅつちょう　3　しゅっちょう　4　しゅつちょ

【117】 毎日毎日残業で、愚痴のひとつも言いたくなる。

1　ぐち　　2　くじ　　3　ぐっち　　4　ぐうち

【118】 連休に多くの客を集めようというホテルの目論見は大きくはずれた。

1　めろんみ　　2　もくろんけん　　3　めろんけん　　4　もくろみ

【119】 農薬の過剰（かじょう）な使用は食の安全を脅かす。

1　ちらかす　　2　おどろかす　　3　ひやかす　　4　おびやかす

【120】 彼女は抜群の記憶力の持ち主だ。

1　ばつぐん　　2　ゆうよう　　3　ゆうぐん　　4　ばつよう

語　彙

文脈規定　　　　　第1回 - 第20回
言い換え類義　　　第1回 - 第10回
用法　　　　　　　第1回 - 第10回

第1回 文脈規定

日付	／	／	／
得点	／7	／7	／7

（　　　）に入れるのに最もよいものを、1・2・3・4から一つ選びなさい。

【1】　あの人の言うことは（　　　）ばかりだ。本音(ほんね)が聞きたい。
　　　1　矛盾(むじゅん)　　2　建前(たてまえ)　　3　侮辱(ぶじょく)　　4　偏見(へんけん)

【2】　今度の私たちのコンサートの批評は（　　　）好評だ。
　　　1　おしなべて　　2　万一　　3　逐一(ちくいち)　　4　ひときわ

【3】　団体競技では（　　　）が何より重要だ。
　　　1　トーン　　2　チームワーク　　3　アナウンス　　4　ネットワーク

【4】　能力の高い人が会社で（　　　）とは限らない。
　　　1　進級する　　2　進出する　　3　出世する　　4　上昇する

【5】　電力不足は国民にとって（　　　）問題だ。
　　　1　惨(みじ)めな　　2　得(え)がたい　　3　切実(せつじつ)な　　4　切(せつ)ない

【6】　駅から（　　　）5分以内という条件の家を探しています。
　　　1　歩幅(ほはば)　　2　歩行　　3　徒歩　　4　初歩

【7】　この果物は、（　　　）はよくないが、食べてみると甘くておいしい。
　　　1　見方　　2　見た目　　3　見所(みどころ)　　4　一見(いっけん)

第2回 文脈規定

（　　）に入れるのに最もよいものを、1・2・3・4から一つ選びなさい。

【8】（　　）というのは、一年の最後の日のことだ。

1　年末年始　　2　元旦（がんたん）　　3　元日（がんじつ）　　4　大晦日（おおみそか）

【9】運転免許証を紛失してしまったので、（　　）を申請した。

1　再審査　　2　再確認　　3　再交付　　4　再認識

【10】近年、警察は飲酒運転をいっそう厳しく（　　）ようになった。

1　裁（さば）く　　2　監督（かんとく）する　　3　判断する　　4　取（と）り締（し）まる

【11】失敗の原因について（　　）としたが、だれも聞いてくれなかった。

1　説教しよう　　2　弁解しよう　　3　申請しよう　　4　解釈しよう

【12】オリンピックでの優勝をはじめとして、ここ数年の田中選手の活躍には（　　）ものがある。

1　あさましい　　2　めざましい　　3　たくましい　　4　おびただしい

【13】私たちの間の誤解を解くために、（　　）話し合おうじゃないか。

1　たかだか　　2　ねほりはほり　　3　とことん　　4　かれこれ

【14】この事故は、電車の車輪に発生した何らかの（　　）によるものと見られている。

1　チェンジ　　2　トラブル　　3　ブレーキ　　4　マーク

第3回 文脈規定

（　　）に入れるのに最もよいものを、1・2・3・4から一つ選びなさい。

【15】 初めての職場で（　　）いた私に、先輩がやさしく声をかけてくれた。

1　まぎれて　　　2　とぎれて　　　3　まごついて　　　4　うろついて

【16】 この機械の（　　）は複雑だから、故障するとやっかいだ。

1　用法　　　2　仕組み　　　3　構成　　　4　取り組み

【17】 大事な部分をもっと強調すれば、（　　）のある、生き生きした文章になるでしょう。

1　けじめ　　　2　切れ目　　　3　めりはり　　　4　区別

【18】 （　　）一年で一番忙しいこの時期に、旅行に行くから休みを取りたいなんて、何を言ってるんだ。とんでもないよ。

1　あいにく　　　2　あしからず　　　3　とりたてて　　　4　よりによって

【19】 報告書の原稿は（　　）を3回もしたのに、まだ間違いがあった。

1　コメント　　　2　キャッチ　　　3　チェック　　　4　ドリル

【20】 だれかの（　　）一言が、新しいアイデアのヒントになることもある。

1　おっかない　　　2　冴えない　　　3　何気ない　　　4　すさまじい

【21】 だれに言われたわけでもありません。私（　　）の考えでやりました。

1　独特　　　2　固有　　　3　特有　　　4　独自

第4回 文脈規定

（　　）に入れるのに最もよいものを、1・2・3・4から一つ選びなさい。

【22】 では、次の章に行きましょう。ページを（　　）ください。
1　ねじって　　2　はかどって　　3　ひねって　　4　めくって

【23】 天候が（　　）であることから、野菜の価格の上昇が懸念される。
1　不順　　2　不審　　3　不快　　4　不振

【24】 商社マンとして海外での勤務が長かった父は、退職後、（　　）を買われて大学の商学部で教えることになった。
1　キャリア　　2　レギュラー　　3　スタッフ　　4　タレント

【25】 晴れた日は、ここから富士山が（　　）見える。
1　きっぱり　　2　くっきり　　3　きっかり　　4　あっさり

【26】 ここは自然が美しい場所だが、虫が多いのに（　　）。
1　反発する　　2　閉口する　　3　動揺する　　4　降参する

【27】 アルバイトの（　　）広告を見てお電話したんですが。
1　応募　　2　就職　　3　求人　　4　人材

【28】 これは（　　）の話だから、だれにも言わないでね。
1　内定　　2　内部　　3　内緒　　4　内心

第5回 文脈規定

日付	/	/	/
得点	/7	/7	/7

（　　）に入れるのに最もよいものを、1・2・3・4から一つ選びなさい。

【29】 授業を欠席した場合は、必ず（　　）を出すこと。

1　願書　　　　2　申告（しんこく）　　　　3　届け　　　　4　申し出（もうで）

【30】 手が空いたところで、各自で（　　）食事をしてください。

1　適宜（てきぎ）　　　2　時折（ときおり）　　　3　軒並み（のきなみ）　　　4　悠然と（ゆうぜんと）

【31】 その小説家の新作は100万部を超える（　　）となった。

1　ベストセラー　　2　流通　　　3　スター　　　4　話題

【32】 歴史のある（　　）の旅館は人気があるので、予約が取りにくい。

1　本店　　　　2　古参（こさん）　　　3　年配（ねんぱい）　　　4　老舗（しにせ）

【33】 母親の言葉に腹を立てて家を飛び出すなんて、ずいぶん（　　）だ。

1　積極的　　　2　必然的　　　3　衝動的（しょうどうてき）　　　4　圧倒的（あっとうてき）

【34】 我（わ）がチームは最後まで（　　）が、とうとう敗れてしまった。

1　留（とど）まった　　　2　励んだ　　　3　保った　　　4　粘（ねば）った

【35】 （　　）を書き間違えたせいで、出した手紙が戻ってきてしまった。

1　差出人（さしだしにん）　　　2　宛先　　　3　郵送　　　4　通信

第6回 文脈規定

（　　）に入れるのに最もよいものを、1・2・3・4から一つ選びなさい。

【36】 内密にしてあったはずの情報がいつの間にか外部に（　　）しまった。

1　むくいて　　　2　ゆるんで　　　3　もたらして　　　4　もれて

【37】 事実を（　　）テレビ番組の報道に、視聴者から抗議の電話が殺到した。

1　やわらげた　　2　ばらした　　　3　ゆがめた　　　4　さえぎった

【38】 （　　）はちゃんとして出てきた？大丈夫？

1　用心　　　　　2　戸締まり　　　3　閉鎖　　　　　4　閉め切り

【39】 朝早く学校へ行って夜早く寝る息子は、深夜に帰宅する父親と（　　）の生活を送っている。

1　不通　　　　　2　不一致　　　　3　すれ違い　　　4　勘違い

【40】 彼の話には（　　）があって、私達を笑わせる。

1　ユニーク　　　2　コメディー　　3　ナンセンス　　4　ユーモア

【41】 テレビで放送されてから、その商品に関する問い合わせの電話が（　　）かかるようになった。

1　ことごとく　　2　つくづく　　　3　ひたむきに　　4　ひっきりなしに

【42】 本社を海外に移すとは、（　　）決断だ。

1　大胆な　　　　2　大幅な　　　　3　勝気な　　　　4　頑丈な

第7回 文脈規定

日付	/	/	/
得点	/7	/7	/7

（　　）に入れるのに最もよいものを、1・2・3・4から一つ選びなさい。

【43】 重役たちの反対にもかかわらず、社長は終始（　　）方針を崩さない。

1　貫通して　　2　通過して　　3　開通して　　4　一貫して

【44】 日本には１月７日の朝に７種類の野菜が入った粥を食べる（　　）がある。

1　慣用　　2　趣向　　3　風俗　　4　風習

【45】 彼は（　　）自分の罪を認めた。

1　はてしなく　　2　いさぎよく　　3　うしろめたく　　4　ねばりづよく

【46】 「会社をやめて、これからどうするの？」「（　　）アルバイトをして生活するつもりだ」

1　とおからず　　2　とっくに　　3　さしあたり　　4　さぞかし

【47】 工場長の指令に反発して、工員が仕事を（　　）した。

1　ボイコット　　2　カット　　3　キャンセル　　4　カムバック

【48】 失言を繰り返す政治家がマスコミの非難の（　　）になっている。

1　的　　2　目印　　3　ねらい　　4　目標

【49】 幼い頃は（　　）と呼ばれていた彼も、今や身長が180cmを超えるほど大きくなった。

1　やせ　　2　ちび　　3　でぶ　　4　でか

第8回 文脈規定

（　）に入れるのに最もよいものを、1・2・3・4から一つ選びなさい。

【50】 チョコレートには脳を（　　）して元気にする成分が含まれているらしい。
　　1　活性化　　　2　高速化　　　3　健全化　　　4　正常化

【51】 警備室では警備員が監視カメラの（　　）を見て社内をチェックしている。
　　1　センサー　　2　フィルター　3　フィルム　　4　モニター

【52】 何度か会っているのに、その人の名前を（　　）してしまった。
　　1　失礼　　　　2　度忘れ　　　3　失敬　　　　4　物忘れ

【53】 毎日残業して準備した（　　）があって、企画の発表は大成功だった。
　　1　犠牲　　　　2　甲斐　　　　3　影響　　　　4　経緯

【54】 この事件には、ある政治家が（　　）関わっていた。
　　1　軽薄に　　　2　密接に　　　3　手軽に　　　4　手近に

【55】 昼休みの後、（　　）眠くなって、授業中に居眠りをしてしまった。
　　1　またたくまに　2　めにみえて　3　むしょうに　4　もれなく

【56】 彼は、その時が（　　）とは思えないほど親しげに話しかけてきた。
　　1　初対面　　　2　初心者　　　3　初歩　　　　4　初旬

第9回 文脈規定

（　）に入れるのに最もよいものを、1・2・3・4から一つ選びなさい。

【57】ちょうど雨が降り始めたときに（　　）よくバスが来たので、ぬれずにすんだ。
　　1　タイム　　　2　タイミング　　3　チャンス　　4　センス

【58】この道は、車が（　　）すれ違えるぐらいの幅しかない。
　　1　間一髪で　　2　のるかそるか　3　かろうじて　　4　あやうく

【59】山ほど抱えている仕事の1つが終わり、（　　）の休息をとった。
　　1　目先　　　2　束の間　　3　日取り　　4　間取り

【60】田舎と比べて都会では近所の人との付き合いが（　　）だと言われる。
　　1　希薄　　　2　深遠　　3　簡素　　4　簡潔

【61】親友なら、私の気持ちを態度から（　　）くれるはずです。
　　1　阻んで　　2　承って　　3　救って　　4　察して

【62】8月に入ってから（　　）35度以上の猛暑が続いている。
　　1　終始　　2　従来　　3　常時　　4　連日

【63】「結婚なんて、もういや。（　　）だわ」と離婚した友人が言っていた。
　　1　さんざん　　2　さっぱり　　3　ひっそり　　4　こりごり

第10回 文脈規定

（　　）に入れるのに最もよいものを、1・2・3・4から一つ選びなさい。

【64】 仕事があるからと嘘をついて約束を破った私を、彼女はひどく（　　）。

1　おだてた　　2　もめた　　3　懲りた　　4　なじった

【65】 受験生なら、わきめもふらず勉強（　　）に頑張るべきだ。

1　一律　　2　一頃　　3　一筋　　4　一連

【66】 テレビ局に勤める兄は、来年度の新しいテレビ番組の企画に（　　）がない。

1　余念　　2　余裕　　3　ゆとり　　4　余分

【67】 この団体は、豪雨で被害を受けた地域を支援するために（　　）を行っている。

1　募金　　2　集金　　3　資金　　4　預金

【68】 彼ほどの才能があっても、この音楽コンクールで入賞するのは（　　）ことではない。

1　さりげない　　2　ふがいない　　3　たやすい　　4　あっけない

【69】 これで仕事は全部終わった。（　　）、これから何をしようか。

1　さて　　2　まあ　　3　つい　　4　よし

【70】 来週、社の新企画の（　　）を私たち3人が行う予定です。

1　デコレーション　　　　2　プレゼンテーション
3　オートメーション　　　4　コンディション

第11回 文脈規定

（　　）に入れるのに最もよいものを、1・2・3・4から一つ選びなさい。

【71】 前年に税金を払いすぎた場合、税務署に（　　）をすれば、払いすぎた分は返してもらえる。

    1　依頼　　　　2　願望　　　　3　希望　　　　4　申告

【72】 日本のテレビ番組では、約15分おきに様々な商品の（　　）が入る。

    1　メッセージ　　2　タイトル　　3　ポーズ　　4　コマーシャル

【73】 祖父の病状は重く、完治する（　　）はないと医者に宣告された。

    1　見極め　　　2　見込み　　　3　見合い　　　4　見積もり

【74】 この携帯電話の使い方は（　　）簡単。幼児にも使えますよ。

    1　いたって　　2　すっきり　　3　まっぴら　　4　そろって

【75】 （　　）家庭で育った彼女は、お金に苦労したことがない。

    1　のんきな　　2　裕福な　　　3　豊富な　　　4　大ざっぱな

【76】 番組を3つ同時に（　　）テレビが発売された。

    1　録音できる　2　録画できる　3　記載できる　4　記憶できる

【77】 彼はみんなの前で先生にほめられて、すっかり（　　）いる。

    1　めげて　　　2　冴えて　　　3　照れて　　　4　もめて

第12回 文脈規定

日付	/	/	/
得点	/7	/7	/7

（　　）に入れるのに最もよいものを、1・2・3・4から一つ選びなさい。

【78】（　　）にご協力いただいた方には新商品のサンプルを差し上げます。

1　ファイル　　2　カルテ　　3　アンケート　　4　データ

【79】何度も断ったのだが、テレビ局から熱心に出演を依頼され、（　　）承知した。

1　ほとほと　　2　うすうす　　3　しぶしぶ　　4　しばしば

【80】日本語を上達させる（　　）方法は、日本人の友達を作ることだ。

1　きめ細かい　　2　手っ取り早い　　3　すばやい　　4　めざましい

【81】インターネットゲームがおもしろくて、つい（　　）をしてしまった。

1　夜半　　2　夜分　　3　夜更かし　　4　夜通し

【82】運転中に（　　）をして、前の車に追突してしまった。

1　見た目　　2　よそ見　　3　脇目　　4　目安

【83】仕事で何か問題があるときは、まずは直属の（　　）に相談する。

1　上司　　2　同僚　　3　上級者　　4　年長者

【84】試合の当日が雨の場合は次の週末に（　　）。

1　中止される　　2　中断される　　3　延長される　　4　順延される

第13回 文脈規定

（　　）に入れるのに最もよいものを、1・2・3・4から一つ選びなさい。

【85】（　　）の業界は人気が高いので、就職の希望者が多く、競争率が高い。

1　マスコミ　　2　スタイル　　3　キャリア　　4　コメント

【86】図書館で参考書を（　　）調べたら、疑問の答えがようやくわかった。

1　ありのままに　　　　2　続けざまに
3　ひき続き　　　　　　4　かたっぱしから

【87】私が生まれた農村では、今も（　　）風景が見られる。

1　ゆるやかな　　2　しなやかな　　3　ひたむきな　　4　のどかな

【88】しまった。重大な誤りをうっかり（　　）いた。

1　取り逃がして　　2　見落として　　3　すり抜けて　　4　やり過ごして

【89】彼女はモデルだけあって、スタイル（　　）だ。

1　特別　　2　十分　　3　抜群　　4　優秀

【90】この難題を解決するのは、（　　）の彼にはちょっと無理だろう。

1　新興（しんこう）　　2　新米（しんまい）　　3　新規（しんき）　　4　新手（あらて）

【91】まだ若いのに、彼はよく礼儀（れいぎ）を（　　）いる。

1　悟（さと）って　　2　わきまえて　　3　見極（みきわ）めて　　4　踏（ふ）まえて

第14回 文脈規定

（　　）に入れるのに最もよいものを、1・2・3・4から一つ選びなさい。

【92】 模擬試験の成績はよかったが、安心はできない。（　　）まであと1か月がんばろう。

 1　本場　　　2　本番　　　3　本体　　　4　本音

【93】 旅先の情報を得るために（　　）は欠かせない。

 1　ガイドブック　2　ベストセラー　3　ミスプリント　4　テキスト

【94】 ホームステイした家の人たちは、（　　）彼女の面倒を見た。

 1　どこからともなく　　　　2　なにくれとなく
 3　どことなく　　　　　　　4　なにはなくとも

【95】 日本では、食事のときに器を持たないで食べるのは（　　）だとされる。

 1　不法　　　2　無作法　　　3　失礼　　　4　無礼

【96】 交通量の多い道路で子どもが遊んでいた。見ていて（　　）した。

 1　はらはら　　2　ばらばら　　3　こそこそ　　4　ごそごそ

【97】 世界的な（　　）の波を受けて、我が社でも厳しい経営状態が続いている。

 1　不順　　　2　不調　　　3　不況　　　4　不振

【98】 政府高官が逮捕された。今日のテレビはそのことで（　　）だ。

 1　盛況　　　2　もちこし　　　3　限定　　　4　もちきり

第15回 文脈規定

日付	/	/	/
得点	/7	/7	/7

（　　）に入れるのに最もよいものを、1・2・3・4から一つ選びなさい。

【99】 初出演の映画がヒットして、彼は（　　）人気スターの仲間入りをした。

　　1　いちやく　　2　いみじくも　　3　かねがね　　4　まざまざと

【100】 この村の、自然に恵まれた（　　）生活が訪れた人々に安らぎを与える。

　　1　細やかな　　2　素朴な　　3　貧弱な　　4　ぞんざいな

【101】 その男が犯人だという決定的な（　　）は一つもない。

　　1　真実　　2　証拠　　3　原理　　4　真理

【102】 金曜日が祝日なので、今週末は三（　　）になる。

　　1　連日　　2　休暇　　3　連休　　4　休日

【103】 荷物が間違いなく届くように（　　）のが私の仕事です。

　　1　手探りする　　2　手配する　　3　手当てする　　4　手加減する

【104】 彼は今、脇目もふらずに新しい仕事に（　　）。

　　1　打ち込んでいる　　　　2　たて込んでいる
　　3　取り込んでいる　　　　4　持ち込んでいる

【105】 店内の売り場に関するご案内は1階の（　　）で行っております。

　　1　インフォメーション　　　2　インターナショナル
　　3　レクリエーション　　　　4　コミュニケーション

第16回 文脈規定

（　　）に入れるのに最もよいものを、1・2・3・4から一つ選びなさい。

【106】　この地域では昔から行われてきた（　　）が今も残っているという。

　　　1　名物　　　　2　しきたり　　　3　環境　　　　4　風土

【107】　警察の調べが進むにつれ、事件の（　　）が明らかになってきた。

　　　1　真理　　　　2　実質　　　　3　真相　　　　4　実情

【108】　去年のこの時期は大漁だったのに、今年はまだ1匹も釣れないのはどうして

　　　だろうかと漁師たちは首を（　　）。

　　　1　まわしている　　　　　　　2　まげている

　　　3　うなずいている　　　　　　4　かしげている

【109】　あんなに親しくしていた友人なのに、彼女は最近なぜか（　　）態度を見せる。

　　　1　みずみずしい　2　たどたどしい　3　よそよそしい　4　なれなれしい

【110】　歩き始めた1歳の息子は、（　　）じっとしていないので、目が離せない。

　　　1　見るからに　2　かたときも　3　つねひごろ　4　ふだんから

【111】　近年、（　　）が原因の病気が増えている。

　　　1　ストライキ　2　ルール　　　3　ストレス　　　4　アクシデント

【112】　詳しい内容につきましては（　　）お知らせいたします。

　　　1　別途　　　　2　別々　　　　3　終始　　　　4　途中

第17回 文脈規定

（　　）に入れるのに最もよいものを、1・2・3・4から一つ選びなさい。

【113】　上司が新入社員に対して職場での（　　）を教えた。
　　　1　やる気　　　2　気力　　　3　下心（したごころ）　　　4　心構え（こころがま）

【114】　今日の試合で日本チームが着用する（　　）の色は青です。
　　　1　ユニフォーム　2　ジョギング　3　ファイト　4　ストレッチ

【115】　パーティーのご案内状をお送りいたします。（　　）5月10日までにお返事をいただきたく、よろしくお願い申し上げます。
　　　1　つきましては　2　つつしんで　3　はやばやと　4　つとめて

【116】　田舎（いなか）育ちの彼の服装は、いつもどこか（　　）で、洗練されていない。
　　　1　無茶（むちゃ）　2　強硬（きょうこう）　3　野暮（やぼ）　4　素敵（すてき）

【117】　30分以上の遅刻は欠席と（　　）。
　　　1　認めます　2　みなします　3　見計（みはか）らいます　4　見積（みつ）もります

【118】　彼は新聞記者として数々の事件の（　　）を行ってきた。
　　　1　観察　2　取材　3　捜査（そうさ）　4　審判（しんぱん）

【119】　さて、そろそろ仕事に（　　）か。
　　　1　働きかける　2　仕上げる　3　取り上げる　4　取り掛かる

第18回 文脈規定

日付	／	／	／
得点	／7	／7	／7

（　　）に入れるのに最もよいものを、1・2・3・4から一つ選びなさい。

【120】　今回のゴルフ大会では、（　　）の選手がプロに負けない活躍をしたことが話題になった。

　　　　1　コントロール　　2　キャッチ　　3　アマチュア　　4　ポイント

【121】　母の（　　）な介護のおかげで、父の病気は快方に向かった。

　　　　1　献身的　　2　楽観的　　3　具体的　　4　伝統的

【122】　入院されたと聞いて心配していましたが、お元気になられて（　　）です。

　　　　1　なにとぞ　　2　なんなり　　3　なにより　　4　なにもかも

【123】　彼女は今、仕事も私生活も（　　）ようだ。

　　　　1　上昇している　　2　上達している　　3　充実している　　4　達成している

【124】　各国が（　　）を密にして、テロ対策に取り組んでいる。

　　　　1　結合　　2　連携　　3　協定　　4　共同

【125】　ゲームは9人で行うが、（　　）の選手を3人加えて12名で1チームとする。

　　　　1　補給　　2　補欠　　3　補充　　4　補足

【126】　父は（　　）の建設会社に勤めている。

　　　　1　大手　　2　重役　　3　首席　　4　主任

第 19 回 文脈規定

日付	／	／	／
得点	／7	／7	／7

（　　　）に入れるのに最もよいものを、1・2・3・4から一つ選びなさい。

【127】 クレジットカードを（　　）ので、すぐカード会社に連絡した。
　　1　紛失した　　2　横取りした　　3　万引きした　　4　失念した

【128】 「一度お会いしてご相談したいと思いますが」
　　　　「（　　）私のほうから、そちらへ伺いましょうか」
　　1　どのみち　　2　なんなら　　3　もしくは　　4　なんだか

【129】 これまでには見られなかった（　　）デザインが評価され、彼女の作品が入賞した。
　　1　盛大な　　2　貴重な　　3　斬新な　　4　過剰な

【130】 35年の（　　）を組んで、マンションを購入した。
　　1　チャージ　　2　メディア　　3　ローン　　4　クレジット

【131】 不況が続く中、国内よりも海外に（　　）を見出す企業が増えている。
　　1　活気　　2　進展　　3　進路　　4　活路

【132】 夕方になって人出も増して、祭りの気分もいっそう（　　）。
　　1　飛び上がった　　2　盛り上がった　　3　浮き上がった　　4　でき上がった

【133】 新しく開発されたLED電球は、（　　）の電球よりも消費電力がはるかに少ない。
　　1　元来　　2　従来　　3　往来　　4　本来

第20回 文脈規定

日付	/	/	/
得点	/7	/7	/7

（　　　）に入れるのに最もよいものを、1・2・3・4から一つ選びなさい。

【134】 山の空気は実に（　　　）。

1　せわしない　　2　おびただしい　　3　うっとうしい　　4　すがすがしい

【135】 クラブに（　　　）人には会員証が送られてくる。

1　収録した　　2　登録した　　3　記入した　　4　記録した

【136】 お（　　　）にある資料をご覧ください。

1　手口（てぐち）　　2　手元（てもと）　　3　手本（てほん）　　4　手前（てまえ）

【137】 夫婦で（　　　）働いても、贅沢（ぜいたく）ができるほどの収入には程遠（ほどとお）い。

1　よりいっそう　　2　手いっぱい　　3　ふんだんに　　4　めいっぱい

【138】 その時計、素敵（すてき）ですね。なんという（　　　）のものですか。

1　ブランド　　2　ファッション　　3　デザイン　　4　モード

【139】 このマンションの平均的な（　　　）は3LDKです。

1　屋内（おくない）　　2　室内　　3　部屋割り　　4　間取（まど）り

【140】 政府は新たなエネルギー対策を（　　　）。

1　打ち出した　　2　持ち出した　　3　取り出した　　4　切り出した

第1回 言い換え類義

日付	/	/	/
得点	/6	/6	/6

_____ の言葉に意味が最も近いものを、1・2・3・4から一つ選びなさい。

【1】 我が軍の資金はふんだんにある。

　　　1　若干　　　　2　多少　　　　3　おおまかに　　4　たっぷり

【2】 彼女のおせっかいにはうんざりだ。

　　　1　無作法　　　2　干渉　　　　3　説教　　　　　4　強情

【3】 旅行のお土産はかさばらないものがいい。

　　　1　場所を取らない　　　　　2　持ちやすい
　　　3　壊れにくい　　　　　　　4　重くない

【4】 彼女は気まぐれな性格で、人に迷惑をかけることが多い。

　　　1　まじめ過ぎる　　　　　　2　思いつきで行動する
　　　3　怒りっぽい　　　　　　　4　落ち着きがない

【5】 2人は双方の家族にお互いを紹介し合った間柄だ。

　　　1　間隔　　　　2　関連　　　　3　関係　　　　　4　縁

【6】 この論文にはタイトルがない。

　　　1　主題　　　　2　題名　　　　3　論旨　　　　　4　要旨

第2回 言い換え類義

日付	/	/	/
得点	/6	/6	/6

_____の言葉に意味が最も近いものを、1・2・3・4から一つ選びなさい。

【7】 彼女は最近よく仕事を<u>サボる</u>。

　　1　早くさばく　　　　　　　　2　ずる休みをする

　　3　途中でやめる　　　　　　　4　うまく処理する

【8】 あの子は<u>引っ込み思案</u>で、なかなか友だちができない。

　　1　いじわる　　2　乱暴　　3　消極的　　4　勝気（かちき）

【9】 この絵は、色の<u>コントラスト</u>が印象的だ。

　　1　使い方　　2　美しさ　　3　工夫　　4　対比

【10】 うちの社長は<u>目先</u>（めさき）の利益しか考えない人だ。

　　1　将来　　2　自分　　3　取引（とりひき）　　4　当座（とうざ）

【11】 冷夏の影響で秋野菜が<u>軒並み</u>（のきなみ）値上がりした。

　　1　急激に　　2　一様に　　3　異常に　　4　大幅に（おおはば）

【12】 若さを保つ<u>秘訣</u>（ひけつ）はどんなことですか。

　　1　特別な価値　　2　一番の問題点　　3　一番の長所　　4　特別な方法

第3回 言い換え類義

日付	/	/	/
得点	/6	/6	/6

_____の言葉に意味が最も近いものを、1・2・3・4から一つ選びなさい。

【13】 彼は仕事の段取りがいい。
 1 手順の整え方   2 見通しのつけ方
 3 成果の出し方   4 手段の選び方

【14】 君にもらった地図は、古くて、てんで役に立たないよ。
 1 ろくに   2 かすかに   3 てっきり   4 まるっきり

【15】 彼女はこのごろいつも私にそっけない態度を見せる。
 1 冷淡な   2 あやふやな   3 いいかげんな   4 生意気な

【16】 今年は車の修理の費用がかさんだ。
 1 減った   2 節約できた   3 支払われた   4 増えた

【17】 図書館で本を探すときは、まずジャンルで検索するのがよい。
 1 種類   2 題名   3 出版社   4 著者

【18】 彼女に対する私の思いは募るばかりだ。
 1 片寄る   2 強まる   3 逆らう   4 長引く

第4回 言い換え類義

日付	/	/	/
得点	/6	/6	/6

_____ の言葉に意味が最も近いものを、1・2・3・4から一つ選びなさい。

【19】 彼女は周囲の人から<u>ちやほやされて</u>育った。

　　1　きたえられて　　　　　　2　かわいがられて
　　3　甘やかされて　　　　　　4　いじめられて

【20】 週末はいつもこの通りが<u>カップル</u>で賑わう。

　　1　家族連れ　　　　　　　　2　学生のグループ
　　3　男女のペア　　　　　　　4　若者たち

【21】 大きな試合を前に、選手たちは練習に<u>打ち込んでいる</u>。

　　1　緊張している　2　興奮している　3　楽しんでいる　4　熱中している

【22】 その船が<u>消息</u>を絶って1週間になる。

　　1　連絡　　　　2　通報　　　　3　航海　　　　4　運行

【23】 彼は時間に<u>ルーズな</u>人だ。

　　1　細かい　　　2　だらしない　　3　厳しい　　　4　鈍い

【24】 私が出した案は会議で<u>すんなりと</u>決まった。

　　1　ようやく　　2　問題なく　　　3　かろうじて　4　なんとか

第5回 言い換え類義

日付	/	/	/
得点	/6	/6	/6

_____の言葉に意味が最も近いものを、1・2・3・4から一つ選びなさい。

【25】 事件解決の<u>手掛かり</u>は全くない。

　　1　正解　　　2　糸口(いとぐち)　　　3　手段　　　4　方法

【26】 私にその仕事を<u>こなす</u>ことができるだろうか。

　　1　把握(はあく)する　　2　完了する　　3　継続(けいぞく)する　　4　処理する

【27】 宿泊したホテルのサービスは<u>申し分なかった</u>。

　　1　思いがけなかった　　　　2　月並みだった
　　3　もの足りなかった　　　　4　完璧(かんぺき)だった

【28】 これだけの貯金があれば、<u>当面</u>は困らないだろう。

　　1　さしあたり　　2　将来　　3　近頃　　4　直ちに

【29】 この辺でちょっと<u>一服(いっぷく)</u>しようか。

　　1　休養　　　2　休憩　　　3　着席　　　4　外出

【30】 これは日本酒を<u>ベース</u>にした、さわやかで飲みやすいお酒です。

　　1　材料　　　2　見本　　　3　基礎(きそ)　　　4　中心

第6回 言い換え類義

_____の言葉に意味が最も近いものを、1・2・3・4から一つ選びなさい。

【31】 当店は、「どの店よりも安く」をモットーにしている。

1 目標を表す語　　2 価格のレベル　　3 客の希望　　4 販売の基準

【32】 この仕事のこつを教えてください。

1 意義　　2 作法（さほう）　　3 手順（てじゅん）　　4 要領

【33】 夏の暑さをしのぐためのよい方法はないでしょうか。

1 冷やす　　2 忘れる　　3 耐える　　4 消し去る

【34】 いいか。途中で投げ出しちゃだめだぞ。

1 あきちゃ　　2 やめちゃ　　3 失敗しちゃ　　4 休んじゃ

【35】 猫（ねこ）の体の動きは非常にしなやかだ。

1 速い　　2 力強い　　3 柔らかい　　4 軽い

【36】 妻を驚かせようと、ひそかに結婚記念日のプレゼントを用意した。

1 くっきり　　2 こっそり　　3 ばっさり　　4 きっぱり

第7回 言い換え類義

日付	/	/	/
得点	/6	/6	/6

＿＿＿＿の言葉に意味が最も近いものを、1・2・3・4から一つ選びなさい。

【37】 彼はその仕事を、いやな顔などみじんも見せずに引き受けた。

　　1　あまり　　　2　ほとんど　　　3　一向に　　　4　少しも

【38】 いい加減なことを言わないでください。

　　1　不公平な　　2　無責任な　　　3　無礼な　　　4　不適当な

【39】 社会生活を営む上では、妥協することも必要だ。

　　1　折り合う　　2　尊重し合う　　3　助け合う　　4　伝え合う

【40】 企画課の社員は明日のプレゼンテーションの準備で忙しい。

　　1　会議　　　　2　出張　　　　　3　発表　　　　4　契約

【41】 前途のある若者たちを教えるのは、やりがいのあることです。

　　1　才能　　　　2　やる気　　　　3　能力　　　　4　将来

【42】 あの評論家が言っていることは月並みだ。

　　1　変わっている　2　平凡だ　　　3　常識的だ　　4　鋭い

第8回 言い換え類義

日付	/	/	/
得点	/6	/6	/6

_____の言葉に意味が最も近いものを、1・2・3・4から一つ選びなさい。

【43】 景気が回復しそうな兆しが少しずつ現れている。

　　1　予想　　　2　希望　　　3　証明　　　4　前ぶれ

【44】 新しいソフトを使ってみたところ、パソコンの作業がはかどった。

　　1　手間取った　2　早く進んだ　3　全部済んだ　4　成功した

【45】 お手元の資料にある表のデータをご覧ください。

　　1　計算　　　2　予定　　　3　企画　　　4　数値

【46】 彼は私の目をまともに見ようとしなかった。

　　1　まっすぐに　2　真面目に　3　強く　　　4　やさしく

【47】 こんなありきたりな発想から生まれた商品は売れるはずがない。

　　1　特殊な　　2　手軽な　　3　ありふれた　4　一般的な

【48】 彼の生き方は行き当たりばったりだ。

　　1　計画的　　2　慎重　　　3　無神経　　4　無計画

第9回 言い換え類義

_____の言葉に意味が最も近いものを、1・2・3・4から一つ選びなさい。

【49】 彼は寛大な人だから、きっと許してくれるだろう。

1　心が広い　　2　世話好きな　　3　温厚な　　4　情が深い

【50】 新商品の発売に向けて、目下準備が進められている。

1　直ちに　　2　徐々に　　3　ただ今　　4　すみやかに

【51】 ここに高層ビルを建設する計画は見送られることになった。

1　行われない　　2　実施される　　3　変更される　　4　修正される

【52】 髪が伸びて、うっとうしくなってきた。

1　長く　　2　厚く　　3　ゆううつに　　4　じゃまに

【53】 最近あの課の上司と部下の間には摩擦が生じているようだ。

1　不和　　2　好意　　3　合意　　4　不信

【54】 今度の仕事は、まったく新しいアプローチで行われる。

1　目的　　2　方法　　3　動機　　4　内容

第10回 言い換え類義

日付	/	/	/
得点	/6	/6	/6

_____の言葉に意味が最も近いものを、1・2・3・4から一つ選びなさい。

【55】 工事がいつ終わるか目処が立たない。

1 見通しがつかない　　2 決まっていない
3 発表されない　　　　4 検討していない

【56】 我々のチームのスタッフを紹介しましょう。

1 メンバー　2 リーダー　3 チーフ　4 モニター

【57】 私は彼女にさんざん迷惑をかけている。

1 時折　　2 通常　　3 大変　　4 一頃

【58】 その手紙からは、彼女の人となりがよく伝わってきます。

1 人生　　2 考え方　　3 生き方　　4 人柄

【59】 この部屋の家具はどれも洗練されている。

1 豪華だ　　2 質素だ　　3 上品だ　　4 精巧だ

【60】 あの人がしくじるなんて、考えられない。

1 裏切る　　2 ごまかす　　3 失敗する　　4 なまける

第1回 用法

次の言葉の使い方として最もよいものを、1・2・3・4から一つ選びなさい。

【1】 接客(せっきゃく)

1　部長はただ今、接客中です。

2　ラッシュ時の車内は通勤、通学の接客でいっぱいだ。

3　今夜はアメリカからの接客があり、一緒に食事をします。

4　新しい接客を開拓(かいたく)するための企画が社内で進められている。

【2】 まぎらわしい

1　梅雨の間はまぎらわしい天気が続く。

2　この線には似たような名前の駅があって、まぎらわしい。

3　今日の夕飯は品数が少なくて、なんかまぎらわしいなあ。

4　休みの日は、まぎらわしい仕事のことを忘れてのんびりしたい。

【3】 ダイエット

1　健康のために、食事の量をダイエットすることにした。

2　週に3回ジムに通って、体力をつけるダイエットをやっている。

3　ダイエットに成功して5キロやせた。

4　毎日の食事のダイエットを計算する。

【4】 見極める

1 経済の動向を見極めるのは証券会社にとっても難しいことだ。

2 あなたも少しは隣のご主人を見極めて、家事を手伝ってください。

3 伝統工芸の技を見極めようと地元の人が立ち上がった。

4 この問題についてはできるだけ早く解決策を見極めてほしい。

【5】 とかく

1 いくら頑張っても、とかく結果は見えている。

2 病人の具合はとかくましになったが、まだ回復したとは言えない。

3 やけどをしたら、とかく早く冷水で冷やすことが大事だ。

4 人は、とかく間違いをしやすいものだ。

【6】 決め手

1 ここで入れる、この少しの砂糖が味の決め手です。

2 会議での決め手に従い、新商品の開発スケジュールを見直した。

3 世間が注目していた裁判の決め手は、無罪だった。

4 社長は、海外の市場から撤退するという決め手を下した。

第2回 用 法

日付	/	/	/
得点	/6	/6	/6

次の言葉の使い方として最もよいものを、1・2・3・4から一つ選びなさい。

【7】 つくづく

1　いつも厳しい部長だが、今回の企画に関してはつくづくオーケーが出た。

2　自分勝手なふるまいをやめない彼がつくづく嫌になった。

3　台風のせいで庭に植えたばかりの花がつくづく倒れてしまった。

4　どうしてこんな結果になったのか、いくら考えてもつくづくわからない。

【8】 ニュアンス

1　地震で被災して以来、国民の防災意識にニュアンスが生じている。

2　彼は皆を楽しませるユーモアのニュアンスがある。

3　この2つの言葉のニュアンスの違いが感じ取れますか。

4　いいニュアンスが思いつかないので、少し時間をください。

【9】 気がとがめる

1　地震の被災地にいる息子がどうしているかと気がとがめる。

2　息子を叱った後で、ちょっときびしく言い過ぎたかと気がとがめた。

3　気がとがめるときは、楽しい音楽を聴いて元気を取り戻す。

4　ライバルが目の前にいるのに、彼は平然と、まったく気がとがめない様子だった。

【10】 若手(わかて)

1　もう若手のころのようには、体が思うように動かない。

2　若手議員がこれからの日本を変えていくべきだ。

3　彼女は若手が着るような派手な服を好む。

4　私はまだまだ若手ですから、これからもどうぞご指導ください。

【11】 日向(ひなた)

1　今日は曇っていて日向が差さない。

2　この部屋は南向きでとても日向がいい。

3　夏の日向を浴びて、植物がすくすくと成長する。

4　天気のいい日は鉢植え(はちうえ)の植物を日向に出してやる。

【12】 ざっくばらん

1　彼女はざっくばらんな性格で、裏表(うらおもて)がなく、みんなに好かれている。

2　ざっくばらんな量の仕事を前にして、思わずため息が出た。

3　毎日雨ばかりで、気分がざっくばらんになる。

4　今回の企画のざっくばらんな予定を説明します。

第3回 用法

日付	/	/	/
得点	/6	/6	/6

次の言葉の使い方として最もよいものを、1・2・3・4から一つ選びなさい。

【13】 情けない

1 うちの息子は気が情けなくて、人前(ひとまえ)に出るのがいやだと言う。

2 この国は失業者からも情けなく税金を取り立てる。

3 何度も頼んでいるのに、彼女は情けない返事しかくれない。

4 弱いと思っていた相手に2回続けて負けるなんて、情けない。

【14】 慎(つつし)む

1 どうぞ慎まないで、たくさん召し上がってください。

2 お客様と話すときは言葉を慎むこと。

3 社長の後ろには秘書が慎んでいた。

4 彼女はまだ幼いながら、善(よ)いことと悪いことをきちんと慎んでいる。

【15】 妥結(だけつ)

1 賃上げ交渉の妥結まで、社員は一致団結して経営者と闘った。

2 社会生活を営む上では、折り合いや妥結も時には必要になる。

3 指輪の交換が行われ、2人の婚約がめでたく妥結に至った。

4 このチームは、選手の妥結が強い。

【16】 ことごとく

1 過密スケジュールでことごとく疲れている。

2 今年は例年に比べて、ことごとく厳しい暑さが続いている。

3 就職試験にことごとく失敗して、すっかり自信をなくしてしまった。

4 私は毎日朝刊にことごとく目を通してから、出社しています。

【17】 一人前（いちにんまえ）

1 サッカーの観戦チケットが一人前余っているんだけど、一緒にどうですか。

2 彼は懸命に修行（しゅぎょう）に励んでいるが、一人前の職人になるにはまだまだだ。

3 4月から親元（おやもと）を離れて、一人前暮らしをすることにした。

4 私はまだ一人前ですので、これからもご指導のほど、よろしくお願いいたします。

【18】 はらはらする

1 人気歌手のコンサートが始まるのを、観客がはらはらしながら待っている。

2 歩き始めたばかりの孫がけがをしないかと、私はいつもはらはらしている。

3 両親が留守なのをいいことに、弟はすっかりはらはらしている。

4 同窓会のためにわざわざ着物を買ってきた母は、はらはらしている。

第4回 用法

日付	/	/	/
得点	/6	/6	/6

次の言葉の使い方として最もよいものを、1・2・3・4から一つ選びなさい。

【19】 見当たらない

1　10年先のことなんてまったく見当たらない。

2　彼女が何歳なのか、だれにもまったく見当たらない。

3　鞄（かばん）に入れたはずの鍵（かぎ）が見当たらない。

4　あの占（うらな）い師（し）の言うことはいつも見当たらない。

【20】 大手（おおて）

1　今回の就職セミナーにはさまざまな業界の大手企業が参加します。

2　コンサート会場には大手の人が集まっていた。

3　多数決をとったら、大手の人が賛成だった。

4　私の会社ではいくら残業しても大手がつかない。

【21】 ぶらぶらする

1　恋人が初めて家に来るので、姉は朝からぶらぶらして落ち着かない様子だ。

2　さっきから部屋の中でぶらぶらしているけど、何かさがしているの？

3　飲みすぎたせいで、胃がぶらぶらする。

4　定年退職した父がぶらぶらしているので、趣味を持つように勧めた。

【22】 依然（いぜん）

1　あまりに恥知らずな彼女の振る舞いに驚いた私は依然として何も言えなかった。

2　地震で全壊した家の前では、そこの住人がただ依然として立っていた。

3　昨日倒れたA氏は、今も依然として危険な状態にある。

4　非常事態にあっては、依然として対応することが必要だ。

【23】 日取り（ひどり）

1　夏に長期の日取りを取って海外に行くつもりだ。

2　このホテルは人気があるので半年先も日取りが取れない。

3　日取りよく仕事をしないと、期限に間に合わない。

4　結婚式の日取りは、まだ決まっていない。

【24】 場当たり的（ばあたりてき）

1　地震の後、町長は以前にも増して防災対策に場当たり的だ。

2　水泳大会でわが校の代表選手が場当たり的な大記録を達成した。

3　場当たり的にアルコールを摂取している人の発ガン率は、そうでない人より高い。

4　政府の景気対策は場当たり的で、根本的な解決にはならない。

第5回 用法

次の言葉の使い方として最もよいものを、1・2・3・4から一つ選びなさい。

【25】 むやみに

1　夫の死後、3人の子どもを抱えて、私はむやみに働くしかなかった。

2　欲しいものを見つけるたび、むやみに借金を繰り返す弟のことが心配だ。

3　母の手術の成功を、家族みんなでむやみに祈った。

4　事故現場の処理が進むにつれて、原因がむやみに明らかになってきた。

【26】 不審(ふしん)

1　彼女は不審なセンスの持ち主で、着る服もちょっと変わっている。

2　彼の事件当日の行動には不審な点がある。

3　その学生は入学試験で不審を行って不合格になった。

4　発見された遺体(いたい)は年齢、性別が不審です。

【27】 お詫(わ)び

1　お世話になった先生へのお詫びの品を買った。

2　お詫びのこもった贈り物をいただいた。

3　彼はとてもお詫び正しい好青年だ。

4　この度は大変なご迷惑をおかけいたしました。深くお詫び申し上げます。

【28】 とぼける

1 この写真は少しとぼけているね。ピントが合っていない。

2 目が悪くなったのだろうか。最近細かい字がとぼけてよく見えない。

3 どっちへ行ったらいいのだろう。どうやら道にとぼけてしまったようだ。

4 父は、自分の立場が悪くなると、とぼける。

【29】 見ごたえ

1 昨日のパーティーには、何人か見ごたえのある顔があった。

2 店内の内装を変えて、白い壁にしたほうが見ごたえがいい。

3 これは自然の脅威(きょうい)を教えてくれる、見ごたえのある映画です。

4 今日のランチは洋子が作ってくれる。彼女の腕の見ごたえだ。

【30】 ケース

1 新居の庭には、野菜が少し作れるぐらいのケースが欲しい。

2 仕事でたまったケースの解消法はカラオケで歌うことです。

3 映画は、どんなケースのものが好きですか。

4 この薬を飲んでも、効果が出ないケースもあります。

第6回 用法

日付	/	/	/
得点	/6	/6	/6

次の言葉の使い方として最もよいものを、1・2・3・4から一つ選びなさい。

【31】 丸ごと

1 他人の書いたレポートを丸ごとコピーして提出する学生が増えている。

2 当社の社員食堂では100人からの昼食をたった1人の調理師が丸ごと引き受けている。

3 困難が予想されたプロジェクトだったが、今のところ丸ごと順調に進んでいる。

4 野原丸ごとにれんげの花が咲いていて、ピンク色のじゅうたんのようだった。

【32】 浮き彫り

1 新規の参入もあり、また倒産もあり、この業界は浮き彫りが激しい。

2 公園の中央には、馬に乗った将軍の浮き彫りが立っている。

3 犯人の自白から事件の真相が浮き彫りにされた。

4 この子は泳げないので、いつも浮き彫りを持ってプールに行く。

【33】 オンライン

1 駅前に新しいデパートがオンラインするらしい。

2 今オンラインな話題を探すなら、インターネットが一番だ。

3 この商品はインターネットを使ってオンラインで注文することができる。

4 教科書の大事なところにオンラインを引いた。

【34】 名残

1　この地域の町並みには江戸時代の名残が見られる。

2　仕事が終わらなかったので名残をして、帰宅したのは夜中になった。

3　この店では閉店直前に名残の商品が半額で購入できる。

4　パーティーは楽しかったが、彼に会えなかったのが名残だ。

【35】 ばれる

1　A氏は妻に浮気がばれて離婚した。

2　壁のペンキがばれたので、塗り直した。

3　新学期が始まり、新たな期待に心がばれている。

4　家賃の支払いがばれて、家主から催促されている。

【36】 有意義

1　何度も練習しただけあって、彼女のスピーチは有意義なできばえだった。

2　大学では有意義な学生生活を送りたいものだ。

3　料理好きな彼女の台所には、有意義な道具がそろっている。

4　この保証書は5年間有意義です。

第7回 用法

次の言葉の使い方として最もよいものを、1・2・3・4から一つ選びなさい。

【37】 斡旋(あっせん)する

1 私の姉は、留学生に住まいやホームステイ先などを斡旋する仕事をしている。

2 親友のAは私が斡旋した男性と付き合い始めたらしい。

3 あなたが斡旋してくれなかったら、この計画は実現しなかっただろう。

4 少しでも社会に斡旋したいと思い、ボランティア活動に参加した。

【38】 まちまち

1 厚いセーターにビーチサンダルなんて、彼のファッションはかなりまちまちだ。

2 珍しいファッションの若者を、お年寄りがまちまちと眺(なが)めている。

3 この型のカメラの価格はピンからキリまでまちまちです。

4 新型ウイルスの伝染性については医者によって見解がまちまちである。

【39】 ポーズ

1 弟はポーズが悪いので、背が低く見える。

2 この店の店員は接客ポーズがよくない。

3 私は、父の仕事に対するポーズを尊敬している。

4 彼女はカメラの前でポーズをとるのがうまい。

【40】 よっぽど

1 ここは一流レストランと言われるだけあって、料理はよっぽど最高だ。

2 いつも厳しい部長が今日はよっぽどやさしい。何かあるのだろうか。

3 帰ってきた息子はよっぽど疲れていたのか、すぐに寝てしまった。

4 彼女の指輪のダイヤがよっぽど大きかったので、びっくりした。

【41】 着実

1 A氏がこの選挙で当選するのは着実である。

2 怒らないから本当のことを着実に言いなさい。

3 この会社は、多くはないが着実に利益をあげている。

4 彼が犯人だという着実な証拠がある。

【42】 人望（じんぼう）

1 彼は人望が厚いので、リーダーにふさわしい。

2 私は医師の免許を持っていないので、治療を行う人望がない。

3 この作家の新しい作品は非常に人望がよい。

4 彼女は医者になりたいという人望を持っている。

第8回 用法

次の言葉の使い方として最もよいものを、1・2・3・4から一つ選びなさい。

【43】 手引き

1　傷が悪化しないように、病院で手引きを受けたほうがいい。

2　社長は会社経営からの手引きを発表した。

3　今回の事件は内部から手引きをした者がいるようだ。

4　学校長の手引きで、彼を採用することにした。

【44】 ひたむき

1　彼は目的の達成に向かって、ひたむきに努力している。

2　今日は店にひたむきに客が入って来る。

3　そんなに暗くならないで、ひたむきに考えよう。

4　国際空港では飛行機がひたむきに発着する。

【45】 うんざりする

1　うんざりして電車を乗り間違えて、遅刻してしまった。

2　妻はうんざりした性格で、特にお金の使い方には厳しい。

3　1つレポートを提出すると、またレポートの課題が出る。もううんざりする。

4　彼はラグビーの選手だっただけあって、体がうんざりしている。

【46】 見せびらかす

1 彼がわざわざ車で来たのは、新しい車を見せびらかすためだった。

2 本屋の店先に今月の新刊書が見せびらかされている。

3 彼は断然トップで優勝し、力の差を見せびらかした。

4 父親は子どもに英語を覚えさせようと、教育番組を見せびらかした。

【47】 てんで

1 僕は、英語はてんで分からないんだ。

2 彼はてんでストレスが溜まっているのか、いつも疲れた顔をしている。

3 主人の帰宅が今日はてんで遅い。何かあったのだろうか。

4 当時はてんで食料が不足していて、苦しい生活を強いられていた。

【48】 満場一致

1 週末はどのレストランも満場一致なので、事前に予約したほうがいい。

2 衆議院に提出された法案は満場一致で可決された。

3 この公園は春になると桜が満場一致になる。

4 Aさんの試験の点数は満場一致で、みんなを驚かせた。

第9回 用法

次の言葉の使い方として最もよいものを、1・2・3・4から一つ選びなさい。

【49】 わずらわしい

1 同じ名前の学生がクラスに2人いて、わずらわしい。

2 午前中はいつも掃除や洗濯などでわずらわしく過ぎてしまう。

3 相続についてのわずらわしい手続きは、弁護士にまかせている。

4 大勢の人が見ている前で失敗をして、とてもわずらわしかった。

【50】 段取(だんど)り

1 段取りが悪かったせいで仕事の完成が遅れてしまった。

2 荷物の段取りができたら、出発しよう。

3 他人の文章を使用するには事前の段取りが必要だ。

4 来月のイベントで使用する会場の段取りを新入社員に頼んだ。

【51】 あがる

1 今月は経費の出費があがって、赤字になってしまった。

2 私は人前に立つとあがってしまい、顔が赤くなり声がふるえる。

3 濃いコーヒーを飲むと頭があがって仕事がはかどる。

4 昨日の弁論大会の記事が新聞にあがっていた。

【52】 やけに

1 彼女はいつも秘密を言いふらしてしまうので、今回はやけに話さないでおこう。

2 テストに向けてやけに勉強しているが、毎回その努力は報われない。

3 今日はやけに蒸し暑いな。

4 会場に入ったら、宴会はやけに始まっていたので、びっくりした。

【53】 もめる

1 冷蔵庫に入れたまま忘れていた野菜がすっかりもめてしまった。

2 初めて行った町で道にもめてしまった。

3 浮気問題でもめていた近所のご夫婦が、とうとう離婚したらしい。

4 肩が凝っちゃった。ちょっともめてくれない？

【54】 なじみ

1 なじみの研究が実を結び、ついに新薬が開発された。

2 わが社は創立80年のなじみを持つ。

3 また同じクラスになるなんて、私たちなじみがあるね。

4 ここは以前私たちが住んでいたところで、なじみが深い土地です。

第10回 用法

日付	/	/	/
得点	/6	/6	/6

次の言葉の使い方として最もよいものを、1・2・3・4から一つ選びなさい。

【55】 廃(すた)れる

1　子どものころに気に入っていた絵本は廃れて、色があせている。

2　流行語は廃れるのも早い。

3　毎日大量のごみが廃れている。

4　事故を起こした発電所は廃れることになった。

【56】 くちずさむ

1　酔っ払い同士がけんかしていて、お互いをひどくくちずさんでいた。

2　早朝の公園を散歩すると、小鳥たちがくちずさむのが聞こえる。

3　気が付くといつもくちずさんでいる歌がある。

4　つまずいて、持っていた資料を床にくちずさんでしまった。

【57】 前途

1　高校を卒業してからの前途を決めなければならない。

2　その船の前途は依然(いぜん)として不明のままである。

3　彼は前途有望な若者である。

4　プロジェクトの前途を上司に報告する。

【58】 カムバックする

　　1　芸能界を一度引退して数年後にカムバックする人も多い。

　　2　この町を一度訪れた人は必ずカムバックしたくなるという。

　　3　電車は終点の駅からカムバックして運行します。

　　4　脳は使わないと、日に日にカムバックしていく。

【59】 同然

　　1　社会人だったら、そんなことは知っていて同然だよ。

　　2　友人から譲ってもらった中古のピアノは新品(しんぴん)同然だった。

　　3　彼女の行方は同然としてわからないままだ。

　　4　最年長の彼女が同然にグループのまとめ役になった。

【60】 漠然(ばくぜん)

　　1　彼は大勢の人の前でも漠然と話すことができる。

　　2　計画は予定通りに漠然と進んでいる。

　　3　友達に悩みを聞いてもらったら、気分が漠然とした。

　　4　この言葉の意味は漠然としていてわかりにくい。

著者紹介

問題作成＋解説：
　　星野 恵子（ほしの けいこ）：元 拓殖大学日本語教育研究所 日本語教師養成講座 講師
　　辻 和子（つじ かずこ）：ヒューマンアカデミー日本語学校東京校 顧問

問題作成：青柳 恵（あおやぎ めぐみ）
　　　　　小座間 亜依（おざま あい）
　　　　　桂 美穂（かつら みほ）
　　　　　高田 薫（たかだ かおる）
　　　　　高橋 郁（たかはし かおる）
　　　　　横山 妙子（よこやま たえこ）

翻　訳：　英語　　　山上 富美子（やまがみ ふみこ）
　　　　　中国語　　張 一紅（チョウ・イイコ）
　　　　　韓国語　　徐 希妊（ソ・ヒジョン）

カバーデザイン：　　木村 凜（きむら りん）

ドリル＆ドリル 日本語能力試験（にほんごのうりょくしけん）N1 文字・語彙（もじ・ごい）

2012年4月20日 初版発行　　　2025年4月30日 第6刷発行

　［監修］　　星野恵子（ほしのけいこ）
　［著者］　　星野恵子・辻和子（ほしのけいこ・つじかずこ） 2012©
　［発行者］　片岡 研
　［印刷所］　シナノ書籍印刷株式会社
　［発行所］　株式会社ユニコム
　　　　　　 Tel.042-796-6367
　　　　　　 〒194-0002 東京都町田市南つくし野 2-13-25
　　　　　　 http://www.unicom-lra.co.jp

ISBN978-4-89689-483-7

■本文等の無断転載複製を禁じます

ドリル&ドリル 日本語能力試験シリーズ

　ドリル&ドリル日本語能力試験シリーズには、「日本語能力試験」を受ける方々が合格するための練習問題が数多く入っています。合格への近道は、とにかく問題を多く解くことです。問題は、実際の試験と同様の、新しい問題形式で作られています。

　別冊解説書には語彙の説明、問題の解き方やヒント、ポイントなどを詳しく記しています。学習者はもちろん、初めて日本語能力試験対策の授業をする教師でも安心して授業がすすめられます。授業前の準備にお役立て下さい。

N1	文法	ISBN 978-4-89689-479-0	1,300円
	聴解・読解	ISBN 978-4-89689-480-6	2,600円
	文字・語彙	ISBN 978-4-89689-483-7	1,300円
N2	文法	ISBN 978-4-89689-476-9	1,200円
	聴解・読解	ISBN 978-4-89689-477-6	2,600円
	文字・語彙	ISBN 978-4-89689-478-3	1,300円
	基礎力アップ (文字・語彙 / 文法 / 読解 / 聴解)	ISBN 978-4-89689-514-8	2,700円
N3	文法	ISBN 978-4-89689-486-8	1,400円
	聴解・読解	ISBN 978-4-89689-493-6	2,400円
	文字・語彙	ISBN 978-4-89689-487-5	1,400円
	基礎力アップ (文字・語彙 / 文法 / 読解 / 聴解)	ISBN 978-4-89689-515-5	2,800円
N4	文字・語彙 文法 聴解/読解	ISBN 978-4-89689-497-4	2,500円
N5	文字・語彙 文法 聴解/読解	ISBN 978-4-89689-506-3	2,500円

※価格は税抜価格です。

実力アップ！ 日本語能力試験シリーズ

- 豊富な例文と分かりやすい解説で、日本語能力試験に答える力をつけることができる。
- 例文に会話体が多いので、ドリルをしながら、例文を読みながら、会話力を伸ばし、実用的な日本語の力をつけることができる。
- 確認問題、各項目の練習問題、総合問題など、問題の数が多いので、何回も問題をすることで、力がつく。

構成

◆ 文のルール ＜文字＞＜語彙＞＜文の文法＞

◆ 読む ＜文章の文法＞＜読解＞　※N4 ＜文字＞＜語彙＞＜文法＞＜読解＞
　　　　　　　　　　　　　　　※N5 ＜文字＞＜語彙＞＜文法＞

◆ 聞く ＜聴解＞

◆ 漢字単語

N1	文のルール	ISBN 978-4-89689-482-0	1,800 円
	読む	ISBN 978-4-89689-474-5	2,000 円
	聞く	ISBN 978-4-89689-484-4	2,300 円
N2	文のルール	ISBN 978-4-89689-481-3	1,700 円
	読む	ISBN 978-4-89689-488-2	2,100 円
	聞く	ISBN 978-4-89689-475-2	2,200 円
	漢字単語	ISBN 978-4-89689-498-1	2,100 円
N3	文のルール	ISBN 978-4-89689-469-1	1,600 円
	読む	ISBN 978-4-89689-471-4	1,800 円
	聞く	ISBN 978-4-89689-470-7	2,200 円
N4	読む	ISBN 978-4-89689-494-3	2,100 円
	聞く	ISBN 978-4-89689-495-0	2,300 円
N5	読む	ISBN 978-4-89689-472-1	1,900 円

※価格は税抜価格です。

ドリル&ドリル
日本語能力試験 N1 文字・語彙

著者：星野恵子 + 辻 和子

強く引っぱるとはずせます

UNICOM Inc.

漢字読み

第1回

【1】 正解3

出納帳「すいとうちょう」account book　现金出纳帐　출납장

店の売上金額は、毎日出納帳に記入しています。
We put down the sales of our store in the account book every day.
商店的销售额，记载在每天的现金出纳帐上。
가게의 매출금액은 매일 출납장에 기입하고 있습니다.

漢字

出 ①シュツ
[出演（しゅつえん）] to appear in a drama/show/movie　出演　출연
[出血（しゅっけつ）] bleeding　出血　출혈
[出現（しゅつげん）] appearance　出现　출현
[出産（しゅっさん）] to give birth to a baby　生孩子，分娩　출산
[出社（しゅっしゃ）] coming to work　上班　출근
[出生（しゅっせい／しゅっしょう）] be born　出生　출생
[出世（しゅっせ）] to become successful　成功，出息，发迹　출세
[出題（しゅつだい）] to make questions for an exam　出题　출제
[出動（しゅつどう）] to go into action　出动　출동
[出費（しゅっぴ）] expenses　费用，开支　지출，출비
[出品（しゅっぴん）] exhibit　出品　출품
[進出（しんしゅつ）] advance　进出　진출
②スイ
[出納（すいとう）] revenue and expenditure　出纳　출납
③で（る）/だ（す）
[出る／出す] go out/get...out　出，送，拿出　나오다／내다

納 ①ノウ
[納入（のうにゅう）] pay, deliver　缴纳，交纳　납입
[納税（のうぜい）] pay taxes　纳税　납세
[未納（みのう）] not paid yet　未交纳　미납
[収納（しゅうのう）] put in storage　收纳，收藏　수납
②トウ
[出納（すいとう）] revenue and expenditure　出纳　출납
③ナ
[納屋（なや）] shed, barn　小棚，仓库　헛간
④ナッ
[納得（なっとく）] understand, be convinced　理解，领会　납득
[納豆（なっとう）] fermented soy beans　纳豆（메주콩을 띄운 식품）
⑤ナン
[納戸（なんど）] storage closet　储藏室，藏衣室　간수해 두는 방, 창고
⑥おさ（まる／める）
[納まる／納める] fit into/store　容纳，收纳　납입되다／납입하다　例：「税金を納めるのは国民の義務である」

帳 チョウ
[帳面（ちょうめん）] notebook　帐面　장부
[台帳（だいちょう）] ledger, register　总帐，底帐　대장
[手帳（てちょう）] pocket notebook　笔记本　수첩

【2】 正解1

滞って「とどこおって」（滞る）　fall into arrears　堵塞，积压，拖延　밀리다

失業して、家賃や税金の支払いが滞ってしまった。
Losing my job, I fell into arrears with my rent or taxes.
失业了，拖延了房屋租金和税金的支付。
실직하여, 집세와 세금 지불이 밀려 버렸다.

漢字

滞 ①タイ
[滞納（たいのう）] fail to pay　滞纳，拖欠　체납
[滞在（たいざい）] stay　停留，逗留　체제
[停滞（ていたい）] stagnate　停滞，停顿　정체
[渋滞（じゅうたい）] become stagnant　进展不顺利，停滞不前　정체，교통체증
②とどこお（る）[滞る]
例：「体調を崩して入院した。その間、仕事が滞って、みんなに迷惑をかけてしまった」I fell ill and was hospitalized. During that time, my duties were left undone and troubled others. 健康状态崩溃，住院了。在这期间，工作停滞，给大家添麻烦了。　몸 상태가 좋지 않아 입원을 했다. 그 사이에 일이 밀려, 모두에게 폐를 끼치고 말았다.
「事故の影響で、国道の車の流れが滞っている」Due to the accident, the traffic on the national highways is being stagnant. 由于事故的影响，公路的车的流动停滞不前。　사고의 영향으로 국도의 차의 흐름이 정체되고 있다.

選択肢の言葉 2「遡って」（遡る）　3「偏って」（偏る）　4「漂って」（漂う）

【3】 正解3

浸して「ひたして」（浸す）　dip　浸，泡，浸湿　적시다

パンをスープに浸して食べた。
I ate the bread dipping it in the soup.
把面包浸在汤里再吃。
빵을 스프에 적셔 먹었다.

漢字

浸 ①シン
[浸水（しんすい）] be flooded　浸水　침수
②ひた（る／す）
[浸る] be soaked　浸，泡，浸湿，沉浸　젖다／잠기다
／[浸す] 例：「初めての子どもが生まれ、彼女は母となった喜びに浸っている」Her first baby being born, she is steeped in happiness of becoming a mother. 第一个孩子出生了，她沉浸在做母亲的喜悦里。　처음으로 아이가 태어나서, 그녀는 엄마가 된 기쁨에 젖어있다.

選択肢の言葉 1「吊るして」（吊るす）
2「溶かして」（溶かす）　4「果たして」（果たす）

【4】　正解2
告げた「つげた」（告げる）　tell, say　告诉,告知,通知　알리다
出発の時刻になり、見送りに来た友人に別れを告げた。
It was time for our departure, so we said goodbye to our friends who came to see us off.
到了出发的时间,和来送别的朋友们告了别。
출발 시각이 되어, 배웅하러 온 친구에게 이별을 고했다.

漢字
告　①コク
　　　［告知（こくち）］notify, announce　告知,通知　고지
　　　［告白（こくはく）］confess　坦白,告白　고백
　　　［申告（しんこく）］report, notify　申报,报告　신고
　　　［勧告（かんこく）］recommend, advise　劝告　권고
　　　［予告（よこく）］notify/announce beforehand　预告　예고
　　②つ（げる）［告げる］
　　　例：「町の広場にある大時計が人々に時刻を告げる」
選択肢の言葉 3「遂げた」（遂げる）　4「焦げた」（焦げる）

【5】　正解3
抜粋「ばっすい」extract　摘录,集锦　발췌
新聞の記事からニュースを抜粋して、レポートの参考にしている。
I extract news from newspaper articles, and use it as reference for my paper.
从新闻报道中摘录新闻,作为报告(书)的参考。
신문 기사에서 뉴스를 발췌하여 레포트에 참고하고 있다.

漢字
抜　①バツ
　　　［抜群（ばつぐん）］extraordinary, wonderful　拔群　발군, 뛰어남
　　　［抜歯（ばっし）］tooth extraction　拔牙　발치
　　　［海抜（かいばつ）］above sea level　海拔　해발
　　　［奇抜（きばつ）］extraordinary, eccentric, wild　出奇,奇特　기발
　　　［選抜（せんばつ）］select(ed), pick(ed)　选拔　선발
　　②ぬ（ける／く／かす）
　　　［抜ける／抜く／抜かす］pass through, go through/overtake/pass　脱落,落掉,穿过　빠지다／빼다／빠뜨리다
　　　例：「市街地を抜けると、緑の水田が広がっている」
Passing through the urban area, you can see green rice paddies spreading all around.　穿过市街区,绿色的水田呈现在眼前。　시가지를 빠져나가면, 초록의 수전이 펼쳐져 있다
　　　「やせたくても、食事を抜くのはやめたほうがいい」
　　　「私、ちゃんと並んでいたんですから、抜かさないでください」

粋　スイ
　　　［粋］essence, cream, pick　精华,精粋　순수함, 뛰어남, 정수　例：「日本の技術の粋を集めて作った塔が完成した」The tower with the pick of the technology of Japan has been completed.　集中了日本技术的精粋而制作的塔完成了。　일본 기술의 정수를 모아 만든 탑이 완성되었다.
　　　［純粋（じゅんすい）］pure　纯粋　순수
　　　［無粋（ぶすい）］unromantic, prosaic　不风流,不风雅　멋없음

【6】　正解4
逆様「さかさま」upside down　逆,倒,颠倒　거꾸로 됨
あ、それでは上下が逆様ですよ。
Oh, that's upside down.
啊,那是上下颠倒了呀。
어, 그러면 상하가 거꾸로 잖아요.

漢字
逆　①ギャク
　　　［逆転（ぎゃくてん）］reverse, turn the tables on　反转,倒转　역전
　　　［逆襲（ぎゃくしゅう）］counterattack　反攻,还击　역습
　　　［逆流（ぎゃくりゅう）］flow backward　逆流　역류
　　　［逆境（ぎゃっきょう）］adverse circumstances　逆境　역경
　　　［反逆（はんぎゃく）］revolt　叛逆,反叛　반역
　　②さか
　　　［逆さ（さかさ）］upside down　逆,倒　반대, 거꾸로 됨
　　　［逆立ち（さかだち）］stand on one's hands　倒立　물구나무서기
　　③さか（らう）
　　　［逆らう］resist, oppose, disobey　逆,反,违背,背逆,违抗　거스르다, 반항하다
　　　例：「私は子どものとき、親の言うことに逆らってばかりいた」I often disobeyed my parents when I was a child.　我是个孩子的时候,老是违抗父母的话。　나는 어렸을 적에 부모 말을 거스르기만 했다.

様　①ヨウ
　　　［様式（ようしき）］mode, manner, style　样式　양식
　　　［様相（ようそう）］phase, condition　样子,情况　양상
　　　［多様（たよう）］various, diverse　多样　다양
　　　［異様（いよう）］weird, abnormal　奇怪,奇异　이상함
　　②さま
　　　［お客様（おきゃくさま）］guest, customer　顾客　손님
　　　［様変わりする（さまがわりする）］change drastically　情况发生变化　(모양, 정세가) 변화하다, 변천하다

N1解答

第2回

【7】 正解2

披露宴「ひろうえん」 wedding reception　披露宴　피로연

教会での結婚式の後、ホテルで披露宴が行われた。
After the wedding ceremony held at a church, a reception was given at a hotel.
在教堂的结婚仪式后，在饭店举行了结婚披露宴。
교회에서 결혼식이 있은 후, 호텔에서 피로연이 열렸다.

漢字

披　ヒ
　[披露（ひろう）] show, display, announce　宣布, 公布　피로

露　①ロ
　[露骨（ろこつ）] frank, candid, blatant　露骨　노골
　[露出（ろしゅつ）] expose　露出　노출
　[露店（ろてん）] roadside stand　摊子, 摊儿　노점
　[暴露（ばくろ）] disclose, expose　暴露, 泄露, 揭露　폭로

　②ロウ
　[披露（ひろう）] show, display, announce　宣布, 公布　피로

　③つゆ
　[露] dew　露　이슬　例：「朝日が当たって、葉の上の露がきらきら光っている」Receiving the rays of the morning sun, the dews on the leaves are shining.　朝阳洒在（树叶上），树叶上的露水闪闪发光。　아침햇살이 들어, 나뭇잎 위의 이슬이 반짝반짝 빛나고 있다.
　[夜露（よつゆ）] night dew　夜露, 夜里的露水　밤이슬

宴　エン
　[宴会（えんかい）] party, banquet　宴会　연회
　[祝宴（しゅくえん）] celebratory banquet　喜庆宴会　축연

【8】 正解3

冴えない「さえない」（冴える）　be bright/fine/healthy
寒冷, 清澈, 鲜明　맑아지다 선명해지다

顔色が冴えないね。どうしたの。
You don't look well. Anything wrong?
脸色很黯淡，怎么了？
얼굴색이 신통치 않네. 왜 그래?

漢字

冴　さ（える）[冴える]
　例：「冴えた月の光が夜の海を照らしていた」The bright moonlight was shining the night sea.　清澈的月光照着夜晚的海面。　선명한 달빛이 밤 바다를 비추고 있었다.

選択肢の言葉 1「冷えない」（冷える）　2「消えない」（消える）　4「絶えない」（絶える）「堪えない」（堪える）「耐えない」（耐える）

【9】 正解3

中途半端「ちゅうとはんぱ」 incomplete, indecisive, not serious　半途而废, 不明朗, 不完善　어중간함

中途半端な気持ちでは、どんな仕事も務まらない。
If you are not serious, you won't make it with any kind of work.
如果是半途而废的态度，什么工作也做不了。
어설픈 기분으로는 어떤 일도 해낼 수 없다.

漢字

中　①チュウ
　[中継（ちゅうけい）] broadcast　中继　중계
　[中傷（ちゅうしょう）] slander　中伤, 诽谤　중상
　[中断（ちゅうだん）] discontinuation, interruption　中断　중단
　[中毒（ちゅうどく）] poisoning, addiction　中毒　중독
　[中腹（ちゅうふく）] half way up a mountain　（半）山腰　중턱
　[中立（ちゅうりつ）] neutral　中立　중립
　[命中（めいちゅう）] hit the target　命中　명중
　[的中（てきちゅう）] hit the target, guess right, come true　射中　적중

　②ジュウ
　[一日中（いちにちじゅう）] all day long　一整天, 整日　하루종일
　[年中（ねんじゅう）] all the year round　一年中　연중
　[町中（まちじゅう）] throughout the town　在街上　마을전체

　③なか [中]
　[中程（なかほど）] about the center/middle　中间　중간정도, 한가운데쯤

途　ト
　[途絶える（とだえる）] cease, stop, break off　断绝, 杜绝, 中断　끊어지다, 두절되다
　[途上（とじょう）] on the way　道上, 路上　도상
　[帰途（きと）] on one's way (home)　归途　귀도
　[前途（ぜんと）] future, outlook　前途　전도

半　①ハン
　[半減（はんげん）] decrease by half　减半　반감
　[半端（はんぱ）] incomplete, odd　零头, 零星, 不彻底　어중간함
　[夜半（やはん）] midnight, late at night　半夜　야반, 한밤중

　②パン
　[折半（せっぱん）] split in half, divide fifty-fifty　平分　절반

　③なか
　[半ば（なかば）] around the middle　中央, 中间　절반, 중간

端　①タン
　[端緒（たんしょ）] beginning, start, clue　端绪, 头绪, 线索　단서
　[端正（たんせい）] decent, orderly, handsome　端正

단정
[端末（たんまつ）] (computer) terminal　終端　단말
[極端（きょくたん）] extreme, radical, excessive　极端　극단
[先端（せんたん）] (pointed) tip, forefront　顶端，先头　첨단
②はし／はじ
[端] end　端　가장자리，끝
例：「舞台の端に司会者用のマイクを置いた」
③は／ぱ
[半端（はんぱ）] incomplete, odd　零头，不彻底　어중간함　例：「一度始めたことは（中途）半端にしないで、最後までやり通しなさい」Once you started something, don't leave it incomplete but carry it through to the end.　一旦开始做的事不要半途而废，一定要把它做到底．　한번 시작한 일은 어정쩡한 상태로 두지 말고，마지막까지 해내거라．
④はた
[端] end, edge　端，头儿　가장자리，~ 가
例：「池の端に古い旅館が建っている」

【10】　正解 1
費やす「ついやす」 spend (time, money), waste　花费（时间，金钱等）　쓰다，소비하다
そんなくだらない議論に貴重な時間を費やすのはやめよう。
Let's not waste our precious time for such a trifling discussion.
(我们)要停止在那种无聊的议论上花费宝贵的时间。
그런 하찮은 의론에 귀중한 시간을 소비하는 것은 그만두자．

漢字
費 ①ヒ／ピ
[出費（しゅっぴ）] expenses　费用，开支　출비，지출
[~費（~ひ）] expenses for ~　~费　~비
例：「交通費」「学費」
②つい（やす）［費やす］
例：「彼はその研究に30年の月日を費やした」
選択肢の言葉 2「冷やす」　3「耕す」　4「燃やす」

【11】　正解 4
忍耐「にんたい」 patience, perseverance　忍耐　인내
彼は辛い仕事を忍耐強く続けている。
He is continuing the difficult job patiently.
他坚韧不拔地继续着艰辛的工作。
그는 힘든 일을 강한 인내심을 갖고 계속 하고 있다．

漢字
忍 ①ニン
[忍術（にんじゅつ）] Japanese art of spycraft　隐身法　둔갑술
[残忍（ざんにん）] cruel, brutal, cold-blooded　残忍　잔인
②しの（ぶ）
[忍ぶ] endure, hide, avoid, escape　隐藏，躲避，悄悄地，忍耐　몰래하다，은밀히 하다
例：「マスコミを避けるために両党の党首は人目を忍んで会い、直接話す時間をもった」In order to avoid the media, the leaders of the both parties secretly met together and had time to talk face to face.　为了躲避媒体，两党的首领避人耳目地会面，有了直接对话的时间．　매스컴을 피하기 위해 양당의 당수는 사람눈을 피해 만나며，직접 얘기하는 시간을 갖었다．

耐 ①タイ
[耐久（たいきゅう）] durable (goods)　耐久　내구
[耐水（たいすい）] water-proof　耐水，防水　내수
[耐火（たいか）] fire-proof　耐火　내화
②た（える）
[耐える] endure　忍耐　견디다
例：「この木は北の海の強い風に耐えて育った」
選択肢の言葉 1「人体」

【12】　正解 4
手際「てぎわ」 manner of performance　手法，技巧，手腕，本领　솜씨
彼女が仕事をするときの手際のよさには驚かされる。
I'm impressed with her excellent manner of work performance.
(我)被她工作时的绝好手腕震惊了。
그녀가 일할 때의 능숙한 솜씨에는 놀라울 따름이다．

漢字
手 ①シュ
[手芸（しゅげい）] handicraft　手艺　수예，수공예
[名手（めいしゅ）] person talented at something　名手，名人　명수
[好敵手（こうてきしゅ）] good rival, worthy opponent　好对手，劲敌　맞적수，호적수
②て［手］
[手数（てかず／てすう）] trouble, bother　费事，费心，麻烦　수고，애씀，폐
[手掛かり（てがかり）] clue, lead　抓处，线索　단서
[手軽（てがる）] casual, handy　简单，轻易　간편한，손쉬운
[手順（てじゅん）] step, procedure　次序，程序　차례，순서
[手錠（てじょう）] handcuff　手铐　수갑
[手配（てはい）] arrangement, preparations　筹备，安排，部署　준비，채비
[手筈（てはず）] arrangement, schedule, plan　程序，步骤　계획
[手引き（てびき）] manual, guide, handbook　辅导，启蒙，入门，引荐　안내서，길잡이
[手本（てほん）] model, example　字帖，模仿，榜样　견본，본보기
[手分け（てわけ）] division of work　手做，分头搞　분담
[話し手（はなして）／聞き手（ききて）] speaker/listener　说话的人/听话的人　화자（말하는 사람）/듣는 사람

N1解答

際 ①サイ
[際限（さいげん）] limit, end　止境,尽头　한도, 한계
例：「育ち盛りの子の食欲はすごい。際限なく食べる」
A growing child's appetite is huge. He eats endlessly.
在快速发育的孩子的食欲非常好,无止境地吃东西。
성장기의 아이들의 식욕은 대단하다. 끊임없이 먹는다.
②きわ／ぎわ
[窓際（まどぎわ）] at/by the window　窗边,靠窗　창가　例：「列車に乗るときは、いつも窓際の席を選ぶ」
選択肢の言葉 3「主催」「主宰」

第3回

【13】 正解1
貧乏「びんぼう」poor　穷,贫穷　빈궁, 가난
たとえ貧乏でも、愛があれば幸せだ。
Even if you're poor, you can be happy if there is love.
即使很穷,有爱就幸福。
비록 가난하다 하더라도 사랑이 있으면 행복하다.

漢字
貧 ①ヒン
[貧血（ひんけつ）] anemia　贫血　빈혈
[貧困（ひんこん）] poor, poverty　贫困　빈곤
[貧弱（ひんじゃく）] shabby, poor, meager　贫乏,欠缺　빈약
[極貧（ごくひん）] extremely poor, extreme poverty　极穷,赤贫　극빈, 더없이 가난함
②ビン［貧乏］
③まず（しい）
[貧しい] poor　贫穷　가난하다

乏 ①ボウ
[窮乏（きゅうぼう）] destitution, poverty　贫穷,贫困　궁핍
[欠乏（けつぼう）] lack　缺乏　결핍
②とぼ（しい）
[乏しい] scanty, meager, scarce　缺乏,不足　부족하다, 궁핍하다　例：「日本は資源が乏しいので、材料を輸入して加工する産業が発展した」Because Japan is scarce in resources, the import-and-process-materials industry developed.　因为日本缺乏资源,所以进口材料加工的产业得到了发展。　일본은 자원이 부족하기 때문에, 재료를 수입하여 가공하는 산업이 발전했다.

【14】 正解4
練っている「ねっている」（練る）polish, refine, work out　仔细推敲　짜다, 구상하다
今、夏休みの北海道旅行の計画を練っている。
I am now working out my plans for my summer vacation to take a trip to Hokkaido.
现在,我在仔细推敲暑假去北海道旅行的计划。
지금 여름방학의 홋까이도여행 계획을 짜고 있다.

漢字
練 ①レン
[試練（しれん）] hardship, trial　考验　시련
[洗練（せんれん）] refined, polished, sophiscated　洗练,高尚,讲究　세련
[熟練（じゅくれん）] experienced and skillful　熟练　숙련
②ね（る）［練る］
例：「この問題については、時間をかけて対策を練る必要がある」We need to spend enough time to work out our strategy regarding this matter.　对于这个问题,有必要花时间仔细推敲对策。　이 문제에 대해서는 시간을 두고 대책을 구상할 필요가 있다.
選択肢の言葉 1「沿っている」（沿う）
2「粘っている」（粘る）3「担っている」（担う）

【15】 正解2
果てしない「はてしない」endless, huge, humongous, boundless　无边无际,无尽头　끝없다
果てしない宇宙をいつか旅してみたい。
Some day I want to travel to the boundless space.
但愿总有一天能去无边无际的宇宙旅行。
끝없는 우주를 언젠가는 여행해보고 싶다.

漢字
果 ①カ
[果実（かじつ）] fruit　果实　과실
[効果（こうか）] effect　效果　효과
[逆効果（ぎゃくこうか）] opposite effect　反乎预期的效果,适得其反　역효과
[成果（せいか）] result, outcome　成果　성과
[因果（いんが）] cause and effect　因果　인과
②は（てる／たす）［果てる／果たす］
例：「一日中歩いたら疲れ果ててしまった」
「義務を果たしてこそ、権利が要求できる」You can demand your rights only after you have performed your duties.　正是因为履行了义务,所以可以要求权利。　의무를 다해야 비로소 권리를 요구할 수 있다.
③は（て）
[果て] edge, end　边际,尽头　끝
例：「宇宙の果てには何があるのだろうか」
④は（てしない）
[果てしない] = 終わりがない
例：「議論は果てしなく続き、結論は出なかった」The discussion lasted endlessly, but did not reach a conclusion.　议论没完没了地继续着,没有得出结论。　토론은 끝없이 계속되어, 결론은 나지 않았다.

【16】 正解2
折衷「せっちゅう」mixing, compromise　折中　절충
対立する意見を折衷して結論を出した。
We worked out a conclusion making a compromise between opposing opinions.
把对立意见折中后得出了结论。

대립하는 의견을 절충하여 결론을 냈다.
漢字
折 ①セツ
　　[折角（せっかく）] with a lot of effort/work　好不容易　모처럼
　　[骨折（こっせつ）] breaking a bone　骨折　골절
　　[右折（うせつ）] to turn to the right　右拐　우회전
　　[左折（させつ）] to turn to the left　左拐　좌회전
　　[挫折（ざせつ）] to miscarry/fail/be crippled　挫折　좌절
　②お（れる/る）
　　[折れる／折る] break, compromise　折, 断, 让步　접히다, 굽히다／접다
　　例：「あの交差点を右に折れると、突き当たりが駅です」
　　「父親は、はじめは息子の結婚に反対していたが、結局折れて、結婚を許した」The father was against his son's marriage at first, but he finally gave in and approved it.　最初反对儿子结婚的父亲最后让步了, 同意了儿子结婚。　처음에는 아들의 결혼에 반대 했던 아버지였지만, 결국 굽히고 결혼을 허락했다.
　　「サクラの枝を折らないでください」
　③おり
　　[折] occasion, time　折, 时候　때, 경우
　　例：「お近くにお越しの折には、ぜひお寄りください」
衷 チュウ
　　[衷心（ちゅうしん）] one's true feelings/heart　衷心　충심, 진심
選択肢の言葉 1「折り合い」

【17】　正解1
慎む「つつしむ」 keep from doing something, try not to do something　谨慎, 慎重　삼가하다
職場で仕事中に人の噂話をするのは慎むべきだ。
You should keep from gossiping about people during work at the office.
在工作单位工作时, 对说别人闲话之事要谨慎。
직장에서 일하는 중에 남의 소문 이야기를 하는 것은 삼가해야만 한다.
漢字
慎 ①シン
　　[慎重（しんちょう）] being cautious/careful　慎重　신중
　　[謹慎（きんしん）] being forbidden to do something　谨慎, 小心　근신
　②つつし（む）[慎む]
　　例：「他の人の迷惑になるようなことは慎みなさい」Try not to do things that would bother others.　对会给别人造成麻烦的事要谨慎。　남에게 폐가 될 것같은 일은 삼가하라.
選択肢の言葉 3「慈しむ」　4「はにかむ」

【18】　正解2
麓「ふもと」 foot (of a mountain)　山脚, 山麓　산기슭
私は山の麓の静かな町で少年時代を過ごした。
I spent my childhood in a quiet town at the foot of a mountain.
我在山脚下的一个安静的小镇度过了少年时代。
나는 산기슭의 조용한 마을에서 소년시절을 보냈다.
漢字
麓 ①ロク
　　[山麓（さんろく）] foot of a mountain　山脚, 山麓　산록
　②ふもと [麓]
　　例：「私の家は山の麓にあり、庭に動物が来ることもある」
選択肢の言葉 3「裾野」　4「鹿」

第4回
【19】　正解2
催す「もよおす」 hold (an event)　举办　개최하다
国際交流のイベントを催す計画が進んでいる。
A plan to hold an event to promote international exchanges is proceeding.
举办国际交流活动的计划正在进行。
국제교류 이벤트를 개최할 계획이 진행되고 있다.
漢字
催 ①サイ
　　[催促（さいそく）] to urge/demand　催促　재촉
　　[催眠術（さいみんじゅつ）] hypnotism, mesmerism　催眠术　최면술
　　[開催（かいさい）] to hold (an event)　开会, 召开　개최
　　[主催（しゅさい）] sponsorship　主办　주최
　②もよお（す）「催す」
　　例：「公園でバザーが催されている」A bazaar is being held at the park.　在公园举办义卖会。　공원에서 바자회가 열리고 있다.
　　[催し物（もよおしもの）] event　集会, 文娱活动　행사
選択肢の言葉 1「施す」　4「促す」

【20】　正解4
漂って「ただよって」（漂う） float, drift, hang　漂, 飘　감돌다, 떠돌다
この庭には花の香りが漂っている。
There hangs a scent of flowers in this garden.
这个庭院里飘着花香。
이 정원에는 꽃향기가 감돌고 있다.
漢字
漂 ①ヒョウ
　　[漂流（ひょうりゅう）] drifting　漂流　표류
　②ただよ（う）[漂う]
　　例：「波の間に何か漂っているのが見える。何だろう」
選択肢の言葉 1「逆らって」（逆らう）　2「操って」（操る）　3「滞って」（滞る）

【21】 正解 4
貧困「ひんこん」poverty　贫困　빈곤
この国の国民の大部分が貧困と闘っている。
Most of the citizens of this nation are battling against poverty.
这个国家的大部分国民在与贫困作斗争。
이 나라의 국민 대부분이 빈곤과 싸우고 있다.

漢字

貧　①ヒン
　［貧血（ひんけつ）］anemia　贫血　빈혈
　［貧弱（ひんじゃく）］shabby, poor, meager　贫乏, 欠缺　빈약
　［極貧（ごくひん）］extremely poor, extreme poverty　极穷, 赤贫　극빈, 더없이 가난함
　②ビン
　［貧乏（びんぼう）］poor　穷, 贫穷　빈궁, 가난
　③まず（しい）
　［貧しい］poor　贫穷　가난하다

困　①コン
　［困窮（こんきゅう）］poverty, destitution, adversity　穷困　곤궁
　［困惑（こんわく）］embarrassment, perplexity　困惑　곤혹
　②こま（る）
　［困る］be bothered, be in trouble　感觉困难, 为难　곤란하다

【22】 正解 3
傑作「けっさく」masterpiece, excellent piece of work　杰作　걸작
これは彼の作品の中で最高の傑作だ。
Among all his works, this is the best one.
这是他的作品中最高的杰作。
이것은 그의 작품 중에 최고의 걸작이다.

漢字

傑　ケツ
　［豪傑（ごうけつ）］brave/extraordinary person　豪杰　호걸
　［傑出（けっしゅつ）］excellent, prominent, outstanding　杰出　걸출, 출중

作　①サク
　［作戦（さくせん）］strategy　作战　작전
　［試作（しさく）］product made as a trial/test　试制　시작, 시험제품
　［盗作（とうさく）］plagiarism, plagiarizing　剽窃　도작, 표절
　②サ
　［作用（さよう）］effect, result　作用　작용
　［無造作（むぞうさ）］casual, careless, easy-going　简单, 随意　아무렇게나 함, 손쉽게 함, 되는대로 함
　［発作（ほっさ）］attack, seizure, stroke　发作　발작
　③つく（る）
　［作る］make, cook, build, manufacture　做, 制作　만들다

【23】 正解 1
細やかな「こまやかな」careful, tender, caring　浓厚, 细腻, 细致入微　세심한
彼女は細やかな心づかいのできる人だ。
She has a most tender disposition.
她是能细致入微地关怀(他人)的人。
그녀는 세심한 배려가 가능한 사람이다

漢字

細　①サイ
　［細心（さいしん）］careful　细心　세심
　［細部（さいぶ）］details　细部　세부
　［詳細（しょうさい）］details　详细　상세
　②ほそ（い）
　［細い］thin, slender　细　가늘다　例:「このひもは細すぎます。もっと太いのはありませんか」
　③こま（かい/やかな）
　［細かい］fine, thin, detailed　小, 细　세심하다, 꼼꼼하다／［細やかな］
　例:「私は両親の細やかな愛情に守られて育った」

選択肢の言葉 3「密やかな」

【24】 正解 4
良し悪し「よしあし」good and/or bad　好坏　좋고 나쁨
製品の良し悪しは見た目ではよくわからない。
You cannot tell if a product is good or bad from the appearance.
制品的好坏看外表并不能知道。
제품의 좋고 나쁨은 겉보기로는 잘 알 수 없다.

漢字

良　①リョウ
　［良好（りょうこう）］good, well, fair　良好　양호
　［良識（りょうしき）］common sense　明智　양식
　［良質（りょうしつ）］good quality　质量良好　양질
　［改良（かいりょう）］to improve something　改良　개량
　［最良（さいりょう）］best　最好, 最优良　최량, 가장 좋음
　［不良（ふりょう）］bad, inferior, deficient　不好, 坏, 不良　불량
　［善良（ぜんりょう）］good-natured, honest　善良　선량
　②よ（い）
　［良い］good　好的　좋다
　③よ（し）［良し］
　例:「終わり良ければすべて良し」(諺)　All is well that ends well. (proverb)　有好的结局一切便都好了。(谚语)　끝이 좋으면 다 좋다.

悪　①アク
　［悪人（あくにん）］bad/vicious person　坏人　악인, 나쁜 사람
　［悪質（あくしつ）］malicious, vicious, wicked　质量坏, 恶性　악질

[改悪（かいあく）] reform something for the worse　改坏　개악
[険悪（けんあく）] severe, harsh, hostile　险恶　험악
[最悪（さいあく）] worst　最坏　최악
②オ
[嫌悪（けんお）] dislike, hatred　嫌恶，厌恶　혐오
③わる（い）
[悪い] bad, wrong　坏　나쁘다
⚠「善し悪し」とも書く。「悪し（あし）」は例外的な読み方

第5回
【25】 正解 3
円滑「えんかつ」smooth　圆滑，圆满，顺利　원활
社会生活において重要なことは、円滑な人間関係を築くことだ。
What's important in our social life is to build smooth human relationships.
社会生活中重要的是圆满的人际关系。
사회생활에 있어서 중요한 것은, 원활한 인간관계를 쌓는 것이다.

漢字
円 ①エン
[円周（えんしゅう）] circumference of a circle　圆周　원주
[円満（えんまん）] harmonious, smooth, peaceful　圆满　원만
[円熟（えんじゅく）] accomplished, proficient　成熟, 熟练　원숙
[円高（えんだか）] strong yen　日元汇价高　엔고
②まる（い）
[円い]（=丸い）round, circular　圆　둥글다

滑 ①カツ
[滑車（かっしゃ）] pulley　滑车　활차, 도르래
[滑降（かっこう）] ski down　降下, 滑降　활강
[滑走（かっそう）] slide, taxi, make a takeoff run　滑行　활주
[潤滑油（じゅんかつゆ）] lubricant　润滑油　윤활유
②すべ（る）
[滑る] slide, glide, slip　滑　미끄러지다, 활주하다
例：「氷の上を滑る」
③なめ（らか）
[滑らか] smooth, fluent　光滑　부드러움, 반드러움
例：「発音が滑らかなので、彼の話は聞きやすい」

【26】 正解 1
退く「しりぞく」retreat, resign, step down, leave　倒退, 后退, 离开　물러나다
田中選手が今季限りで競技を退くそうだ。
I've heard that Tanaka is going to leave after this season is over.
田中选手只是本季度退出比赛。
다나까선수가 이번 시즌을 끝으로 경기에서 물러난다고 한다.

漢字
退 ①タイ
[退学（たいがく）] to drop out of school　退学　퇴학
[退化（たいか）] to degenerate/retrogress/degrade　退化　퇴화
[退治（たいじ）] to defeat/kill/destroy　惩办, 扑灭, 消灭　퇴치
[退職（たいしょく）] retirement　退职　퇴직
[後退（こうたい）] to retreat/go back　后退　후퇴
[辞退（じたい）] to turn down (an invitation, an offer)　辞退　사퇴
②しりぞ（く／ける）
[退く] ／ [退ける] defeat, beat　斥退, 退去, 退离　물리치다
例：「彼はプロゴルファーとして50歳まで活躍した。今は現役を退いて、スポーツ番組の解説の仕事をしている」He was active as a professional golfer till he was 50. Now he is retired and works as a commentator for a sports program.　他作为职业高尔夫球员一直活跃到50岁。现在退离现役,做着运动节目的解说工作。　그는 프로 골퍼로써 50세까지 활약했다. 지금은 현역을 은퇴하고 스포츠 프로그램에서 해설자 일을 하고 있다.

選択肢の言葉 3「導く」 4「嘆く」

【27】 正解 4
無造作「むぞうさ」casual, careless, nonchalant　简单, 容易, 随手, 漫不经心　아무렇게나 함, 손쉽게 함
「そんなことはわけないさ」と彼は無造作に言った。
"The job is a piece of cake," he said nonchalantly.
"那样的事儿容易得很。"他漫不经心地说。
「그런 일은 문제없어」라고 그는 쉽게 얘기했다.

漢字
無 ①ム
[無意味（むいみ）] meaningless　无意义, 没意思　무의미
[無口（むくち）] quiet, not talkative　不爱说话, 沉默寡言　과묵함
[無効（むこう）] not valid　无效　무효
[無言（むごん）] silence, no talking　无言　무언
[無邪気（むじゃき）] innocence, naïve, childish　天真烂漫　천진난만함
[無線（むせん）] radio, wireless　无线　무선
[無造作（むぞうさ）] casual, careless, nonchalant　简单, 容易, 随手, 漫不经心　아무렇게나 함, 손쉽게 함
[無駄遣い（むだづかい）] waste money　浪费, 乱花钱　낭비
[無断（むだん）] without permit　擅自, 事前未经允许　무단
[無知（むち）] innocence, ignorance　无知　무지
[無茶（むちゃ）] absurd, reckless　毫无道理　터무니없음
[無茶苦茶（むちゃくちゃ）] chaotic, random, nonsensical　毫无道理, 混乱　엉망진창, 터무니없음
[無念（むねん）] regret, shame, chagrin　什么也不想,

无所牵挂　무념
[無能（むのう）] incompetence, inefficiency, talentless　无能　무능
[無闇（むやみ）] thoughtless, indiscreet　胡乱，随便，过度　무턱댐
[無用（むよう）] unnecessary　没有用处，无用　무용，쓸모없음
[無論（むろん）] as a matter of course, naturally, of course　不用说，当然　물론
[有無（うむ）] presence or absence, existence or nonexistence　有无　유무
[皆無（かいむ）] nil, none, completely nothing　全无　전무
②ブ
[無愛想（ぶあいそう）] unfriendly, unsociable, sullen　简慢，不和气，冷淡　무뚝뚝함
[無難（ぶなん）] safe, not risky　无灾无难　무난
[無礼（ぶれい）] rude, impolite　没有礼貌，不恭敬　무례
③な（い）
[無い] none, nonexistent　没有　없다

造　①ゾウ
[偽造（ぎぞう）] fake, counterfeit　伪造　위조
[構造（こうぞう）] structure, makeup, setup　构造　구조
[木造（もくぞう）] wooden, made/built of wood　木造，木结构　목조
②つく（る）
[造る] build　造　만들다　例：「船を造る仕事がしたい」

作　①サク
[作戦（さくせん）] strategy　作战　작전
[傑作（けっさく）] masterpiece, excellent piece of work　杰作　걸작
[試作（しさく）] product made as a trial/test　试制　시작，시험제품
[盗作（とうさく）] plagiarism, plagiarizing　剽窃　도작，표절
②サ
[作用（さよう）] effect, result　作用　작용
[発作（ほっさ）] attack, seizure, stroke　发作　발작
③つく（る）
[作る] make, cook, build, manufacture　做，制作　만들다

【28】 正解 2
隔てて「へだてて」（隔てる）　divide, separate　隔开，隔离　사이에 두다，거리를 두다
2つの町を隔てていた川に橋がかけられた。
A bridge has been built over the river that separated the two towns apart.
在把两个城镇隔开的河流上架起了桥梁。
두 마을을 가르는 강에 다리가 세워졌다.
漢字
隔　①カク
[隔週（かくしゅう）] every other week　每隔一周　격주
[隔絶（かくぜつ）] be remote from　隔绝　격절, 동떨어짐
[隔離（かくり）] separation, isolation　隔离　격리
[遠隔（えんかく）] far away　远隔　원격
[間隔（かんかく）] space, break, interval　间隔　간격
②へだ（たる／てる）
[隔たる] be distant/separated　隔开，分开　떨어지다，멀어지다／[隔てる]
例：「この小説は明治時代の作品だが、新しい感覚に満ちていて、時代の隔たりを感じさせない」 This novel was written in the Meiji era, but doesn't feel distance because it's filled with new senses.　这部小说虽然是明治时代的作品，却充满了新感觉，并不感到时代的隔阂。이 소설은 메이지시대 작품이지만, 새로운 감각으로 가득차 있어, 시대의 차이를 느낄 수가 없다.
選択肢の言葉 3「そばだてて」（そばだてる）
4「おだてて」（おだてる）

【29】 正解 2
束縛「そくばく」 restriction, restraint　束缚　속박
言論の自由が束縛される国もある。
Freedom of speech is restrained in some nations.
也有言论自由受到束缚的国家。
언론의 자유가 속박당하는 나라도 있다.
漢字
束　①ソク
[拘束（こうそく）] restriction, restraint　拘束　구속
[結束（けっそく）] union, unity　结束　결속
②たば
[束] bundle, bunch　束　다발，묶음　例：「先生が入院されたので花束をもってお見舞いに行った」
③たば（ねる）
[束ねる] bundle, tie up in a bundle　扎成束，扎成捆　묶다　例：「読んだ雑誌をひもで束ねて、資源ごみとして出した」「髪を束ねる」
④つか
[束の間（つかのま）] for a short time　瞬间，一刹那，一瞬间　잠깐 사이　例：「仕事の合間に束の間の休憩を取った」I took a short break from work. 在工作的间隙休息一瞬间。일하는 사이에 잠깐의 휴식을 취했다.
縛　①バク
[呪縛（じゅばく）] spell　用咒语束缚住，念咒把～镇住　주박 (주술의 힘으로 움직이지 못하게 함)
②しば（る）
[縛る] restrict, limit, bound down　绑，捆，缚，束缚　묶다　例：「君は古い考えに縛られているのではないか」 I suspect you may be bound down by old-fashioned ideas.　你是不是被旧的想法束缚住了？너는 고지식한 사고방식에 묶여 있는거 아니냐.

【30】 正解 1

見栄「みえ」 show, vanity, display 外表, 排场 겉치레, 허세

彼はいつも見栄を張って部下に食事をおごっている。
He often buys his subordinates dinners to make a show.
他总是摆排场请部下吃饭。
그는 언제나 허세를 부리며 부하에게 식사를 한턱내고 있다.

漢字

見 ①ケン
[見識（けんしき）] wisdom, insight, good judgement 见识 견식
[会見（かいけん）] meeting, conference 会见 회견
[外見（がいけん）] appearance 外面, 表面, 外观 외견, 외관
[必見（ひっけん）] should not fail to watch 必须看, 必读 필견(꼭 봐야함)

②み（る／える／せる）
[見る／見える／見せる] see, watch/can see/show 看／看得见／让~看 보다／보이다／보이다(내보이다)

栄 ①エイ
[光栄（こうえい）] honor 光荣 영광
[虚栄（きょえい）] vanity 虚荣 허영
[繁栄（はんえい）] prosperity 繁荣 번영

②さか（える）
[栄える] prosper, flourish 繁荣兴旺 번영하다, 번창하다 例:「この町は、昔、宿場町として栄えた」
In the old days this town prospered as a post town. 这个城镇从前因为是驿站而繁荣兴旺。 이 마을은 예전에 역촌으로 번창했었다.

第6回

【31】 正解 1

繁盛「はんじょう」 prosperity, success in business 繁荣兴旺, 兴隆 번성

テレビで紹介されて以来、店が繁盛するようになった。
Since it was introduced on TV, the store has been enjoying good business.
自从电视中被介绍以来，这个店变得（生意）兴隆。
텔레비전에서 소개된 이후로 가게가 번성하게 되었다.

漢字

繁 ①ハン
[繁栄（はんえい）] prosperity 繁荣 번영
[繁華街（はんかがい）] business/shopping area 繁华街 번화가
[繁殖（はんしょく）] breeding, propagation 繁殖 번식
[繁雑（はんざつ）] disorganized, messy 繁杂 번잡
[頻繁（ひんぱん）] frequency 频繁 빈번

②しげ（る）
[繁る]（=茂る） (plants) grow thick 繁茂 무성해지다 例:「庭に夏草が繁っている」

盛 ①セイ
[盛大（せいだい）] gorgeousness, hugeness 盛大 성대
[盛況（せいきょう）] prosperous, thriving, successful 盛况 성황
[盛装（せいそう）] full dress, formal dressing 盛装 성장（옷을 화려하게 차려입음）
[全盛（ぜんせい）] at one's height 全盛, 极盛 전성
[隆盛（りゅうせい）] prosper, succeed 隆盛 융성

②ジョウ

③も（る）
[盛る] serve (food), dish up 盛, 装满 담다
例:「料理ができたら、皿に盛ってください」
「今回の国際交流会は、歌やゲーム、日本料理など盛り沢山なプログラムだ」 The program of the international exchange meeting this time has lots of events such as songs, games, and Japanese dishes. 这次的国际交流会有歌曲, 游戏, 日本料理等满载的节目。 이번 국제교류회는 노래와 게임, 일본요리등이 들어간 다채로운 프로그램이다.

④さか（る）
[盛る] reach the peak 盛 번창하다, 한창 성해지다
例:「燃え盛る火の中へ消防士が突入していった」The firemen rushed into the furiously burning fire. 在熊熊的大火中消防队员奋勇冲入。 한창 타오르고 있는 불 속으로 소방대원이 돌입해 갔다.

⑤さか（り）
[盛り] peak 装满 한창때 例:「このみかんは今が盛りで、とてもおいしい」

⑥さか（ん）
[盛ん] thriving, flourishing, successful 繁盛, 繁荣 번창함, 왕성함 例:「我が国は自動車工業が盛んだ」

選択肢の言葉 2「反省」「半生」

【32】 正解 1

募って「つのって」（募る） call (advertise, look) 招募, 招, 征求 모으다, 모집하다

被災地では復興に協力するボランティアを募っている。
In the disaster area, they are looking for volunteers who can help with the recovery.
在受灾区正在招募能帮助复兴的志愿者。
새해시에서는 부흥에 협력하는 자원봉사자를 모으고 있다.

漢字

募 ①ボ
[募金（ぼきん）] fund-raising 募捐 모금
[応募（おうぼ）] to apply for (a job, contest) 应募 응모

②つの（る）[募る]
例:「東京都はマラソン大会の出場希望者を募っている」 The Metropolis of Tokyo is calling for applicants who want to enter a marathon meet. 东京都在募集希望参加马拉松大会的人。 동경도는 마라톤 대회의 출전희망자를 모으고 있다.

選択肢の言葉 2「慕って」（慕う） 4「下って」（下る）

【33】正解 3

描写「びょうしゃ」 description　描写　묘사

この作品は情景の細かい描写が評価されている。
This work is highly evaluated for its precise descriptions of the scenes.
这部作品对情景的细致入微的描写得到了好评。
이 작품은 정경의 정교한 묘사가 평가받고 있다.

漢字

描 ①ビョウ
[素描（そびょう）] sketch, dessin　素描　소묘
②えが（く）
[描く] describe, draw, paint　画，绘，描绘　그리다
例：「多くの画家が富士山を描いている」

写 ①シャ
[写生（しゃせい）] drawing (painting) from nature　写生　사생
[映写（えいしゃ）] projecting movies/slides　放映　영사
[試写会（ししゃかい）] preview　试映会　시사회
②うつ（る／す）
[写る／写す] copy/show (a movie)　照相，映现　찍히다／찍다，묘사하다

【34】正解 4

妬む「ねたむ」 be jealous/envious　嫉妒，眼红　질투하다，시샘하다

他人の成功を妬むのはやめよう。
We should not feel jealous of others' success.
不要嫉妒他人的成功。
다른 사람의 성공을 질투하지 말자.

漢字

妬 ①ト
[嫉妬（しっと）] jealousy　妒忌，嫉妒　질투
②ねた（む）[妬む]
例：「父親があまりに兄に期待するので、弟は兄を妬んでいる」Because the father expects so much of his older son, the younger son is being jealous.　因为父亲对哥哥太寄予希望, 弟弟恨嫉妒哥哥。　아버지가 너무나도 형에게 기대하고 있어, 동생은 형을 질투하고 있다.

選択肢の言葉 1「睨む」　2「僻む」　3「絡む」

【35】正解 1

待遇「たいぐう」 treatment, (working) conditions　待遇　대우

待遇の改善を求めて、従業員がストライキを行った。
The employees went on a strike calling for a better treatment.
(因为) 要求改善待遇, 职工进行了罢工。
대우의 개선을 요구하며 종업원이 파업을 했다.

漢字

待 ①タイ
[待望（たいぼう）] to look forward to something, expect　期望，等待　대망
[待機（たいき）] to stand by　待命　대기
[接待（せったい）] to entertain (a client)　接待，招待　접대
②ま（つ）[待つ]
[待ち遠しい（まちどおしい）] something you cannot wait for　急切等待，盼望　몹시 기다려지다
例：「夏休みが待ち遠しい」
[待ち合わせ（まちあわせ）] waiting for someone at an appointed place　等候，约会，碰头　만날약속，약속장소　例：「待ち合わせの時間は午後6時です」
[待ち望む（まちのぞむ）] look forward to, anticipate　盼望，期待　기다리고 기다리다

遇 グウ
[遭遇（そうぐう）] to encounter/come across　遭遇　뜻하지 않게 만남, 조우
[優遇（ゆうぐう）] favorable treatment, warm reception　优待　우대
[奇遇（きぐう）] mysterious, coincidental　奇遇　기이한 만남, 기우

【36】正解 4

内訳「うちわけ」 breakdown (of expenses), itemization　细目，细项　내역

インターネットで電話料金の内訳を確認した。
I checked the itemization of my telephone fee on the Internet.
在因特网上确认了电话费的细目。
인터넷으로 전화요금의 내역을 확인했다.

漢字

内 ①ナイ
[内閣（ないかく）] government, cabinet　内阁　내각
[内外（ないがい）] inside and outside, home and abroad　内外　내외
[内緒（ないしょ）] secret, confidential　秘密，私下　비밀
[内心（ないしん）] one's true mind, actually　内心　내심
[内臓（ないぞう）] organ　内脏　내장
[内乱（ないらん）] civil war　内乱　내란
[内陸（ないりく）] inland　内陆　내륙
[構内（こうない）] premises, grounds, compound　区域内，院内，厂内　구내
②うち
[内側（うちがわ）] inside　内側　안쪽, 내면

訳 ①ヤク
[意訳（いやく）] nonliteral/free translation　意译　의역
[英訳（えいやく）] translation into English　译成英文　영역
[翻訳（ほんやく）] translation　翻译　번역
[和訳（わやく）] translation into Japanese　译成日文　일역 (일본어로 번역)

②**わけ**
[訳] reason　意义,理由　이유
例：「それはなぜですか。訳を教えてください」

第7回

【37】正解4
控えた「ひかえた」（控える） not do, keep from something　等候,待命,节制　삼가하다, 줄이다
健康のために、酒はなるべく控えたほうがいい。
You'd better try not drink alcohol to stay healthy.
为了健康,尽量节制饮酒。
건강을 위해서 술은 되도록 줄이는 것이 좋다.

漢字
控 ①**コウ**
[控除（こうじょ）] subtraction, deduction　扣除　공제
②**ひか（える）[控える]**
例：「激しい運動は控えるようにと医者に言われた」
I was told not to do strenuous exercise by my doctor.
医生说要节制剧烈运动。　격한 운동은 삼가하는 것이 좋다고 의사에게 얘기 들었다.

選択肢の言葉 1「揃えた」（揃える）
2「押さえた」（押さえる）「抑えた」（抑える）
3「抱えた」（抱える）

【38】正解3
画期的「かっきてき」 drastic, revolutionary　划时代的　획기적
携帯電話の登場は、通信機器の新時代を開く画期的な出来事であった。
The arrival of cellphones was a revolutionary incident which opened up a new era of communication devices.
手机的出现,是开启通讯器械新时代的大事。
휴대폰의 등장은 통신기기의 신시대를 여는 획기적인 일이었다.

漢字
画 ①**ガ**
[画像（がぞう）] picture (on the screen)　画像,肖像画　화상, 영상
[画質（がしつ）] quality of a picture　画像或图像的质量　화질
[動画（どうが）] animation　动画片　동영상
[洋画（ようが）] western movies　西洋画,西方影片　외화
②**カク**
[画策（かくさく）] planning, scheming　出谋划策,策划　획책
[画数（かくすう）] number of strokes (of a character)　笔画数　획수
[企画（きかく）] project　规划　기획
[区画（くかく）] district, area　区划,区,地区　구획

期 ①**キ**
[期日（きじつ）] date　日期　기일
[期末（きまつ）] end of a semester　期末　기말
[初期（しょき）] early stage　初期　초기
[前期（ぜんき）] first half of a term　前期　전기
[末期（まっき）] last half of a term　末期　말기
②**ゴ**
[最期（さいご）] one's last moment, death　临终　임종

的 ①**テキ**
[的中（てきちゅう）] hit the target, guess right, come true　射中　적중
[的確（てきかく）] precise, proper, exact　的确　정확함
[知的（ちてき）] intelligent　智慧的,理智的　지적
[標的（ひょうてき）] target　靶子,目标　표적
②**まと**
[的] target　的,靶子,目标　표적,대상
例：「美人の彼女は、男性社員の注目の的だ」She is so pretty and is the center of attention for male employees.　身为美女的她,是男职员注目的目标。　미인인 그녀는 남성 사원들의 주목대상이다.
「もっと的を絞って説明してください」Please explain it focusing more on the subject.　请更加集中目标地说明。　좀더 초점을 좁혀 설명해 주세요.

【39】正解2
留まる「とどまる」 stay　停,停留,逗留　머무르다
彼は旅行の予定を変更して、その町に留まることにした。
He changed his plan to travel and decided to stay in the town.
他改变了旅行的预定,在那个城镇逗留下来。
그는 여행 일정을 변경하여, 그 마을에 머무르기로 했다.

漢字
留 ①**リュウ**
[留意（りゅうい）] to pay attention to　留意　유의
[留任（りゅうにん）] to remain in office　留任　유임
[残留（ざんりゅう）] to stay, remain behind, residual　残留　잔류
[蒸留（じょうりゅう）] to distill, distillation　蒸馏　증류
[保留（ほりゅう）] to put ... on hold　保留　보류
②**ル**
[留守（るす）] not home　不在家　부재, 집을 비움
③**と（まる/める）**
[留まる／留める] catch/pay the attention of　钉住,抓住,看到　멎다, 서다 / 멎게 하다, 세우다
例：「外国人と英語で話しているところが社長の目に留まって、通訳の仕事を頼まれるようになった」Since the company president saw me talking to a foreigner in English, I have been asked to do interpretations.
用英语和外国人说话时被社长看到了,就被委托了翻译的工作。　외국인과 영어로 얘기하고 있는 것이 사장 눈에 띄어, 통역 업무를 부탁받게 되었다.
④**とど（まる/める）**
[留まる]／[留める] keep　固定,留下,逗留　멈추다, 남기다

例：「彼は先月ベトナムの工場視察に行ったが、そのまま現地に留まって技術指導を行っている」He went to visit the factory in Vietnam last month, and keeps staying there to give technical instructions. 他上个月去越南的工厂视察，就这样在当地逗留下来进行技术指导了。 그는 지난달 베트남 공장 시찰에 갔다가, 그대로 현지에 머물며 기술지도를 하고 있다.

選択肢の言葉 1「溜まる」 3「固まる」
4「収まる」「治まる」「納まる」

【40】 正解 2

矛盾「むじゅん」 not logical, reasonable, inconsistent 矛盾 모순

彼の言っていることは矛盾だらけだ。
What he says is full of inconsistencies.
他说的话真是矛盾百出。
그가 얘기하는 내용은 모순투성이다.

漢字
矛 ①ム［矛盾］
②ほこ
［矛］hallberd, arm 矛 창
盾 ①ジュン［矛盾］
②たて
［盾］shield, buckler 盾 방패

選択肢の言葉 1「従順」「柔順」

【41】 正解 1

老けて「ふけて」（老ける） get old 老, 老化 늙다, 나이를 먹다

彼女はまだ若いのに、実際の年齢よりも老けて見える。
She is still young but looks older than her real age.
她还很年轻，但是比实际年龄看上去要老。
그녀는 아직 젊은데, 실제 나이보다도 늙어 보인다.

漢字
老 ①ロウ
［老衰（ろうすい）］to become old and infirm 衰老 노쇠
［老朽化（ろうきゅうか）］to become old and deteriorated 老朽 노후화
［敬老（けいろう）］to respect the aged 敬老 경노
［初老（しょろう）］early old age 刚进入老年 초로 (늙기 시작하는 시기)
②ふ（ける）［老ける］
例：「彼は苦労をしたせいで、身も心も老けてしまった」He got old both physically and mentally after going through hardships. 他因为受了劳苦，身心都老了。 그는 고생한 탓에 몸도 맘도 늙어 버렸다.
③お（いる）
［老いる］get old 老, 年老 늙다, 나이먹다
例：「祖父は今も山登りに夢中で、老いることを知らないようだ」My grandfather is still fascinated by mountain climbing and doesn't seem like he will ever get old. 祖父现在热衷于登山,一点都不觉得自己老

了。 할아버지는 지금도 등산을 너무 좋아하시는데, 나이 드시는 것도 모르시는 것 같다.

選択肢の言葉 4「呆けて」（呆ける）

【42】 正解 4

宛名「あてな」(mailing) address 收件人姓名，住址 수신인명

手紙の宛名を書き間違えるのはとても失礼だ。
It is very rude to put a wrong mailing address.
把收信人姓名写错是一件非常不礼貌的事。
편지의 수신인명을 잘못 쓰는 것은 정말 실례다.

漢字
宛 あて
［宛先（あてさき）］(mailing) address 收信人的姓名，地址 수신처
名 ①メイ
［名産（めいさん）］famous product (of a region) 名产 명산물
［名簿（めいぼ）］roll 名册 명부
［名誉（めいよ）］honor 名誉 명예
②ミョウ
［本名（ほんみょう）］one's real name, autonym 本名，真名 본명
③な［名］
［あだ名（あだな）］nickname 绰号, 外号 별명
［名残（なごり）］sadness of parting 惜别，依恋 자취

選択肢の言葉 1「延命」 2「氏名」「指名」「使命」 3「あだ名」

第8回

【43】 正解 1

雇う「やとう」 hire 雇佣, 雇 고용하다

事業の拡張にともなって、新しい従業員を雇うことにした。
We decided to hire some new employees with the expansion of our business.
随着事业的扩大，雇佣了新的员工。
사업 확장에 따라 새로운 종업원을 고용하기로 했다.

漢字
雇 ①コ
［雇用（こよう）］to hire 雇佣 고용
［解雇（かいこ）］to dissmiss/fire 解雇 해고
②やと（う）［雇う］
例：「経理の専門家を雇ったおかげで、我が社の経営状態がよくなった」Our company's business has got better because we hired a professional accountant. 幸亏请了经营管理的专家, 我公司的经营状态有了好转。 경리 전문가를 고용한 덕에 우리 회사의 경영상태가 좋아졌다.

選択肢の言葉 2「賄う」 3「叶う」「適う」「敵う」 4「慕う」

【44】 正解 4

洒落「しゃれ」 stylishness, fashionableness, fanciness 漂亮 세련됨, 멋부림, 익살

昨夜は友人とお洒落なレストランで食事をした。

I had dinner with my friend last night at a fancy restaurant.
昨夜和朋友去了漂亮的餐厅吃饭。
어젯밤은 친구와 세련된 레스토랑에서 식사를 했다．

漢字

洒 シャ ［洒落］
落 ①ラク
　　［落選（らくせん）］to lose an election　落选　낙선
　　［落下（らっか）］to fall　落下　낙하
　　［集落（しゅうらく）］community, village　村子，村落　취락
　　［脱落（だつらく）］to drop out　脱落　탈락
　②お（ちる／とす）
　　［落ちる／落とす］drop, fall, fail　落下，落　떨어지다／떨어뜨리다

⚠ 「しゃれ」は例外的な読み方。

【45】　正解1

発足「ほっそく」(to) start　出发，动身，开始活动　발족
早いもので、この制度が発足して10年になる。

It has been already 10 years since this system started.
时间过得真快，从开始实行这项制度已经过去了十年。
벌써 이 제도가 발족된지 10년이 된다．

漢字

発 ①ハツ／パツ
　　［発育（はついく）］growth　发育　발육
　　［発芽（はつが）］germination　发芽　발아
　　［発掘（はっくつ）］excavation　发掘　발굴
　　［発言（はつげん）］to give an opinion　发言　발언
　　［発生（はっせい）］occurrence, outbreak　发生　발생
　　［発病（はつびょう）］to contract a disease　发病　발병
　　［開発（かいはつ）］development　开发　개발
　　［活発（かっぱつ）］activeness　活泼，活跃　활발
　　［始発（しはつ）］the starting station, the first run/train　起点，头班车　시발
　　［自発的（じはつてき）］voluntary　自发　자발적
　　［反発（はんぱつ）］rebel, oppose, resist　排斥，弹压　반발
　②ホツ
　　［発起人（ほっきにん）］promoter, proposer　发起人　발기인
　　［発作（ほっさ）］attack (of illness)　发作　발작
　　［発端（ほったん）］beginning, origin, start　开端　발단

足 ①ソク
　　［自給自足（じきゅうじそく）］self-sufficiency　自给自足　자급자족
　　［補足（ほそく）］to supplement　补充　보충
　②あし
　　［足跡（あしあと）］footprints　脚印　발자국，발자취
　　［足音（あしおと）］sound of footsteps　脚步声　발소리
　　［駆け足（かけあし）］running　快跑　구보
　③た（る／りる／す）
　　［足る／足りる／足す］be worth/be enough/add　足
够，足　족하다／충분하다／더하다

選択肢の言葉 3「補足」

【46】　正解2

携えて「たずさえて」（携える）　take, bring　带，携带
휴대하다，손에 들다

手土産を携えて上司の家を訪問した。

I visited my boss's house with a gift.
带着土产拜访了上司的家。
선물을 들고 상사 댁을 방문했다．

漢字

携 ①ケイ
　　［携帯（けいたい）］portable, to carry　携带，带　휴대
　　［連携（れんけい）］to cooperate, go hand in hand　联合，合作　제휴
　②たずさ（わる／える）
　　［携わる］be engaged in　参与　관계하다，종사하다／［携える］
　　例：「農業や漁業に携わる人が減っている」
　　「イギリス紳士といえば、シルクハットをかぶり、長い傘を携えている姿がイメージされる」Talking of British gentlemen, one may imagine a man wearing a silk hat and carrying a long umbrella.　说起英国绅士，脑中就浮现出戴着丝质帽子，拿着长柄伞模样的人。
영국신사라고 하면 실크모자를 쓰고，긴우산을 손에 들고 있는 모습이 연상된다．

選択肢の言葉 1「抱えて」(抱える) 3「備えて」(備える) 4「求めて」(求める)

【47】　正解3

消耗「しょうもう」to be worn out　消耗　소모
登山は体力を消耗する。

Climbing a mountain wears you out.
登山消耗体力。
등산은 체력을 소모한다．

漢字

消 ①ショウ
　　［消去（しょうきょ）］to erase　消去，消除　소거
　　［消息（しょうそく）］news, whereabouts　消息　소식
　　［消滅（しょうめつ）］disappearance, extinction　消灭，소멸
　　［解消（かいしょう）］solution, settlement　解除，取消　해소
　②き（える）
　　［消える］disappear, turn off　熄灭，融化，消失　사라지다，지워지다
　③け（す）
　　［消す］erase, turn off　关掉　지우다

耗 ①モウ［消耗］
　②コウ
　　［心神耗弱（しんしんこうじゃく）］nervous breakdown

神経失常　심신모약
選択肢の言葉 1「所望」

【48】　**正解 3**
隙間「すきま」 space, crack, gap　缝隙, 闲功夫　빈틈, 틈새
ドアの隙間から風が入ってきて寒い。
It's cold because wind is blowing in from the gap at the door.
风从门的缝隙中吹进来, 很冷。
문 틈새로 바람이 들어와서 춥다。

漢字
隙　①ゲキ
　　［間隙（かんげき）］gap, opening, crack　间隙　간극, 틈
　　②すき
　　［隙］chance　间隙, 缝隙, 空子, 机会　틈, 사이
　　例：「敵の守りは堅く、攻め入る隙がない」The opponent's defense is so strong there is no chance to attack.　敵人的防守很牢固, 没有可以攻入的机会。적의 수비가 강하여, 공격해 들어갈 틈이 없다

間　①カン
　　［間隔（かんかく）］space, gap　间隔　간격
　　［間食（かんしょく）］eating between meals　吃点心, 吃零食　간식
　　［民間（みんかん）］nongovernment　民间　민간
　　②ケン
　　［世間（せけん）］world, society　社会, 人世　세간
　　③あいだ
　　［間］between　间隔, 距离　사이
　　④ま
　　［間］counter for room　空隙, 间隔　틈, 사이
　　［間に合う（まにあう）］be in time　来得及（时间上）　늦지 않다
　　［間取り（まどり）］layout of a house　房间布局配置　방 배치
　　［一間（ひとま）］one room　一室　한칸, 단칸방

第9回

【49】　**正解 2**
阻む「はばむ」 block　阻止, 阻挡　막다, 저지하다
我々の連勝を阻む強敵が現れた。
A strong opponent who would block our serial victory appeared.
出现了阻止我们连胜的强敌。
우리의 연승을 저지하는 강적이 나타났다。

漢字
阻　①ソ
　　［阻止（そし）］stop　阻止　저지
　　［阻害（そがい）］check, hamper, hinder　阻碍, 妨碍　저해
　　②はば（む）［阻む］
　　例：「雪と氷に阻まれて、トンネル工事は難航している」The tunnel construction is not going well being hampered by the snow and ice.　受到雪和冰的阻碍,

隧道工程难以进展。　눈과 얼음의 방해를 받아, 터널공사는 난항을 겪고 있다。
選択肢の言葉 1「拒む」　3「危ぶむ」　4「慎む」

【50】　**正解 3**
慕われて「したわれて」（慕う）　like, adore, be attached to　爱慕, 怀念, 想念　연모하다, 따르다
彼は面倒見がいいので、大勢の後輩に慕われている。
Being a very caring person, he is liked by a lot of people.
他很会照顾别人, 很多后辈都很爱慕他。
그는 사람을 잘 보살펴 주니까, 많은 후배들에게 존경받고 있다。

漢字
慕　①ボ
　　［慕情（ぼじょう）］love, affection　恋慕之情　모정, 사모하는 마음
　　［思慕（しぼ）］deep attachment　思慕, 怀念　사모
　　②した（う）［慕う］
　　例：「子どもたちは、やさしくて頼りがいのある山田先生を兄のように慕っていた」The children were attached to Mr. Yamada who was kind and reliable just like their older brother.　孩子们像爱慕兄长一样爱慕亲切而可以信赖的山田老师。　아이들은 상냥하고 믿음직스러운 야마다 선생님을 형처럼 따르고 있다。

選択肢の言葉 1「構われて」（構う）　2「担われて」（担う）　4「思われて」（思う）

【51】　**正解 4**
炊事「すいじ」 cooking, kitchen work　炊事, 煮饭　취사
彼女は炊事があまり好きではない。
She doesn't care for cooking so much.
她不太喜欢煮饭。
그녀는 부엌일을 그다지 좋아하지 않는다。

漢字
炊　①スイ
　　［炊飯器（すいはんき）］rice cooker　电饭煲　밥솥
　　［自炊（じすい）］cook meals for oneself　自己煮饭　자취
　　②た（く）
　　［炊く］cook, steam　煮（饭）, 烧（菜）　밥을 짓다
　　例：「米を洗って、ご飯を炊く」

事　①ジ
　　［事業（じぎょう）］business　事业　사업
　　［事項（じこう）］item, article　事项　사항
　　［事前（じぜん）］beforehand, in advance　事前　사전
　　［従事（じゅうじ）］be engaged in　从事　종사
　　②ズ
　　［好事家（こうずか）］dilettante, amateur　好事的人, 喜欢风流韵事的人　호사가, 풍류를 즐기는 사람
　　③こと
　　［事柄（ことがら）］things, affairs　事情, 事态　사항, 사정

選択肢の言葉 1「託児」　3「火事」「家事」

【52】 正解 4
背いて「そむいて」（背く） betray, disobey　背着，违背，背叛，辜负　등을 돌리다, 어기다
両親の期待に背いてしまって、無念だ。
It's a shame I betrayed my parents' expectations.
辜负了父母的期望，很遗憾。
부모의 기대를 저버리게 되어 유감스럽다.

漢字
背　①ハイ
　　［背景（はいけい）］background　背景　배경
　　［背後（はいご）］behind　背后　배후
　　②せ／せい
　　［背が高い（せ／せい がたかい）］tall　身长很高　키가 크다
　　③そむ（く／ける）
　　［背く］／［背ける］look away from　违背　돌리다
　　例：「部長は重役の命令に背いて、会社をクビになった」The section manager was fired after disobeying the executive's orders. 部长违背了懂事的命令，被公司开除了。　부장은 중역의 명령을 거역하여, 회사에서 해고당했다.
　　「事故の現場を見て、思わず目を背けた」

選択肢の言葉 2「急いて」（急く）　例：「急いては事を仕損じる」（諺）　Make haste, make waste. (proverb)　着急反而会把事情搞坏。（谚语）　서두르면 오히려 일을 그르친다.

【53】 正解 1
暴露「ばくろ」disclose, expose　暴露，泄露，揭露　폭로
政治家のスキャンダルが暴露された。
The polititian's scandal was disclosed.
政治家的丑闻被揭露了。
정치가의 스캔들이 폭로되었다.

漢字
暴　①ボウ
　　［暴動（ぼうどう）］riot　暴动　폭동
　　［暴風（ぼうふう）］strong wind　暴风　폭풍
　　［暴力（ぼうりょく）］violence　暴力　폭력
　　［横暴（おうぼう）］arbitrary　横暴，蛮横　횡포
　　［暴落（ぼうらく）］heavy fall, decline　暴跌　폭락
　　②バク　［暴露］
　　③あば（く）
　　［暴く］expose, disclose　挖，掘，揭发　폭로하다, 들춰내다
　　例：「企業との不正な関係が暴かれて、A 大臣は辞任することになった」Minister A was to resign after the corrupt relationships with a corporation was exposed. A 大臣与企业的不正当关系被揭发，辞职了。　기업과의 부정한 관계가 폭로되어, A 대사는 사임하게 되었다.
　　④あば（れる）
　　［暴れる］become violent　闹，乱闹　날뛰다
　　例：「彼は酔うと暴れるからあまり飲ませないほうがいい」He gets violent when he is drunk, so we'd better not have him drink much.　他喝醉了后会乱闹，还是不要让他多喝。　그는 취하면 난폭해져서 너무 먹이지 않는것이 좋다.

露　①ロ
　　［露骨（ろこつ）］frank, candid, blatant　露骨　노골
　　［露出（ろしゅつ）］expose　露出　노출
　　［露店（ろてん）］roadside stand　摊子, 摊儿　노점
　　②ロウ
　　［披露（ひろう）］display, show　宣布，公布　피로
　　③つゆ
　　［露］dew　露　이슬　例：「朝日が当たって、葉の上の露がきらきら光っている」Receiving the rays of the morning sun, the dews on the leaves are shining.　朝阳洒在（树叶上），树叶上的露水闪闪发光。　아침햇살이 들어, 나뭇잎 위의 이슬이 반짝반짝 빛나고 있다.
　　［夜露（よつゆ）］night dew　夜露, 夜里的露水　밤이슬

【54】 正解 3
闇「やみ」darkness　黑暗　어둠, 암흑
この小説は主人公の心の闇を描いている。
This novel describes the darkness of the main character's mind.
这部小说描写了主人公心里的黑暗面。
이 소설은 주인공의 맘의 어둠을 그리고 있다.

漢字
闇　やみ
　　［暗闇（くらやみ）］darkness　漆黑　어둠 속
　　例：「停電の間、暗闇でじっとしていた」I was sitting still in the darkness during the power failure.　停电期间, 在一片漆黑中一动不动。　정전된 동안, 어둠 속에서 가만히 있었다.

選択肢の言葉 1「音」　2「門」「問」「紋」　4「問い」

第 10 回
【55】 正解 2
介護「かいご」nursing care　对老人，病人等的日常生活的护理　개호, 간호, 간병
高齢化社会をむかえ、介護サービスを提供する事業が増えている。
With the arrival of an aging society, the number of businesses offering nursing care services is increasing.
为迎接老龄化社会（的到来），提供对老人，病人日常生活护理的企业增加了。
고령화사회를 맞이해, 개호서비스를 제공하는 사업이 늘고 있다.

漢字
介　カイ
　　［介入（かいにゅう）］interfere　介入　개입
　　［介在（かいざい）］intervene　介在, 介于~之间　개재
　　［介抱（かいほう）］take care of a sick/injured person　护理, 照顾　간호, 병구완
　　［仲介（ちゅうかい）］mediate　从中介绍　중개
　　［介する（かいする）］do something via/through　通过 사이에 두다, 개입시키다

N1 解答

護 ①ゴ
[護衛（ごえい）] guard　护卫，保卫　호위
[看護（かんご）] take care of the sick　看护　간호
[弁護（べんご）] defend　辩护　변호
[保護（ほご）] protect　保护　보호
②まも（る）
[護る]（＝守る） protect　守，守护　지키다
例：「自然を護ろうという運動が盛んになっている」

選択肢の言葉 1「看護」 3「感情」「勘定」「環状」
4「会場」「海上」「開場」「階上」

【56】 正解 2

要旨「ようし」summary　大意，要旨　요지
講義の要旨をまとめたものを配りますので、よく読んでおくこと。
I'm going to distribute the summary of the lecture, so read it carefully.
(我)会把会议的要旨整理后发给大家，请好好阅读。
강의의 요지를 정리한 내용을 나눠드릴테니, 잘 읽어둘 것.

漢字
要 ①ヨウ
[要する（ようする）] require　需要，要　요하다
[要因（よういん）] factor　主要原因，主要因素　요인
[要請（ようせい）] demand　请求，要求　요청
[要望（ようぼう）] request　要求，迫切希望　요망
[強要（きょうよう）] force　强行要求，硬要　강요
[概要（がいよう）] summary, outline　概要　개요
②い（る）[要る]

旨 ①シ
[趣旨（しゅし）] main purpose, point　宗旨，旨趣　취지
[主旨（しゅし）] main purpose, point　主题，概要　주지，주된 의미
②むね
[旨] effect, purpose　意思，要点　뜻
例：「社長が明日帰国される旨を、重役たちに伝えた」
I told the executives that the president will come back (to Japan) tomorrow.　请把社长明天回国的意思，向高级干部们传达。　사장이 내일 귀국하신다는 뜻을 중역들에게 전달했다.

選択肢の言葉 1「幼児」「用事」 3「要件」「用件」
4「要項」「要綱」「陽光」「洋行」

【57】 正解 4

整えて「ととのえて」（整える） make something in good shape　整理，整顿，调整　가다듬다，정리하다，조절하다
この薬は胃腸の調子を整えてくれる。
This medicine makes the condition of the stomach and intestines in good shape.
这种药能调整胃肠功能。
이 약은 위장의 컨디션을 가다듬어 주었다.

漢字
整 ①セイ
[整列（せいれつ）] stand in a row, line up　排队，排列　정열
[整然（せいぜん）] to be organized　有条不紊，井井有条　정연
[調整（ちょうせい）] adjustment　调整　조정
②ととの（う／える）
[整う] prepare, arrange　协调　구비되다，정돈되다 ／[整える] 例：「会場の準備が整いました。どうぞご入場ください」The hall arrangement has been done. Please come in.　会场的准备已经协调完毕。请入场。　회장 준비가 갖춰졌습니다. 어서 입장해주세요.

選択肢の言葉 1「そびえて」（そびえる）
2「抱えて」（抱える） 3「振り替えて」（振り替える）

【58】 正解 4

被災者「ひさいしゃ」sufferers from a disaster　受灾者　재해자
大地震による被災者の数は10万人を超えた。
The number of the sufferers from the disaster has reached over one hundred thousand.
由于大地震所造成的受灾者已经超过10万人。
대지진으로 인한 재해자의 수는 10 만명을 넘었다.

漢字
被 ①ヒ
[被災（ひさい）] suffer from a disaster　受灾　피재，재해를 입음
[被服（ひふく）] clothing　衣服，被服　피복
[被告（ひこく）] defendant　被告　피고
②こうむ（る）
[被る] suffer (damage)　蒙受，受到，遭到　입다，받다，신세를 지다 例：「個人情報が流出して、我が社は大きな損害を被った」Some private information leaked and our company suffered great damage.　个人情报流失，我公司蒙受了巨大的损失。　개인정보를 유출해서, 우리 회사는 큰 피해를 입었다.

災 ①サイ
[災害（さいがい）] disaster　灾害　재해
[火災（かさい）] fire　火灾　화재
[天災（てんさい）] natural disaster　天灾　천재
②わざわ（い）
[災い] misfortune, trouble, bad luck　祸，灾祸　화，재난，불행
例：「昔、この山に女性が入ると災いが起こると言われていた」Years ago it was said that misfortune will occur if a woman enters this mountain.　从前，传说这座山里有女性进入的话就会引起灾祸。　옛날에 이 산에 여성이 들어가면 재앙이 일어난다는 얘기가 있었다.

者 ①シャ
[科学者（かがくしゃ）] scientist　科学家　과학자
[関係者（かんけいしゃ）] people concerned　有关人员

관계자
[初心者（しょしんしゃ）] beginner　初学者　초심자
[侵入者（しんにゅうしゃ）] invader　侵入者　침입자
[当事者（とうじしゃ）] person concerned　当事人　당사자
②もの
[者] person　者，~ 的人　자，~ 하는 사람
例：「うっかり者の兄は、今朝も財布を食卓に置いたまま出かけて行った」
[怠け者（なまけもの）] lazy person/bone　懒汉　게으름뱅이
[悪者（わるもの）] bad person　坏人　나쁜 놈

選択肢の言葉 1「被害者」　2「負債者」

【59】　**正解 2**
獲得「かくとく」 earn, obtain　获得　획득
博士はノーベル賞の受賞によって世界的な名声を獲得した。
The doctor earned honor worldwide by receiving the Nobel Prize.
博士因为获得诺贝尔奖而名扬世界。
박사는 노벨상 수상으로 세계적인 명성을 획득했다.

漢字
獲　①カク
　　　[捕獲（ほかく）] catch　捕获　포획
　　②え
　　　[獲物（えもの）] game　猎物　사냥감，먹이
得　①トク
　　　[得点（とくてん）] score　得分　득점
　　　[所得（しょとく）] income　所得　소득
　　　[説得（せっとく）] persuasion　说服　설득
　　　[取得（しゅとく）] to earn/get/obtain　取得　취득
　　　[拾得（しゅうとく）] to find (a lost article)　拾得　습득
　　　[習得（しゅうとく）] to master/learn　学习，学会　습득
　　②え（る）
　　　[得る] be able, possible　得，得到　얻다
　　　例：「薬を販売するには国の許可を得なければならない」 You need to get approval from the government to sell drugs. 要出售药品一定要得到国家的许可。　약을 판매하기 위해서는 나라의 허가를 받지않으면 안된다.
　　　「あれほど正直な彼がうそをつくなど、あり得ないことだ」 It is impossible that such an honest person as he tells a lie. 那么老实的他撒谎是绝对不可能的。　그토록 정직했던 그가 거짓말을 하다니, 있을 수 없는 일이다.
　　③う（る）
　　　[得る] be able, possible　得，得到　~ 할 수 있다
　　　例：「これが考え得る最良の方法だ」 This is the best possible means.　这是考虑后得到的最好的方法。　이것이 생각할 수 있는 가장 좋은 방법이다.

選択肢の言葉 1「如く」　3「修得」「拾得」「習得」

【60】　**正解 3**
舵「かじ」 steer of a boat　舵　노，키
船は左に舵を取った。
The boat steered to the left.
船向左转了舵。
배는 왼쪽으로 키를 잡았다.

漢字
舵　①ダ
　　　[方向舵（ほうこうだ）] rudder　方向舵　방향타
　　②かじ［舵］
　　　例：「教師の役目は、学生たちが効率よく学べるように舵を取ることだ」 The role of a teacher is to lead the students to learn things efficiently.　教师的职责，就是引导学生有效率地学习。　교사의 역할은 학생들이 효율적으로 배울 수 있도록 이끌어 가는 것이다.

選択肢の言葉 2、4「蛇」

第 11 回

【61】　**正解 1**
唱える「となえる」 object　念，高喊，提倡　외치다，주장하다
審判の判定に選手が異議を唱えることはできない。
Players cannot object to the judgement of the umpire.
对裁判的裁决，选手高喊有异议。
심판 판정에 선수가 이의를 주장할 수는 없다.

漢字
唱　①ショウ
　　　[唱歌（しょうか）] songs (for music class)　唱歌　창가
　　　[提唱（ていしょう）] suggest　提倡　제창
　　　[合唱（がっしょう）] chorus　合唱　합창
　　　[独唱（どくしょう）] sing solo　独唱　독창
　　　[復唱（ふくしょう）] repeat　重复，复述　복창
　　②とな（える）［唱える］
　　　例：「コペルニクスは地動説を唱えたが、当時の社会はそれを認めようとしなかった」 Copernicus claimed the heliocentric theory but the society in those days did not agree.　尼古拉哥白尼提倡了地动说，但是当时的社会没有承认它。　코페르니쿠스는 지동설을 주장했으나, 당시 사회는 그것을 인정하려고 하지 않았다.

選択肢の言葉 2「称える」　3「抑える」「押さえる」　4「栄える」

【62】　**正解 3**
賭けて「かけて」（賭ける） gamble, bet　赌　걸다，내기하다
お金を賭けてゲームをしてはいけません。
You must not bet money to play games.
不能玩赌钱的游戏。
돈을 걸고 게임을 해서는 안됩니다.

漢字
賭　①ト
　　　[賭博（とばく）] gambling　赌博　도박
　　②か（ける）［賭ける］

[賭け（かけ）] gambling, risk　賭 内기　例：「彼は新しい事業に全財産を賭けたが、事業は失敗に終わった」
[賭け事（かけごと）] gambling　賭博　노름, 도박
例：「彼は賭け事に熱中して全財産を失った」He was engrossed in gambling and lost all his fortune. 他热衷于赌博, 失去了全部财产。　그는 노름에 열중하여 전재산을 잃었다.

選択肢の言葉 1「儲けて」（儲ける）　2「預けて」（預ける）　4「避けて」（避ける）

【63】 正解 3

万人「ばんにん」everyone, all people　万人　만인
どんなに素晴らしい薬でも万人に効くとは限らない。
Good medicine does not necessarily work for everyone.
无论怎样灵的药也不会对万人都有效。
아무리 대단한 약이라해도 만인에게 효과가 있는 것은 아니다.

漢字

万 ①マン
　[万病（まんびょう）] all kinds of diseases　百病　만병
　[巨万（きょまん）] huge amount　巨額　거만
　②バン
　[万能（ばんのう）] almighty　万能　만능
　[万国（ばんこく）] all nations　万国　만국

人 ①ジン
　[人格（じんかく）] personality　人格　인격
　[人材（じんざい）] human resource　人才　인재
　[人体（じんたい）] human body　人体　인체
　[人民（じんみん）] people of a nation　人民　인민
　[新人（しんじん）] new person　新人, 新手　신인
　[故人（こじん）] deceased person　故人　고인
　②ニン
　[人気（にんき）] popularity　人気　인기
　[人情（にんじょう）] sympathy, compassion　人情　인정
　[証人（しょうにん）] witness　証人　증인
　③ひと
　[人気（ひとけ）] sign of life　人的气息　인기척
　[人柄（ひとがら）] personality, character　人品, 人格　사람됨, 인품
　[人影（ひとかげ）] human figure　人影　인적
　[人質（ひとじち）] hostage　人质　인질
　[人目（ひとめ）] attention, public eye　世人的眼目　남의 눈

⚠️ 例外的な読み方：「玄人（くろうと）」「素人（しろうと）」「仲人（なこうど）」「若人（わこうど）」「大人（おとな）」「一人（ひとり）」「二人（ふたり）」

【64】 正解 4

承諾「しょうだく」approval, acceptance　同意, 答应　승낙
S社からの申し出を承諾することが会議で決定された。
It has been decided at the meeting that we will accept the offer from S Company.
会议决定同意S公司的提议。
S사로부터의 제의를 승낙하기로 회의에서 결정되었다.

漢字

承 ①ショウ
　[承知（しょうち）] to accept/approve/understand　知道, 同意　승낙함
　[承認（しょうにん）] approval　承認, 批准　승인
　[了承（りょうしょう）] to acknowledge/understand　晓得, 谅解　양해, 승낙
　②うけたまわ（る）
　[承る] accept, listen　遵从, 接受, 知道, 听　삼가받다, 삼가듣다（받다, 듣다의 겸사말）
例：「ご用があれば、なんなりと承りますので、お申しつけください」We are ready to receive whatever business you ask, so feel free to tell us. 如果有事的话无论什么都会恭听, 请吩咐。　용무가 있으시면, 무엇이든지 삼가 받겠사오니, 분부해 주십시오.

諾 ダク
　[快諾（かいだく）] to accept willingly　慨允, 欣然允诺　쾌락
　[受諾（じゅだく）] to receive/accept　接受, 承担　수락
　[唯々諾々（いいだくだく）] obedient　唯唯諾諾　유유낙낙　例：「唯々諾々と人の意見に従っていないで、まず自分でよく考えなさい」Do not be so obedient to others' opinions but first think hard for yourself. 不要唯唯諾諾地听从别人的意见, 先自己好好考虑考虑。　유유낙낙하게 남의 의견에 따르지 말고, 먼저 스스로 잘 생각해 봐라.

選択肢の言葉 1「承認」「証人」　2「承知」

【65】 正解 2

陥る「おちいる」fall into　落入, 掉进, 陷入　빠지다, 빠져 들다
開発による自然環境の悪化は、今後さらに深刻な状況に陥るだろう。
The deterioration of nature caused by the development will further lead to a more serious situation.
由于开发而造成的自然环境的恶化, 今后会陷入更加深刻的状况。
개발에 의한 자연환경의 악화는 앞으로 더욱더 심각한 상황에 빠져 들겠지.

漢字

陥 ①カン
　[陥没（かんぼつ）] collapse, sinking　陥落, 下沉　함몰
　[欠陥（けっかん）] fault, deficiency, problem　缺陥, 缺点　결함
　②おちい（る）［陥る］
例：「困難に陥ると、人間は平常心を失ってしまうことが多い」A person often loses his/her sanity when he/she falls into a difficult situation. 陥入困難时, 人们往往会失去镇定。　곤란에 빠지면 인간은 평상심을 잃게 되버리는 경우가 많다.
　③おとしい（れる）

［陥れる］ trap, trick, frame　陥,陷害,诱骗,使陷入　빠뜨리다, 빠지게 하다
例：「ライバルを陥れようとしたために、A社員は降格処分を受けた」The employee A was demoted because he tried to trap his rival.　因为使竞争对手陷入困境，A公司的职员受到了降级处分。　라이벌을 곤경에 빠뜨리려 한 탓에, A사원은 강등처분을 받았다.
選択肢の言葉 1「落ちる」 3「劣る」 4「訪れる」

【66】 正解 2
風情「ふぜい」 charm, elegance, good taste　趣味,情趣,别具风格　풍치, 운치
その建物は古いけれど、どことなく風情がある。
Though the building is old, it has some charm.
那幢建筑虽然陈旧，但是总觉得它别具风格。
그 건물은 낡았지만, 어딘지 운치가 있다.

漢字
風 ①フウ
［風向（ふうこう）］ direction of the wind　风向　풍향
［風車（ふうしゃ）］ windmill　风车　풍차
［風習（ふうしゅう）］ traditional customs　风俗习惯　풍습
［風俗（ふうぞく）］ customs and manners　风俗　풍속
［風土（ふうど）］ climate　风土　풍토
［強風（きょうふう）］ strong wind　强风　강풍
［暴風（ぼうふう）］ windstorm　暴风　폭풍
［風雨（ふうう）］ wind and rain　风雨　풍우
［洋風（ようふう）］ western-style　西式,洋式　양풍, 서양식
［和風（わふう）］ Japanese-style　日本式　일본풍
②フ ［風情］
③かぜ
［風］ wind　风　바람
［南風（みなみかぜ）］ south wind　南风　남풍
［北風（きたかぜ）］ north wind　北风　북풍
④かざ
［風上（かざかみ）］ windward　上风　바람이 불어 오는 쪽
［風下（かざしも）］ leeward　下风　바람이 불어 가는 쪽
［風向き（かざむき）］ direction of the wind　风向　풍향, 바람의 방향

情 ①ジョウ
［情勢（じょうせい）］ situation　形势,情势　정세
［情緒（じょうちょ）］ emotion, feeling　情绪　정서
［情熱（じょうねつ）］ passion　热情,激情　정열
［熱情（ねつじょう）］ fervor, passion　热情　열정
［実情（じつじょう）］ truth　实情,实际情况　실정
［同情（どうじょう）］ sympathy　同情　동정
［人情（にんじょう）］ human feelings, sympathy, kindness　人情　인정
②ゼイ ［風情］
③なさ（け）

［情け］ kindness, sympathy　仁慈,同情　인정
例：「情けは人のためならず」（諺） Give and it shall be given unto you. (proverb) "好人必有好报。"（谚语） 인정을 베풀면 결국 자신에게 좋은 응보가 있다.
［情け深い（なさけぶかい）］ sympathetic, warm-hearted　仁慈,热心肠　인정 깊다
選択肢の言葉 1「婦女」「扶助」

第12回
【67】 正解 3
弊害「へいがい」 harm　弊害　폐해
母親の飲酒はお腹の赤ちゃんの健康に弊害を及ぼすという。
It is said that mother's drinking alcohol gives harm to the health of the baby inside her.
据说母亲喝酒会对腹中胎儿的健康有害。
어머니의 음주는 뱃속 아기 건강에 폐해를 끼친다고 한다.

漢字
弊 ヘイ
［疲弊（ひへい）］ fatigue　疲惫,非常疲乏　피폐
害 ガイ
［害する（がいする）］ harm　伤害,毁坏　해치다
［害悪（がいあく）］ evil, harm　危害,毒害　해악
［害虫（がいちゅう）］ harmful insect　害虫　해충
［害毒（がいどく）］ evil, harm　毒害　해독
［危害（きがい）］ injury, harm　危害　위해
［水害（すいがい）］ flood disaster　水灾　수해
［災害（さいがい）］ disaster　灾害　재해
［妨害（ぼうがい）］ to disturb/hinder　妨害　방해
選択肢の言葉 1「被害」 2「気概」「危害」 4「障害」

【68】 正解 1
無茶「むちゃ」 extreme, absurd　毫无道理,乱来,不合理的　터무니없음, 무리
妹は無茶なダイエットをして体を壊してしまった。
My younger sister went on an extreme diet and damaged her health.
妹妹进行不合理的减肥，把身体搞坏了。
여동생은 무리한 다이어트를 해서 건강을 해쳐버렸다.

漢字
無 ①ム
［無意味（むいみ）］ meaningless　无意义,没意思　무의미
［無口（むくち）］ quiet, not talkative　不爱说话,沉默寡言　과묵함
［無効（むこう）］ not valid　无效　무효
［無言（むごん）］ silence, no talking　无言　무언
［無邪気（むじゃき）］ innocence, naïve, childish　天真烂漫　천진난만함
［無線（むせん）］ radio, wireless　无线　무선
［無造作（むぞうさ）］ casual, careless, nonchalant　简单,容易,随手,漫不经心　아무렇게나 함, 손쉽게 함

[無駄遣い（むだづかい）] waste money 浪费, 乱花钱 낭비
[無断（むだん）] without permit 擅自, 事前未经允许 무단
[無知（むち）] innocence, ignorance 无知 무지
[無茶苦茶（むちゃくちゃ）] chaotic, random, nonsensical 毫无道理, 混乱 엉망진창, 터무니없음
[無念（むねん）] regret, shame, chagrin 什么也不想, 无所牵挂 무념
[無能（むのう）] incompetence, inefficiency, talentless 无能 무능
[無闇（むやみ）] thoughtless, indiscreet 胡乱, 随便, 过度 무턱댐
[無用（むよう）] unnecessary 没有用处, 无用 무용, 쓸모없음
[無論（むろん）] as a matter of course, naturally, of course 不用说, 当然 물론
[有無（うむ）] presence or absence, existence or nonexistence 有无 유무
[皆無（かいむ）] nil, none, completely nothing 全无 전무

②ブ
[無愛想（ぶあいそう）] unfriendly, unsociable, sullen 简慢, 不和气, 冷淡 무뚝뚝함
[無難（ぶなん）] safe, not risky 无灾无难 무난
[無礼（ぶれい）] rude, impolite 没有礼貌, 不恭敬 무례

③な（い）
[無い] none, nonexistent 没有 없다

茶 ①チャ
[茶の間（ちゃのま）] living room 餐室, 起居室 거실
[茶の湯（ちゃのゆ）] tea ceremony 茶道, 品茗会 다도
[紅茶（こうちゃ）] tea 红茶 홍차

②サ
[茶道（さどう）] tea ceremony 茶道 다도
[喫茶（きっさ）] drinking tea, coffee shop 喝茶 차를 마심

【69】 正解 2
潜る「もぐる」 dive into, go under 潜水, 躲入, 藏入 기어들다, 잠수하다
地震の揺れを感じたら、すぐに机の下に潜ることです。
When you feel a shake of an earthquake, you should go under a desk right away.
感到地震的震动时, 马上躲到桌子底下。
지진의 흔들림을 느끼면, 바로 책상 밑으로 들어가도록 합시다.

漢字
潜 ①セン
[潜水（せんすい）] diving 潜水 잠수
[潜入（せんにゅう）] to sneak into a place 潜入 잠입
②もぐ（る）[潜る]
例：「このあたりの海は透明度が高いので、潜ると遠くまで見えて、とてもきれいだ」The degree of transparency of the sea around here is high, so you can see far away when you dive and it's very pretty.
这附近的海水透明度很高, 潜水时能看到很远, 非常漂亮。 이 주변 바다는 투명도가 높아서, 잠수하면 멀리까지 보여, 너무나도 아름답다.
③ひそ（む）
[潜む] hide 隐藏, 潜伏下来 숨다
例：「犯人はこの森の中に潜んでいるようだ」The criminal seems to be hiding in this wood. 犯人好像潜伏在这片森林中。 범인은 이 숲속에 숨어 있는 것 같다.
「子どもには無限の可能性が潜んでいる」Children have infinite hidden possibility. 孩子们潜藏着无限的可能性。 어린이에게는 무한한 가능성이 숨어 있다.

選択肢の言葉 1「勝る」 3「隠れる」 4「嵌る」

【70】 正解 2
嘆いて「なげいて」（嘆く） regret, grieve 叹息 한탄하다
不幸を嘆いてばかりいないで、新たな目標に向かって進もう。
Stop regretting your misfortune and move forward for a new goal.
不要光顾着叹息不幸, 向着新的目标前进。
불행을 한탄만 하지말고 새로운 목표를 향해 나아 가자.

漢字
嘆 ①タン
[嘆願（たんがん）] plead, implore 请求, 恳求 탄원
[感嘆（かんたん）] be amazed/surprised 感叹 감탄
[悲嘆（ひたん）] sorrow, sadness 悲叹 비탄
②なげ（く）[嘆く]
例：「津波で子どもを失った父親は、子どもの死を嘆くあまり、病気になってしまった」Grieving so much over the death of his child who was killed in the Tsunami, the father fell ill. 为在海啸中死去的儿子而过度叹息, 父亲生病了。 쓰나미로 목숨을 잃은 아이의 죽음을 한탄한 나머지, 아버지는 병에 걸리고 말았다.
③なげ（かわしい）
[嘆かわしい] shameful 可叹, 令人气愤 한탄스럽다, 한심스럽다 例：「一人暮らしの老人をだまして金をとるとは嘆かわしいことだ」It's a great shame to cheat on an old person who lives alone and steal his money. 诈骗一个人生活的老人的钱令人气愤。 혼자 사시는 노인을 속여서 돈을 빼앗다니 한탄스러운 일이다.

選択肢の言葉 1「呟いて」（呟く） 3「欺いて」（欺く） 4「導いて」（導く）

【71】 正解 3
斡旋「あっせん」 introduce/help find (a job) 帮助, 关照 알선
求職者に仕事を斡旋するコーナーには長い行列ができていた。
There was a long line at the corner where they help job-seekers find a job.
帮助寻找工作的人的专柜前排着很长的队。
구직자에게 일을 알선하는 코너에는 긴 행열이 생겼다.

漢字

斡 アツ ［斡旋］
旋 セン
　［旋回（せんかい）］ revolve, rotate, circle　回旋　선회
　［旋律（せんりつ）］ melody　旋律, 调子　선율
　［凱旋（がいせん）］ return in triump　凱旋　개선

選択肢の言葉 1「感染」「観戦」「幹線」「艦船」「汗腺」

【72】 正解 2

人柄「ひとがら」personality, character　人品, 人格
인품, 성품, 사람됨

知り合ってからまだ日が浅いので、私は彼の人柄をよく知りません。
It has not been long since I got to know him, so I don't know much about his personality.
认识以后才刚不久，我对他的人品还不太了解。
서로 안지 얼마 되지 않아서, 나는 그의 인품을 잘 모릅니다.

漢字

人 ①ジン
　［人格（じんかく）］ personality　人格　인격
　［人材（じんざい）］ human resource　人才　인재
　［人体（じんたい）］ human body　人体　인체
　［人民（じんみん）］ people of a nation　人民　인민
　［新人（しんじん）］ new person　新人, 新手　신인
　［故人（こじん）］ deceased person　故人　고인
　②ニン
　［人気（にんき）］ popularity　人气　인기
　［人情（にんじょう）］ sympathy, compassion　人情　인정
　［証人（しょうにん）］ witness　证人　증인
　③ひと
　［人気（ひとけ）］ sign of life　人的气息　인기척
　［人影（ひとかげ）］ human figure　人影　인적
　［人質（ひとじち）］ hostage　人质　인질
　［人目（ひとめ）］ attention, public eye　世人的眼目　남의 눈

⚠ 例外的な読み方：「玄人（くろうと）」「素人（しろうと）」「仲人（なこうど）」「若人（わこうど）」「大人（おとな）」「一人（ひとり）」「二人（ふたり）」

柄 ①ヘイ
　［横柄（おうへい）］ arrogance, overbearingness　傲慢无礼, 妄自尊大　건방짐, 거만함
　②え
　［柄］ handle　柄, 把儿　자루, 손잡이
　例：「フライパンの柄が取れてしまった」
　③がら
　［柄］ pattern　花样　무늬, 모양
　例：「きれいな花柄のブラウスを買った」

選択肢の言葉 1「人格」 3「人相」 4「人並み」「人波」

第13回

【73】 正解 1

濁って「にごって」（濁る）　become muddy/cloudy　混浊　흐리다, 탁하다

この数日、川の水が濁っている。
The river water has been muddy for the past few days.
这几天，河水很混浊。
요 며칠 강물이 탁해져 있다.

漢字

濁 ①ダク
　［濁音（だくおん）］ voiced sounds　浊音　탁음
　［濁流（だくりゅう）］ muddy stream　浊流　탁류
　［混濁（こんだく）］ get cloudy/muddy　混浊　혼탁
　②にご（る/す）
　［濁る］／［濁す］ speak ambiguously, be vague　弄脏, 含糊, 支吾　흐리게 하다, 탁하게 하다
　例：「姉に試験の結果を聞いたら、姉は『まあ、できたことはできたけど』と途中で言葉を濁してしまった」
　When I asked my older sister about the result of the exam, she said "Well, I did sort of OK, but..." and didn't finish her sentence.　问妹妹考试的结果时，妹妹说'考是考得还可以'说到一半话变得含糊了。
　언니에게 시험 결과를 물어보니, 언니는『그럭저럭 할 수 있는건 했는데』라고 도중에 말을 얼버무려 버렸다.

選択肢の言葉 2「匂って」（匂う）「臭って」（臭う）
3「混ざって」（混ざる）「交ざって」（交ざる）
4「滞って」（滞る）

【74】 正解 3

成就「じょうじゅ」accomplishment　成就, 实现　성취

長年の願いがついに成就した。
My long-time dream finally got accomplished.
多年的愿望终于实现了。
오랜세월의 바램을 드디어 성취했다.

漢字

成 ①セイ
　［成果（せいか）］ result　成果　성과
　［成熟（せいじゅく）］ mature　成熟　성숙
　［成人（せいじん）］ adult, grown-up person　成人　성인
　［成年（せいねん）］ legal age of manhood/womanhood　成年　성년
　［結成（けっせい）］ form, to organize　結成　결성
　［達成（たっせい）］ achievement　達成　달성
　②ジョウ
　［成仏（じょうぶつ）］ die in peace　成佛　성불
　③な（る/す）
　［成る／成す］ achieve, accomplish　形成, 构成　이루어지다／이루다　例：「為せば成る」（「どんなことでも、やればできる」という意味）

就 ①シュウ

[就職（しゅうしょく）] get a job　就职，就业　취직
[就任（しゅうにん）] take office, take a position　就任　취임
②ジュ ［成就］
③つ（く／ける）
[就く／就ける] take up (a position)/put someone on (a post)　使某人就职　취임하다，지위에 오르다 / 앉히다
例：「次の社長の地位に就くのはだれだろう」

選択肢の言葉 4「常習」

【75】 正解 2
起伏「きふく」 ups and downs　起伏　기복
この辺りは起伏の多い土地で坂が多い。
This land of this area has ups and downs and has a number of hills.
这附近的的土地高低起伏，有很多斜坡。
이 주변은 기복이 많은 토지로 언덕길이 많다．

漢字
起 ①キ
　　[起源（きげん）] origin　起源　기원
　　[起点（きてん）] starting point　起点　기점
　　[起立（きりつ）] standing up　起立　기립
　　[再起（さいき）] to come back (to work)　再起　재기
　　[隆起（りゅうき）] protuberance, rise　隆起　융기
　　[提起（ていき）] to submit a proposition　提起　제기
②お（きる／こる／こす）
　　[起きる／起こる／起こす] wake up, happen/happen/make happen　起，起 / 起，发生 来 / 唤起，唤醒
　　일어나다，기상하다 / 일어나다，발생하다 / 일으키다
　　例：「彼は問題を起こして、高校を退学させられた」

伏 ①フク
　　[伏線（ふくせん）] preparation, foreshadowing　伏笔，伏线　복선
　　[伏兵（ふくへい）] ambush　伏兵　복병
　　[降伏（こうふく）] surrender　降服　항복
②ふ（せる／す）
　　[伏せる／伏す] lie down　瞒，隐瞒，卧倒　엎드리다，숨기다 / 엎드리다，숨다 (伏せる의 문어체)
　　例：「危ない。伏せろ！」

選択肢の言葉 1「危険」 「棄権」 3「稀代」

【76】 正解 2
儲ける「もうける」 make a profit　赚钱，发财　벌다
戦時中に武器を売って儲ける人がいる。
There are some people selling weapons during war.
在战争中有靠卖武器发财的人。
전쟁중에 무기를 팔아서 이득을 보는 사람이 있다．

漢字
儲 もう（かる／ける）
　　[儲かる] be profitable　赚钱，发财　벌이가 되다，덕을 보다 / [儲ける]　例：「儲からない商売なんて、やらないほうがいい」 It is better not to do an unprofitable business.　不赚钱的买卖，还是不要做好。　벌이가 되지 않는 장사따위 하지 않는 것이 좋다．

選択肢の言葉 3「賭ける」「掛ける」「欠ける」「駆ける」「架ける」　4「頷ける」（頷く）

【77】 正解 4
反って「そって」（反る）　bend, curve, warp　翘曲，弯曲　휘다
板をしばらく外に出しておいたら、太陽を浴びて反ってしまった。
After the board was left outside for a while, it got warped with the sun.
把板放在外面一段时间后，被太阳晒得弯曲了。
판자를 얼마안 밖에 내놓았더니, 태양빛을 받아 휘어 버렸다．

漢字
反 ①ハン
　　[反響（はんきょう）] influence, reaction　反响　반향
　　[反撃（はんげき）] counterattack　反击　반격
　　[反射（はんしゃ）] reflection　反射　반사
　　[反応（はんのう）] reaction, response　反应　반응
　　[反発（はんぱつ）] to oppose, resistance　排斥，弹回，回跳　반발
　　[反乱（はんらん）] rebellion, revolt　叛乱，反叛　반란
②ホン
　　[謀反（むほん）] rebellion, revolt　谋反　모반，반역
③そ（る／らす）
　　[反る] ／ [反らす] bend, curve, warp　翘曲，弯曲　휘게 하다　例：「背中を後ろに反らす体操を毎日やっている」

選択肢の言葉 1「張って」（張る）「貼って」（貼る）「這って」（這う）　2「帰って」（帰る）「返って」（返る）
3「曲がって」（曲がる）

【78】 正解 3
下火「したび」 to be weaker/smaller in scale　火势渐微，衰退　시들해짐
彼らの人気は一時に比べて下火になっている。
Their popularity is not as great as it used to be once before.
他的人望和某一时期比衰退了。
그들의 인기는 그 당시와 비교해보면 시들해져 버렸다．

漢字
下 ①カ
　　[下流（かりゅう）] lower course of a river　下流　하류
　　例：「河の下流には平野が開けている」 Along the lower course of the river extends an open field.　河的下流展现的是平原。　강의 하류에는 평야가 펼쳐져 있다．
②ゲ
　　[下] below, minus, part2　下　하，낮음
　　例：「会話のテストの成績は中の下だった」 My grade

for the conversation test was C-. 会话的考试成绩是中下。 회화테스트 성적은 중하였다.
「上巻がおもしろかったので、下巻も読みたい」Since Part1 was good, I want to read Part2 also. 上卷很有意思，想读下卷。 상권이 재미있었기 때문에, 하권도 읽어보고 싶다.
[下痢（げり）] diarrhea 腹泻 설사

③お（りる／ろす）
[下りる／下ろす] get down/lower 下／取下，放下 내리다／내려 놓다

④くだ（る／す）
[下る／下す] give/issue 下，下去／赐，下赐，下（命令） 내려가다／내리다，선고하다
例：「社長は山田課長に重大な命令を下した」The president issued an important command to Section Manager Yamada. 社长给山田课长下了重要命令。 사장은 야마다과장에게 중대한 명령을 내렸다.

⑤さ（がる／げる）
[下がる／下げる] get down/lower 下降，降落／降低，降下 떨어지다／떨어뜨리다

⑥した
[下] down, below 下 아래

⑦しも
[下] below, bottom 下 아래
[川下（かわしも）] bottom of a river 下游，下流 강의 하류
例：「川下では川の幅が広くなっている」The width of the river is wider at the bottom. 下游河的幅面变得开阔了。 강의 하류에서는 강의 폭이 넓어져 있다.

⑧もと
[下] under 下，下面 밑，아래
例：「法の下の平等」equality under the law 法律下的平等 법 아래에서의 평등
「青空の下で運動をする」exercise under the blue sky 在蓝天下运动 파란 하늘 아래에서 운동을 하다
[足下（あしもと）] steps 脚下，身边 발밑，발치
例：「道が悪いので、足下にご注意ください」

火 ①カ
[火星（かせい）] Mars 火星 화성
[火力（かりょく）] heat, heating power 火力 화력
[発火（はっか）] ignition, combustion 点火，起火 발화
②ひ
[火] fire 火 불

選択肢の言葉 1「外科」 2「可否」

第14回

【79】 正解 1
兆し「きざし」 sign 兆头，征兆 징조
入院中の妻の容体に回復の兆しが見えてきた。
There's a sign of recovery on the condition of my wife who is in the hospital.
住院中的妻子的病情不见有恢复的征兆。
입원중이 아내의 용태에 회복의 징조가 보이기 시작했다.

漢字
兆 ①チョウ
[兆候（ちょうこう）] sign 征候，征兆 징후, 조후
[前兆（ぜんちょう）] omen, warning 前兆 전조
[予兆（よちょう）] omen, symptom, sign 预兆 예조
②きざ（し）[兆し]
例：「寒い日が続いたが、ようやく春の兆しが感じられるようになった」It has been cold for a long time but we finally can feel a sign of spring. 虽然寒冷的日子在持续着，终于能够感到春天的征兆了。 추운 날이 계속 되었지만, 이제야 봄의 조짐을 느낄 수 있게 되었다.

選択肢の言葉 2「日差し」 3「施し」 4「眼差し」

【80】 正解 3
狙って「ねらって」（狙う） steal, watch for 瞄准，寻找 노리다
犯人はすきを狙って逃走しようとしたが、警官に取り押さえられた。
The criminal watched for a chance and tried to run away but was captured by the police.
犯人寻找机会想逃走，被警察逮捕了。
범인은 빈틈을 노려 도주하려고 했으나, 경관에게 붙잡혔다.

漢字
狙 ①ソ
[狙撃（そげき）] shoot 狙击 저격
②ねら（う）[狙う]
例：「猫がテーブルの上の魚を狙っている」

選択肢の言葉 1「計って」（計る）「測って」（測る）「図って」（図る）「量って」（量る）「諮って」（諮る）「謀って」（謀る） 2「誘って」（誘う） 4「伴って」（伴う）

【81】 正解 1
粘る「ねばる」 stay for a long time, stick, be sticky 发粘，坚持，有耐性 버티다
コーヒー1杯で6時間も粘るなんて、ずうずうしい客だ。
He is a shameless customer staying here for as long as six hours with a cup of coffee.
喝一杯咖啡就（在咖啡馆）泡6个小时，真是厚脸皮的客人。
커피 한잔으로 6시간을 버티다니, 뻔뻔스러운 손님이다.

漢字
粘 ①ネン
[粘着（ねんちゃく）] adhesion 粘着 점착
[粘液（ねんえき）] sticky liquid 粘液 점액
[粘土（ねんど）] clay 粘土 점토
[粘膜（ねんまく）] mucous membrane 粘膜 점막
②ねば（る）[粘る]
例：「小麦粉に水を入れて、粘り気が出るまで練ってください」Add some water into the flour and knead it till it gets sticky. 在面粉中加入水，搅拌至有粘性。 밀가루에 물을 넣어, 찰기가 생길때까지 반죽해 주세요.

選択肢の言葉 2「残る」
3「湿る」「占める」「閉める」「締める」 4「留まる」

【82】 正解 1
欠陥「けっかん」 fault, deficiency, problem　缺陷，缺点　결함
T社の製品に欠陥が見つかったため、製品の回収が行われた。
Some problems have been found in the product of T Company, so all the products have been taken away.
由于在T公司的产品中发现了缺陷，这些产品被回收了。
T사 제품에 결함이 발견되어, 제품 회수가 실시되고 있다.

漢字
欠 ①ケツ
　[欠如（けつじょ）] lack　缺乏　결여
　[欠乏（けつぼう）] lack, shortage, scarcity　缺乏　결핍
　[欠勤（けっきん）] absence from work　缺勤　결근
　[出欠（しゅっけつ）] attendance　出席和缺席　출결
　[病欠（びょうけつ）] absence from illness　因病缺席　병결
②か（ける／く）
　[欠ける／欠く] lack　出缺口，缺少，欠　부족하다，모자라다／빠지다，결여하다　例：「彼は有能だが、常識を欠くところがあるので、リーダーには向かない」Although he is competent, he is not fit as a leader because he somehow lacks common sense.　他虽然有能力，但因缺乏常识，不适于做领导。　그는 유능하지만 상식이 없는 부분이 있어 리더에는 걸맞지 않다.

陥 ①カン
　[陥没（かんぼつ）] collapse, sinking　陷落，下沉　함몰
　[陥落（かんらく）] fall, surrender　塌陷　함락
②おちい（る）
　[陥る] fall into　落入，陷入　빠지다
　例：「我が社の経営は、今大変な危機に陥っている」The management of our company has fallen into a serious crisis.　我公司的经营，现在正陷入很大的危机。　우리 회사의 경영은 지금 대단한 위험에 빠져 있다.
③おとしい（れる）
　[陥れる] entrap, trick　陷，陷害，诱骗，使陷入　빠뜨리다，빠지게 하다
　例：「政治の世界では、人を陥れて政権を奪うことなどめずらしくない」In the political world, it's not rare that a person tricks and takes away someone's political career.　在政治世界里，陷害他人掠夺政权的事并不罕见。　정치 세계에서는 사람을 모함하여 정권을 빼앗는 일등은 드문일이 아니다.

選択肢の言葉 2「血球」

【83】 正解 2
拭いて「ふいて」（拭く） wipe, clean　擦　닦다
そこ、汚れてるから、拭いて。
It's dirty there so clean it up.
那儿，弄得很脏，擦一下。
거기 더러우니 닦어.

漢字
拭 ①ショク
　[払拭（ふっしょく）] wipe out, erase　拂拭，肃清，消除　불식
②ふ（く）[拭く]
　例：「お茶がこぼれたので、タオルで拭いた」
選択肢の言葉 1「掃いて」（掃く）「履いて」（履く）「吐いて」（吐く） 3「磨いて」（磨く）
4「向いて」（向く）「剥いて」（剥く）

【84】 正解 4
名残「なごり」 remains, traces, relics　惜别，遗迹　흔적，추억，자취，운치
ここは江戸時代の町並みの名残を感じさせる。
This place has the traces of the townscape of the Edo era.
这里能感到江户时代的街道的遗迹。
여기는 에도시대의 마을풍경의 모습을 느끼게 해준다.

漢字
名 ①メイ
　[名産（めいさん）] famous product (of a region)　名产　명산물
　[名簿（めいぼ）] roll　名册　명부
　[名誉（めいよ）] honor　名誉　명예
②ミョウ
　[本名（ほんみょう）] one's real name, autonym　本名，真名　본명
③な [名]
　[宛名（あてな）] (mailing) address　收件人姓名，地址　수신인명
　[あだ名（あだな）] nickname　绰号，外号　별명

残 ①ザン
　[残金（ざんきん）] balance　余额　잔금
　[残酷（ざんこく）] cruelness　残酷　잔혹
②のこ（る／す）
　[残る／残す] leave/remain　留下，乘余　남다／남기다
⚠ 「なごり」は例外的な読み方。

第15回
【85】 正解 2
遂げた「とげた」（遂げる） accomplish, achieve　完成，达到　이루다，달성하다
科学は近年めざましい発展を遂げた。
In recent years science has accomplished a remarkable development.
近年来，科学达到了异常显著的发展。
과학은 최근 몇 년간 눈부신 발전을 이뤘다.

漢字
遂 ①スイ
　[遂行（すいこう）] to carry out　完成　수행

［未遂（みすい）］ unaccomplished　未遂，没有达到目的　미수
②と（げる）［遂げる］
例：「勉強は大変だったが、大学院に進学するという目的を遂げることができて、よかった」

選択肢の言葉 1「告げた」（告げる）
3「挙げた」（挙げる）「上げた」（上げる）「揚げた」（揚げる）　4「捧げた」（捧げる）

【86】　正解 2
臨んで「のぞんで」（臨む）　look out, face　面临，面对　면하다, 임하다
彼の別荘は海に臨んでいる。
His villa faces the sea.
他的别墅面对着海。
그의 별장은 바다에 면해 있다.

漢字
臨　①リン
　　［臨時（りんじ）］ temporary　临时　임시
　　［臨海（りんかい）］ beside the beach　临海, 沿海　임해
　　［君臨（くんりん）］ rule, reign, domination　君临, 统治　군림
　　②のぞ（む）［臨む］
　　例：「入社式に臨んだ新入社員たちは緊張した表情をしていた」

選択肢の言葉 1「挑んで」（挑む）　3「阻んで」（阻む）
4「挟んで」（挟む）

【87】　正解 4
弾んで「はずんで」（弾む）　bounce, become 跳, 蹦, 高涨　튀다, 신이 나다
一言お礼を言うつもりで電話をしたが、話が弾んで3時間も話してしまった。
I meant to make a thank you call but our conversation became lively and we ended up talking for as long as three hours.
本想说一句致谢的话，谈得起劲说了3个小时的话。
한마디 인사를 드릴 생각으로 전화를 했는데, 얘기에 탄력이 붙어 3시간이나 얘기해 버렸다.

漢字
弾　①ダン
　　［弾力（だんりょく）］ elasticity　弹力　탄력
　　［弾性（だんせい）］ elasticity　弹性　탄성
　　［弾圧（だんあつ）］ oppression, repression　镇压　탄압
　　②たま［弾］
　　例：「鉄砲の弾」bullet of a gun　步枪的子弹　총의 총알
　　③はず（む）［弾む］
　　例：「夏休みの旅行のことを考えると、今から心が弾む」
　　「地面に落ちたボールは弾んで、道路のほうに飛んで行った」 The ball that dropped on the ground bounced and flew toward the road.　落在地上的球反弹起来，飞到了道路那儿。　지면에 떨어진 공은 튀어 올라, 도로 쪽으로 날아 갔다.
　　④ひ（く）
　　［弾く］play (a musical instrument)　弹, 弹奏　켜다, 치다, 연주하다　例：「ピアノを弾く」「バイオリンを弾く」

選択肢の言葉 1「進んで」（進む）
2「飛んで」（飛ぶ）「跳んで」（跳ぶ）「富んで」（富む）
3「盛んで」

【88】　正解 3
棄権「きけん」to give up the right to vote, withdrawal (from a race)　弃权　기권
A選手は足の不調を訴えてレースを途中で棄権した。
Player A gave up playing halfway in the race complaining the bad condition of his foot.
A选手说自己脚不舒服, 在竞赛的中途弃权了。
A선수는 발 상태가 좋지 않음을 호소하여 경기를 도중에 기권했다.

漢字
棄　①キ
　　［廃棄（はいき）］ dumping　废弃　폐기
　　［投棄（とうき）］ abandon, throw, dump　抛弃　투기
　　［破棄（はき）］ destruction, annulment, cancellation　废弃　파기
　　［放棄（ほうき）］ to give up, neglect　放弃　포기
　　②す（てる）
　　［棄てる］（＝捨てる）　give up, throw, dump　丢, 丢弃　버리다

権　①ケン
　　［権威（けんい）］ authority, dignity　权威　권위
　　［権限（けんげん）］ power, authority　权限　권한
　　［権力（けんりょく）］ power, influence　权利　권력
　　［市民権（しみんけん）］ citizenship　市民权　시민권
　　［選挙権（せんきょけん）］ right to vote　选举权　선거권
　　［人権（じんけん）］ human rights　人权　인권
　　［特権（とっけん）］ special rights　特权　특권
　　［政権（せいけん）］ political power　政权　정권
　　②ゴン
　　［権化（ごんげ）］ incarnation, bodiment　菩萨下凡, 化身, 肉体化　권화

選択肢の言葉 1「破棄」　2「廃棄」「排気」

【89】　正解 1
挫折「ざせつ」failure, collapse, breakdown　挫折　좌절
彼は過去に挫折というものを経験していない。
He has never experienced failure in his past.
他在过去没有经历过挫折。
그는 과거에 좌절이라는 것을 경험한 적이 없다.

漢字

挫 ザ [挫折]
折 ①セツ
　　[折角（せっかく）] with a lot of effort/work　好不容易　모처럼
　　[骨折（こっせつ）] breaking a bone　骨折　골절
　　[右折（うせつ）] to turn to the right　右拐　우회전
　　[左折（させつ）] to turn to the left　左拐　좌회전
　②お（れる／る）
　　[折れる／折る] break, compromise　折，断，让步　접히다，굽히다／접다
　　例：「あの交差点を右に折れると、突き当たりが駅です」
　　「父親は、はじめは息子の結婚に反対していたが、結局折れて、結婚を許した」The father was against his son's marriage at first, but he finally gave in and approved it.　最初反对儿子结婚的父亲最后让步了，同意了儿子结婚。　처음에는 아들의 결혼에 반대했던 아버지였지만, 결국 굽히고 결혼을 허락했다.
　　「サクラの枝を折らないでください」
　③おり
　　[折] occasion, time　折，时候　때，경우
　　例：「お近くにお越しの折には、ぜひお寄りください」
選択肢の言葉 4「座席」

【90】　正解 2
人質「ひとじち」hostage　人质　인질
犯人は幼い子どもを人質にとって、立てこもっている。
The criminal took a young child as hostage and is holing himself up (in the house).
犯人把幼小的孩子当人质，闭门不出。
범인은 어린 아이를 인질로 잡고, 농성하고 있다.
漢字
人 ①ジン
　　[人格（じんかく）] personality　人格　인격
　　[人材（じんざい）] human resource　人才　인재
　　[人体（じんたい）] human body　人体　인체
　　[人民（じんみん）] people of a nation　人民　인민
　　[新人（しんじん）] new person　新人，新手　신인
　　[故人（こじん）] deceased person　故人　고인
　②ニン
　　[人気（にんき）] popularity　人气　인기
　　[人情（にんじょう）] sympathy, compassion　人情　인정
　　[証人（しょうにん）] witness　证人　증인
　③ひと
　　[人気（ひとけ）] sign of life　人的气息　인기척
　　[人柄（ひとがら）] personality, character　人品，人格　사람됨，인품
　　[人影（ひとかげ）] human figure　人影　인적
　　[人目（ひとめ）] attention, public eye　世人的眼目　남의 눈
⚠ 例外的な読み方：「玄人（くろうと）」「素人（しろうと）」「仲人（なこうど）」「若人（わこうど）」「大人（おとな）」「一人（ひとり）」「二人（ふたり）」

質 ①シチ
　　[質] pawn, pledge　质，当　담보물
　　[質屋（しちや）] pawn shop　当铺　전당포
　②シツ
　　[悪質（あくしつ）] malicious, crooked　质量坏，恶性　악질
　　[異質（いしつ）] different, unique　异质，性质不同　이질
　　[気質（きしつ）] personality　气质　기질
　　[実質（じっしつ）] substance, essence　实质　실질
　　[体質（たいしつ）] physical constitution　体质　체질
　　[本質（ほんしつ）] essence　本质　본질
　　[品質（ひんしつ）] quality　品质　품질
　　[物質（ぶっしつ）] material　物质　물질
　　[良質（りょうしつ）] good quality　优质　양질
⚠ 「気質」は「かたぎ」とも読む。

第 16 回
【91】　正解 1
摩擦「まさつ」friction, conflict　摩擦　마찰
輸入をめぐって両国間に摩擦が起きた。
There occurred a friction between the two countries regardig imports.
围绕进口问题，两国之间产生了摩擦。
수입을 둘러싸고 양국간에 마찰이 일어났다.
漢字
摩 マ [摩擦]
擦 ①サツ
　　[擦過傷（さっかしょう）] abrasion, scratch　擦伤，蹭伤　찰과상
　②す（れる／る）
　　[擦れる／擦る] rub/strike (a match)　摩擦　스치다／문지르다，비비다　例：「マッチを擦って、ろうそくに火をつけた」
　③こす（る）
　　[擦る] rub　摩擦，蹭　문지르다　例：「目がかゆいので、擦ったら、目が赤くなってしまった」
選択肢の言葉 4「抹殺」

【92】　正解 3
真心「まごころ」sincerity　真心，诚心，诚意　진심
母の日に娘たちが真心のこもった手作りのプレゼントをくれた。
On Mother's Day my daughters gave me a hand-made gift with their best wishes.
母亲节女儿诚心诚意地亲手做了礼物送给我。
어머니 날에 딸들이 진심을 담은 손수 만든 선물을 주었다.
漢字
真 ①シン
　　[真実（しんじつ）] truth　真实，事实　진실
　　[真珠（しんじゅ）] pearl　珍珠　진주
　　[真相（しんそう）] truth　真相　진상
　　[真理（しんり）] truth　真理　진리

[純真（じゅんしん）] innocence, purity　純真　순진
[迫真（はくしん）] reality　逼真　박진
②ま
[真上（まうえ）] right above　正上方　바로 위
[真下（ました）] right below　正下方　바로 밑
[真ん前（まんまえ）] right in front of　正前方　바로 앞, 정면
[真ん中（まんなか）] middle　正当中　한가운데
[真水（まみず）] fresh water　淡水　담수, 민물
心　①シン
[心中（しんじゅう）] double suicide　心中, 内心　심중
[心情（しんじょう）] one's feelings/minds　心情　심정
[良心（りょうしん）] conscience　良心　양심
[好奇心（こうきしん）] curiosity　好奇心　호기심
[重心（じゅうしん）] (physics) center of gravity, equilibrium　重心　중심
[細心（さいしん）] scrupulous, very careful　細心　세심
②こころ　[心]
[心得（こころえ）] knowledge, skill　心得　마음가짐
[心掛け（こころがけ）] readiness, preparation　留心, 注意　마음가짐, 마음의 준비
[心掛ける（こころがける）] make an effort　留心, 注意　유의하다, 주의하다
[心強い（こころづよい）] feeling secure　胆壮, 有把握　마음 든든하다
[心細い（こころぼそい）] feeling unsecure　心中没底, 心中不安　마음 허전하다, 불안하다
[心地（ここち）] feeling　感覚, 心情　기분, 느낌

選択肢の言葉 1「心身」「新進」「心神」

⚠ 例外的な読み方：「心地（ここち）」

【93】 正解 2

若干「じゃっかん」 to some extent, degree　若干, 少许　약간

2人の考えには若干の相違がある。
There is some difference between the two people's ideas.
两个人的想法有少许不同。
두 사람의 생각에는 약간의 차이가 있다.

漢字

若　①ジャク
[若年（じゃくねん）] young age　青年, 少年　약년, 나이가 젊음
②ニャク
[老若男女（ろうにゃくなんにょ）] both young and old, men and women　男女老少　남녀노소
③わか（い）
[若い] young　年軽　젊다

干　①カン
[干潮（かんちょう）] low tide　退潮, 低潮　간조, 썰물
②ほ（す）
[干す] dry　晒干, 晾干　말리다, 널다

例：「雨が降ってきたので、外に干しておいた洗濯物を取り込んだ」

【94】 正解 3

叶える「かなえる」 make come true　能实现, 能如愿以偿　성취시키다, 이루다

努力なしに夢を叶えることはできない。
You cannot make your dream come true without making efforts.
如果不努力梦想是不能实现的。
노력없이는 꿈을 이룰 수는 없다.

漢字

叶　かな（う／える）
[叶う] come true　能实现, 能如愿以偿　이루어지다 ／ [叶える]
例：「願いが叶うようにと、神社で祈った」 I prayed at a shrine so my wishes would come true.　在神社祈愿, 希望心愿能实现。　소원이 이루어지기를 바라며, 신사에서 기원했다

選択肢の言葉 1「唱える」 2「訴える」 4「鍛える」

【95】 正解 1

素人「しろうと」 amateur　外行, 爱好者　비전문가, 아마추어

私は、法律関係にはまったくの素人です。
I am quite an amateur in terms of the law.
我对法律关联的事是外行。
나는 법률관계에 있어서는 전혀 문외한입니다.

漢字

素　①ソ
[素朴（そぼく）] simplicity　朴素　소박
[素材（そざい）] material, ingredients　素材, 原材料　소재
[元素（げんそ）] chemical element　元素　원소
[酸素（さんそ）] oxygen　氧　산소
[平素（へいそ）] always, usually　平素, 平常　평소
②ス
[素直（すなお）] obedience, honesty, gentleness　坦率, 直率　솔직하다, 순진함

人　①ジン
[人格（じんかく）] personality　人格　인격
[人材（じんざい）] human resource　人才　인재
[人体（じんたい）] human body　人体　인체
[人民（じんみん）] people of a nation　人民　인민
[新人（しんじん）] new person　新人, 新手　신인
[故人（こじん）] deceased person　故人　고인
②ニン
[人気（にんき）] popularity　人气　인기
[人情（にんじょう）] sympathy, compassion　人情　인정
[証人（しょうにん）] witness　证人　증인
③ひと
[人気（ひとけ）] sign of life　人的气息　인기척

[人柄（ひとがら）] personality, character 人品，人格 사람됨，인품
[人影（ひとかげ）] human figure 人影 인적
[人質（ひとじち）] hostage 人质 인질
[人目（ひとめ）] attention, public eye 世人的眼光 남의 눈

⚠ 例外的な読み方：「玄人（くろうと）」「素人（しろうと）」「仲人（なこうど）」「若人（わこうど）」「大人（おとな）」「一人（ひとり）」「二人（ふたり）」

選択肢の言葉 2「玄人」

【96】 正解 4
結束「けっそく」unitedness, cooperation 捆束，捆扎，团结 결속
選手の間の結束の固さがこのチームに勝利をもたらした。
The strong unity among the players has brought about the victory to the team.
选手之间的紧密的团结给这个队带来了胜利。
선수간의 강한 결속이 이 팀에게 승리를 가져다 주었다.

漢字
結 ①ケツ
[結核（けっかく）] tuberculosis, TB 結核 결핵
[結合（けつごう）] unity 結合 결합
[結晶（けっしょう）] crystallization 結晶 결정
[結成（けっせい）] form 結成 결성
[完結（かんけつ）] completion 完結 완결
[起承転結（きしょうてんけつ）] introduction・development・denouement・conclusion 起承转合 기승전결
[妥結（だけつ）] compromise settlement, agreement 妥协 타결
[団結（だんけつ）] cooperation 团结 단결
[凍結（とうけつ）] freeze 冻结 동결
[連結（れんけつ）] connection, coupling 联结 연결
②むす（ぶ）
[結ぶ] tie 系，结 연결하다, 잇다
③ゆ（う／わえる）
[結う] do the hair 系，捆扎 묶다／[結わえる]
例：「髪を結う」

束 ①ソク
[束縛（そくばく）] restraint, control 束缚 속박
[拘束（こうそく）] restriction, restraint 拘束 구속
②たば
[束] bundle, bunch 束 다발，묶음 例：「先生が入院されたので花束をもってお見舞いに行った」
③たば（ねる）
[束ねる] bundle, tie up in a bundle 扎成束，扎成捆 묶다 例：「読んだ雑誌をひもで束ねて、資源ごみとして出した」「髪を束ねる」
④つか
[束の間（つかのま）] for a short time 瞬间，一刹那，一瞬间 잠깐 사이 例：「仕事の合間に束の間の休憩を取った」I took a short break from work. 在工作的间隙休息一瞬间。 일하는 사이에 잠깐의 휴식을 취했다.

第17回

【97】 正解 2
欺いて「あざむいて」（欺く） deceive 欺骗 속이다，기만하다
消費者を欺いて多額の利益を得ていた悪徳業者が逮捕された。
The crooked dealer who made a large profit by deceiving consumers has been arrested
欺骗消费者，获得高额利润的缺德工商业者被逮捕了。
소비자를 속이고 고액의 이익을 취하고 있던 악덕업자가 체포되었다.

漢字
欺 ①ギ
[詐欺（さぎ）] fraud, deception, swindle 欺诈，欺骗 사기
②あざむ（く）[欺く]
例：「あの男は人を欺いて利益を得る、悪いやつだ」He is a malicious guy who makes profits by deceiving people. 那个男人欺骗他人赚钱，是个坏东西。 저 남자는 사람을 속이고 이익을 손에 넣는 나쁜 놈이다.

選択肢の言葉 1「赴いて」（赴く） 3「傷ついて」（傷つく）
4「解いて」（解く）「説いて」（説く）

【98】 正解 1
鍛える「きたえる」train 锻炼 단련하다
体を鍛えるために水泳教室に通うことにした。
I've decided to take swimming classes to train my body.
为了锻炼身体去游泳教室。
몸을 단련하기 위해서 수영교실에 다니기로 했다.

漢字
鍛 ①タン
[鍛錬（たんれん）] training, discipline 锻炼 단련
②きた（える）[鍛える]
例：「彼はスポーツで鍛えたたくましい体を持っている」He has a strong body that has been trained through sports. 他有着运动锻炼成的强壮的身体。 그는 스포츠로 단련한 늠름한 몸을 갖고 있다.

選択肢の言葉 2「栄える」 3「心得る」
4「答える」「応える」

【99】 正解 3
指図「さしず」direction, order 指示，指示 지시
だれからも指図されずにできる仕事がしたい。
I want to be able to work without receiving any command from anybody.
我想做不受任何人指使的工作。
어느 누구에게도 지시 받지 않고 해낼 수 있는 일이 하고 싶다.

漢字
指 ①シ
[指揮（しき）] to direct/conduct (an orchestra) 指挥

指揮
②ゆび [指]
[親指(おやゆび)] thumb 大拇指 엄지손가락
[小指(こゆび)] little finger, pinkie 小手指 새끼손가락
③さ(す)
[指す] point to something 指 가리키다
例：「日本の文化では、人を指で指すのは無礼なこととされる」In Japanese culture, it is rude to point to someone with your finger. 在日本文化中，用手指指着别人是不礼貌的。 일본 문화에서는 사람을 손가락으로 가르키는 것은 무례하다고 여긴다.

図 ①ズ [図]
[図式(ずしき)] diagram, chart, graph 图表 도식
[図解(ずかい)] explanatory diagram/illustration 图解 도해
②ト
[図書(としょ)] books 图书 도서
[意図(いと)] intention 意图 의도
③はか(る)
[図る] try, scheme, plot 图谋，策划 도모하다, 꾀하다
例：「ある情報によると、A社はB社を買収しようと図っているらしい」According to some information, Company A is trying to buy Company B. 根据情报，A公司在策划收购B公司。 어떤 정보에 의하면 A사는 B사를 매수하려고 계획하고 있다고 한다.
「便宜を図る」 consider a person's advantage 替人着想，给人方便 편의를 도모하다
選択肢の言葉 4「使途」

【100】 正解 4
唯一「ゆいいつ」 only, single 唯一 유일
この島の唯一の交通手段はバスである。
The only transportation means on this island is the bus.
这个岛上唯一的交通手段是巴士。
이 섬이 유일한 교통수단은 버스다.

漢字
唯 ①イ
[唯々諾々(いいだくだく)] obedient 唯唯诺诺 유유낙낙 例：「唯々諾々と人の意見に従っていないで、まず自分でよく考えなさい」Do not be so obedient to others' opinions but first think hard for yourself. 不要唯唯诺诺地听从别人意见，先自己好好考虑考虑。 유유낙낙하게 사람의 의견에 따르지 말고, 먼저 스스로 잘 생각해 봐라.
②ユイ [唯一]
③ただ
[唯] only 只，只是 오직, 단지
例：「彼女は、この会社で唯一人の外国人社員だ」

一 ①イチ
[一概に(いちがいに)] not necessarily, not always 一概，一律 일률적으로, 통틀어, 한마디로
②イツ [唯一]
③ひと(つ)
[一つ] one, a little 一个 하나
④ひと
[一休み(ひとやすみ)] 例：「疲れたから、一休みしよう」

【101】 正解 2
体裁「ていさい」 (outside) appearance 样子，样式，外表 체재, 외관, 겉모양, 체면
体裁はどうあれ、大切なのは内容だ。
However the appearance may look, it is the contents that matter.
无论外表如何，重要的是内容。
겉모양은 어떻든, 중요한 것은 내용이다.

漢字
体 ①タイ
[体格(たいかく)] physical features/structure 体格 체격
[体験(たいけん)] experience 体验 체험
[体力(たいりょく)] physical power 体力 체력
[主体(しゅたい)] main object 主体，核心 주체
[正体(しょうたい)] one's true character/identity 原形，真面目 정체
[身体(しんたい)] body 身体 신체
[人体(じんたい)] human body 人体 인체
[天体(てんたい)] heavenly body, celestial sphere 天体 천체
[半導体(はんどうたい)] semiconducto 半导体 반도체
②テイ [体裁]
③からだ
[体] body 身体 몸, 신체

裁 ①サイ
[栽培(さいばい)] cultivation 栽培 재배
[裁量(さいりょう)] discretion, judgement 斟酌决定 재량
[制裁(せいさい)] punishment, sanction 制裁 제재
[仲裁(ちゅうさい)] mediation, intervener 仲裁 중재
[独裁(どくさい)] dictatorship 独裁 독재
②さば(く)
[裁く] judge 裁判 판가름하다, 재판하다
例：「隣同士の争いを公平に裁くのは難しい」It's difficult to judge a fight fairly between next-door neighbors. 要公平地裁判邻人的争吵很难。 이웃끼리의 싸움을 공평하게 판단하는 것은 어렵다
③た(つ)
[裁つ] cut (fabric) 剪，裁 재단하다, 마르다, 베다
例：「この大きいはさみは、布を裁つときに使う」

N1 解答

【102】 正解 4

規模「きぼ」 scale, size 规模 규모

業績悪化が続き、事業の規模を縮小せざるを得ない。
Our sales have been so poor we must downsize our business.
业绩持续恶化，不得不缩小事业的规模。
업적악화가 이어져, 사업의 규모를 축소하지 않을 수 없다.

漢字

規 キ
   [規範（きはん）] rules and regulations　规范　규범
   [定規（じょうぎ）] ruler　尺, 规尺　정규

模 ①ボ［規模］
   ②モ
   [模擬（もぎ）] mock, fake　模拟　모의
   [模範（もはん）] model　模范　모범
   [模倣（もほう）] copy, mimic　模仿　모방

選択肢の言葉 1「肝」 3「義母」

第18回

【103】 正解 1

間隔「かんかく」 space, gap　間隔　간격

ラッシュアワーには、電車は3分間隔で運行される。
The train runs every three minutes during rush hours.
在高峰时间，电车（实施）每间隔3分钟运行。
러시아워에는 전차는 3분간격으로 운행된다.

漢字

間 ①カン
   [間食（かんしょく）] eating between meals　吃点心, 吃零食　간식
   [民間（みんかん）] nongovernment　民间　민간
   ②ケン
   [世間（せけん）] world, society　社会, 人世　세간
   ③あいだ
   [間] between　間隔, 距离　사이
   ④ま
   [間] counter for room　空隙, 間隔　틈, 사이
   [隙間（すきま）] gap, crack, space　間隙　빈틈
   [間に合う（まにあう）] be in time　来得及　(시간에) 늦지 않다
   [間取り（まどり）] layout of a house　房间布局配置　방 배치
   [一間（ひとま）] one room　一室　한칸, 단칸방

隔 ①カク
   [隔週（かくしゅう）] every other week　每隔一周　격주
   [隔絶（かくぜつ）] be remote from　隔绝　격절, 동떨어짐
   [隔離（かくり）] separation, isolation　隔离　격리
   [遠隔（えんかく）] far away　远隔　원격
   ②へだ（たる／てる）
   [隔たる／隔てる] be far away/separate　离开, 分开　떨어지다, 멀어지다／사이를 두다, 거리를 두다

例：「この小説は明治時代の作品だが、新しい感覚に満ちていて、時代の隔たりを感じさせない」This novel was written in the Meiji era, but doesn't feel distant because it's filled with new senses.　这部小说虽然是明治时代的作品，却充满了新感觉，并不感到时代的隔阂。
이 소설은 메이지시대 작품이지만, 새로운 감각으로 가득차 있어, 시대의 차이를 느낄 수가 없다.

選択肢の言葉 2「完結」「簡潔」 3「干満」「緩慢」 4「勧誘」

【104】 正解 1

発作「ほっさ」 attack (of illness)　发作　발작

昨日、父が心臓発作で病院に運ばれた。
My father was taken to a hospital after he had a heart attack.
昨天，父亲心脏病发作被送进医院。
어제 아버지가 심장발작으로 병원에 실려갔다.

漢字

発 ①ハツ／パツ
   [発育（はついく）] growth　发育　발육
   [発芽（はつが）] germination　发芽　발아
   [発掘（はっくつ）] excavation　发掘　발굴
   [発言（はつげん）] to give an opinion　发言　발언
   [発生（はっせい）] occurrence, outbreak　发生　발생
   [発病（はつびょう）] to contract a disease　发病　발병
   [開発（かいはつ）] development　开发　개발
   [活発（かっぱつ）] activeness　活泼, 活跃　활발
   [始発（しはつ）] the starting station, the first run/train　起点, 头班车　시발
   [自発的（じはつてき）] voluntary　自发　자발적
   [反発（はんぱつ）] rebel, oppose, resist　排斥, 弹回　반발
   ②ホツ
   [発起人（ほっきにん）] promoter, proposer　发起人　발기인
   [発足（ほっそく）] (to) start　出发, 动身, 开始活动　발족
   [発端（ほったん）] beginning, origin, start　开端　발단

作 ①サク
   [作戦（さくせん）] strategy, plan　作战　작전
   [傑作（けっさく）] masterpiece, good job　杰作　걸작
   [試作（しさく）] product made as a trial/test　试制　시작, 시험제품
   [盗作（とうさく）] plagiarism, plagiarizing　剽窃　도작, 표절
   ②サ
   [作用（さよう）] effect, result　作用　작용
   [無造作（むぞうさ）] casual, careless, easy-going　简单, 随意　아무렇게나, 손쉽게 함, 되는대로 함
   ③つく（る）
   [作る] make, cook, build, manufacture　做, 制作　만들다

【105】 正解 3
あせって「焦って」(焦る) feel hasty/panicky/anxious
焦急、着急 안달하다, 초조해하다
焦っても良い結果は出ない。深呼吸して落ち着いてから始めよう。
You won't have a good result if you are hasty. Take a deep breath, calm yourself down, and then make a start.
着急也不会急出好结果, 做深呼吸沉着了以后再开始吧。
초조해 해도 좋은 결과는 나오지 않는다. 심호흡하여 진정시킨 다음에 시작하자.

漢字
焦 ①ショウ
　[焦燥感(しょうそうかん)] feeling of impatience, panicky feeling　焦躁感　초조감
　②あせ(る)[焦る]
　例:「入学試験まであと１か月だと思うと、気持ちが焦る」I feel hasty thinking that I only have one month till the entrance exam. 离入学考试还有一个月，心情变得焦躁起来。 입학시험까지 앞으로 한달 남았다고 생각하니, 마음이 조급해진다.
　③こ(げる／がす／がれる)
　[焦げる／焦がす／焦がれる] be burned/burn/thirst for　焦、糊、烤焦／弄糊、烧焦／一心向往、想念　타다／태우다／애타다, 동경하다
　例:「子どもたちが待ち焦がれていた夏休みがやってきた」

選択肢の言葉 1「悟って」(悟る)　2「留まって」(留まる)　4「粘って」(粘る)

【106】 正解 1
懲りない「こりない」(懲りる) learn the hard way, have enough　因为吃过苦头不堪再尝试, 惩前毖后　질리다
彼は何度大金を失っても、パチンコに出かける。懲りない人だ。
Even after losing a lot of money a number of times, he still goes to play pachinko. He never has enough.
他几次输掉巨款, 还是去钢球游戏店。真是不知惩前毖后的人。
그는 여러번 큰돈을 잃어도, 파칭코를 하러 간다. 지칠 줄 모르는 사람이다.

漢字
懲 ①チョウ
　[懲役(ちょうえき)] imprisonment　徒刑　징역
　[懲罰(ちょうばつ)] discipline, punishment　惩罚　징벌
　②こ(りる／らしめる)
　[懲りる]／[懲らしめる] discipline, punish　惩戒, 惩罚　혼내주다, 징계하다
　例:「スケートの練習で転んでけがをした。それに懲りて、スケートをやめてしまった」

選択肢の言葉 2「下りない」(下りる)「降りない」(降りる)　3「足りない」(足りる)　4「借りない」(借りる)

【107】 正解 3
融通「ゆうずう」 flexibility, adaptability, financing　通融, 通融钱款　융통

父は頑固で、融通がきかない。
My father is stubborn and inflexible.
父亲很顽固, 不能通融。
아버지는 완고하며, 융통성이 없다.

漢字
融 ①ユウ
　[融資(ゆうし)] financing, loan　融资　융자
　[金融(きんゆう)] loaning, financing, money　金融　금융
　②と(ける)
　[融ける](=「溶ける(とける)」) melt　熔化　녹다
　例:「この金属は低い温度で融ける」This metal melts at a lower temperature. 这种金属在很低的温度就能熔解。 이 금속은 낮은 온도에서 녹는다.

通 ①ツウ
　[通常(つうじょう)] usually, normally　通常　통상
　[通販／通信販売(つうはん／つうしんはんばい)] mail order (sale)　通信销售　통신판매
　②ツ
　[通夜(つや)] wake, vigil　灵前守夜　밤샘, 경야, 장례식 경야
　③かよ(う)
　[通う] commute, go to a place regularly　往来, 上学　다니다
　④とお(る／す)
　[通る／通す] (pass) through/let (pass) through　通过, 走过／穿过, 穿通　통과하다, 지나다／통과시키다

【108】 正解 4
現役「げんえき」 active, still working　现役　현역
彼は40歳を過ぎた今でも現役の選手として活躍している。
He is still being energetic as an active player at age over forty.
他现在已经过了40岁了, 还作为现役的选手活跃着。
그는 40 살이 넘은 지금도 현역 선수로서 활약하고 있다.

漢字
現 ①ゲン
　[現行(げんこう)] existing, present, current　现行　현행
　[現地(げんち)] spot　现地　현지
　[出現(しゅつげん)] to appear　出现　출현
　[再現(さいげん)] to reproduce　再现　재현
　②あらわ(れる／す)
　[現れる／現す] appear　出现, 出来现／露, 显露　나타나다／나타내다
　例:「雲が切れて、太陽が現れた」
役 ①ヤク
　[役] role, assignment, responsibility　职务, 角色　역, 직무
　[役場(やくば)] city/town office　区, 公所　동사무소(지방공무원이 근무하는 곳)
　[役職(やくしょく)] managerial/executive position　官职, 职务　직무, 관리직

［顔役（かおやく）］influential person　有权势的人，有声望的人　보스, 유력자
［取締役（とりしまりやく）］director, member of the board　董事,总经理　임원, 중역
［配役（はいやく）］casting　分配角色　배역
［脇役（わきやく）］supporting actor/actress　配角　조연
②エキ
［使役（しえき）］employment, work, (grammar) causative　役使, 駆使　사역
［懲役（ちょうえき）］imprisonment　徒刑　징역
選択肢の言葉 2「倹約」　3「検疫」

第19回
【109】 正解 1
促して「うながして」（促す）　urge, prompt, stimulate　催促, 促使　재촉하다, 촉구하다
振り込め詐欺の被害が増えているため、警察は注意を促している。
With the increase of bank transfer fraud cases, the police are giving warnings for caution.
因为存入欺诈的受害者在增加，警察促使大家注意。
계좌송금사기의 피해가 증가하고 있어, 경찰은 주의를 촉구하고 있다.
漢字
促　①ソク
　［促進（そくしん）］to promote/accelerate　促進　촉진
　②うなが（す）［促す］
　例：「死亡事故が急増する中、警察は安全運転への注意を促している」With the sudden increase of fatal accidents, the police are giving warnings for safe driving.　死亡事故激增中, 警察促使大家要注意驾安全。　사망사고가 급증하는 가운데, 경찰은 안전운전에 주의를 촉구하고 있다.
選択肢の言葉 3「志して」（志す）
4「即して」（即する）「則して」（則する）

【110】 正解 2
便宜「べんぎ」convenience, advantage, benefit　方便, 权益　편의
兄は、私の仕事のために、いろいろと便宜を図ってくれた。
My older kindly provided various assistance for my job.
哥哥为了我的工作，在各方面为我谋求方便。
형은 내 일을 위해서 여러가지로 편의를 도모해 줬다.
漢字
便　①ベン
　［簡便（かんべん）］simple, easy and convenient　简便　간편
　［利便（りべん）］convenience　便利, 方便　편리
　②ビン
　［宅配便（たくはいびん）］door-to-door delivery service　送货上门　택배우편
　［航空便（こうくうびん）］air mail　航空邮件　항공편
　③たよ（り）
　［便り］letter, mail　消息, 信息　소식, 편지
　例：「留学中の息子からしばらく便りがないが、心配はしていない」

宜　ギ
　［適宜（てきぎ）］properly, appropriately, at one's discretion　适宜　적의, 적당함
選択肢の言葉 3「便箋」

【111】 正解 2
駆使「くし」to make the most use of　駆使, 運用　구사
最先端の技術を駆使したロボットが開発されている。
Robots made with the cutting-edge technology have been developed.
运用最尖端的技术开发了机器人。
최첨단의 기술을 구사한 로봇이 개발되고 있다.
漢字
駆　①ク
　［先駆者（せんくしゃ）］pioneer, precursor, forerunner　先駆者　선구자
　［駆除（くじょ）］extermination, eradication　駆除　구제
　②か（ける）
　［駆ける］run　跑, 快跑　달리다, 뛰어가다
　例：「廊下を駆けちゃだめ。静かにしなさい」
　③か（る）
　［駆る］drive, impel　駆策, 駆赶, 受～駆使, 支配　몰다, 쫓다, 사로잡다
　例：「衝動に駆られて、高い服を買ってしまった」
I was swayed by impulse and ended up buying an expensive dress.　受冲动的驱使, 买了高价的衣服.　충동에 사로 잡혀, 비싼 옷을 사 버렸다.

使　①シ
　［使用人（しようにん）］servant, employee　用人, 雇工　사용인
　［大使（たいし）］ambassador　大使　대사
　［大使館（たいしかん）］embassy　大使館　대사관
　［酷使（こくし）］excessive use, overuse　任意驱使, 残酷使用　혹사
　［使役（しえき）］employment, work　役使, 駆使　사역
　②つか（う）
　［使う］use　使用, 用　사용하다

【112】 正解 3
損なう「そこなう」impair, damage　損坏破坏　상하게 하다, 망가뜨리다, 해치다
働きすぎて健康を損なうサラリーマンが増えている。
More company workers have damaged their health from overwork.
过度工作而损害健康的白领在增加。
지나치게 일을 해서 건강을 해치는 샐러리맨이 늘고 있다.
漢字

損 ①ソン
　［損失（そんしつ）］loss　损失　손실
　②そこ（なう／ねる）
　［損なう］／［損ねる］hurt, damage, destroy, impair　损害　상하게 하다，해치다
　例：「高層ビルができたせいで、町の美観が損なわれてしまった」The beauty of the town has been impaired by the new high-rise building.　由于高楼增加了，损害了城市的美观。　고층 건물이 생기면서，마을의 미관을 해쳐 버렸다．

【113】　正解 4
本音「ほんね」true feeling, truth　真话，真心话　본심，속마음
彼女は私が本音を言える唯一の友達だ。
She is my only friend who I can tell the truth to.
她是我能说真话的唯一的朋友。
그녀는 내가 본심을 얘기할 수 있는 유일한 친구다．

漢字
本 ①ホン／ボン／ポン
　［本能（ほんのう）］instinct　本能　본능
　［本番（ほんばん）］take, action, going on the air　正式表演，实拍　본방송
　②もと
　［根本（ねもと）］(=根元) root, base　根本　근본
　例：「台風で大きな木が根本から倒れた」

音 ①オン
　［音階（おんかい）］musical scale　音阶　음계
　［音響（おんきょう）］sound, echo, sound effects　音响　음향
　［音声（おんせい）］sound, voice　音声，声音　음성
　［音痴（おんち）］tone-deaf　音痴，五音不全的人　음치
　［音波（おんぱ）］sound wave　音波，声波　음파
　［音符（おんぷ）］musical notes　音符　음부
　［音読（おんどく）］reading aloud　音读　음독
　［音量（おんりょう）］(sound) volume　音量　음량
　［五十音（ごじゅうおん）］Japanese syllabary (fifty sounds)　五十音　오십음
　②イン
　［子音（しいん）］consonant　子音　자음
　［母音（ぼいん）］vowel　母音　모음
　③おと
　［音］sound　声音　소리
　④ね　［音（ね）］］=［音（おと）］
　例：「この町のどこにいても、教会の鐘の音が聞こえる」I can hear the church bell everywhere in this town.　无论在这座城市的哪儿，都能听到教堂的钟声。　이 마을 어디에 있어도，교회의 종소리가 들린다．
　［音を上げる（ねをあげる）］give up, give in, be done in　叫苦，发出哀鸣　우는 소리를 하다，손들다
　例：「この数か月、社員は休みを返上して出勤していたが、ついに音を上げてしまった」The company employees gave up their days off and came to work for the past few months, but they were finally done in.　这几个月，职员连假日都不休息出勤工作,（现在）终于叫苦不迭。　요 몇개월간 사원은 휴일을 반납하고 출근했었는데，마침내 손들고 말았다．

【114】　正解 2
中継「ちゅうけい」broadcasting　中继，转播　중계
この大会の決勝戦はテレビで中継される。
The championship game of this tournament is going to be broadcast on TV.
这个大会的决赛通过电视转播。
이 대회의 결승전은 텔레비전에서 중계된다．

漢字
中 ①チュウ
　［中傷（ちゅうしょう）］slander　中伤，诽谤　중상
　［中断（ちゅうだん）］discontinuation, interruption　中断　중단
　［中毒（ちゅうどく）］poisoning, addiction　中毒　중독
　［中腹（ちゅうふく）］half way up a mountain　(半)山腰　중턱
　［中立（ちゅうりつ）］neutral　中立　중립
　［命中（めいちゅう）］hit the target　命中　명중
　［的中（てきちゅう）］hit the target, guess right, come true　射中　적중
　②ジュウ
　［一日中（いちにちじゅう）］all day long　一整天，整日　하루종일
　［年中（ねんじゅう）］all the year round　一年中　연중
　［町中（まちじゅう）］throughout the town　在街上　마을전체
　③なか　［中］
　［中程（なかほど）］about the center/middle　中间　중간정도，한가운데쯤

継 ①ケイ
　［継承（けいしょう）］succession, inheritance　继承　계승
　［継続（けいぞく）］continuation　继续　계속
　②つ（ぐ）
　［継ぐ］take over (a business)　接上，连接，继续，继承　잇다，계승하다
　例：「会社を辞めて、家業を継ぐことにした」I've decided to leave my company and take over my family business.　辞掉了公司的职务，继承了家里的工作。　회사를 그만두고，가업을 잇기로 했다．
　「祖母は戦争の悲惨さを語り継ぎたいと言っている」My grandmother says she wants to hand down the misery of war.　祖母说想继续述说战争的悲惨。　할머니는 전쟁의 비참함을 구전하고 싶다고 한다．

選択肢の言葉　1「中断」　4「中継ぎ」

第20回
【115】　正解 2
合鍵「あいかぎ」spare key, duplicate key　相同的钥匙

N1解答

여벌 열쇠
なくしたときのために、合鍵を作った。
I made a spare key just in case I might lose the original one.
为了预防遗失，配了相同的钥匙。
분실했을 때를 대비해, 여벌 열쇠를 만들었다.

漢字
合 ①ゴウ
　[合意（ごうい）] agreement　同意　합의
　[合成（ごうせい）] to compose/compound　合成　합성
　[合流（ごうりゅう）] join, unitedness　合流　합류
②ガッ
　[合唱（がっしょう）] chorus　合唱　합창
　[合致（がっち）] match　一致,符合　합치, 일치
③あ（う）
　[合う] match, suit　合适,相称　맞다

鍵　かぎ
　[鍵] key　钥匙　열쇠

【116】　正解 3
出張「しゅっちょう」business trip　出差　출장
中国への出張は来月に決まった。
The business trip to China has been set for next month.
去中国的出差决定在下个月。
중국 출장은 다음달로 결정됐다.

漢字
出 ①シュツ
　[出演（しゅつえん）] to appear in a drama/show/movie　出演　출연
　[出血（しゅっけつ）] bleeding　出血　출혈
　[出現（しゅつげん）] appearance　出现　출현
　[出産（しゅっさん）] to give birth to a baby　生孩子, 分娩　출산
　[出社（しゅっしゃ）] coming to work　上班　출근
　[出生（しゅっせい／しゅっしょう）] be born　出生
　[出世（しゅっせ）] to become successful　成功,出息, 发迹　출세
　[出題（しゅつだい）] to make questions for an exam　出题　출제
　[出動（しゅつどう）] to go into action　出动　출동
　[出費（しゅっぴ）] expenses　费用,开支　지출,출비
　[出品（しゅっぴん）] exhibit　出品　출품
　[進出（しんしゅつ）] advance　进出　진출
②スイ
　[出納（すいとう）] revenue and expenditure　出纳　출납
③で（る）／だ（す）
　[出る／出す] go out/get...out　出,送,拿出　나오다／내다

張 ①チョウ
　[膨張（ぼうちょう）] to swell/inflate/expand　膨胀　팽창
　[拡張（かくちょう）] to expand/extend/enlarge　扩张　확장
　[誇張（こちょう）] exaggeration　夸张　과장
　[主張（しゅちょう）] insistence　主张　주장
②は（る）
　[張る] (ice) form　伸展,展开　덮이다, 뻗다
　例：「今朝は寒いと思ったら、池に氷が張っていた」

選択肢の言葉 1「主張」

【117】　正解 1
愚痴「ぐち」complaint, grumbling　牢骚, 抱怨　푸념
毎日毎日残業で、愚痴のひとつも言いたくなる。
Having to work late every single day, I can't help but complain.
每天都加班,想抱怨一下也是人之常情。
매일매일 잔업이니, 푸념 하나정도는 얘기하고 싶어진다.

漢字
愚 ①グ
　[愚問（ぐもん）] stupid question　愚蠢的提问　우문, 어리석은 질문
②おろ（か）
　[愚か] stupid, foolishness　愚蠢　어리석음
　例：「ほんとうに愚かなことをしてしまったと悔やんでいる」I regret that I did something really stupid. 做了那么愚蠢的事,真的很后悔。 정말 어리석은 짓을 해버렸다고 후회하고 있다.

痴　チ
　[痴呆（ちほう）] dementia, imbecility　痴呆　치매
　[痴漢（ちかん）] molester, groper　色情狂　치한

【118】　正解 4
目論見「もくろみ」(secret) intention, scheme, plan　计划, 策划　계획, 의도
連休に多くの客を集めようというホテルの目論見は大きくはずれた。
The hotel's plan to attract a large number of guests during the consecutive holidays did not work out at all.
想在连续假日中召集很多客人的旅馆的计划没能实现。
연휴에 많은 손님을 모으고자 한 호텔의 의도는 크게 벗어났다.

漢字
目 ①モク
　[目録（もくろく）] catalogue, inventory, list　目录　목록
　[面目（めんもく／めんぼく）] face/honor/credit　面目　면목
②ボク
　[面目（めんぼく／めんもく）] face/honor/credit　面目　면목
③め [目]
　[目方（めかた）] weight　重量,分量　무게, 근량
　[目覚める（めざめる）] wake up　醒　눈뜨다, 잠에서 깨다
　[目覚ましい（めざましい）] remarkable, surprising　惊人的,异常显著的　눈부시다

[目付き（めつき）] look, expression of the eyes　眼神　눈의 표정, 눈빛
[目途（めど）] prospect, outlook　目标，眉目　목표, 전망
[目盛（めもり）] division of a scale　度数，刻度　눈금
④ま
[目の当たり（まのあたり）] right before one's eyes　眼前，亲眼　눈앞, 목전

論　ロン
[論議（ろんぎ）] discussion　议论　논의
[論理（ろんり）] logic　逻辑，论理　논리
[言論（げんろん）] speech, opinion　言论　언론
[口論（こうろん）] (verbal) quarreling　口角，争吵　구론, 언쟁, 말다툼
[討論（とうろん）] discussion　讨论　토론
[無論（むろん）] of course　不用说，当然　물론
[理論（りろん）] theory　理论　이론
[論じる（ろんじる）] discuss　论述，阐述　논하다

見　①ケン
[見識（けんしき）] wisdom, insight, good judgement　见识　견식
[会見（かいけん）] meeting, conference　会见　회견
[外見（がいけん）] appearance　外面，表面，外观　외견, 외관
[必見（ひっけん）] should not fail to watch　必须看，必读　필견（꼭 봐야함）
②み（る／える／せる）
[見る／見える／見せる] see, watch/can see/show　看／看得见／让～看　보다／보이다／보이다（내보이다）

【119】 正解4
脅かす「おびやかす」 threaten, damage　威胁，威逼　위협하다
農薬の過剰な使用は食の安全を脅かす。
Excessive use of agro-chemicals damages the safety of foods.
农药的过量使用威胁到了食品的安全。
농약의 과한 사용은 음식의 안전을 위협한다.

漢字
脅　①キョウ
[脅迫（きょうはく）] to threaten　胁迫　협박
[脅威（きょうい）] threat　威胁　위협
②おど（す／かす）
[脅す／脅かす] threaten　威胁，威逼　위협하다／협박하다
例:「強盗は店員をナイフで脅して、レジにあった金を奪った」The burglar threatened the store clerk with a knife and took the money from the cash register.　强盗用刀威胁店员，夺走了现金出纳机中的钱。　강도가 점원을 나이프로 위협하여, 계산대에 있던 돈을 빼앗았다.
③おびや（かす）［脅かす］
例:「火山の爆発、地震、洪水など、自然災害が私たちを脅かす」Natural disasters such as volcanic eruptions, earthquakes, or floods threaten our lives.　火山爆发，地震，洪水等自然灾害在威胁我们。　화산 폭발, 지진, 홍수등 자연재해가 우리들을 위협한다.

選択肢の言葉 1「散らかす」 2「驚かす」 3「冷やかす」

【120】 正解1
抜群「ばつぐん」 excellent, extraordinary　拔群　발군, 뛰어남
彼女は抜群の記憶力の持ち主だ。
Her memory is extraordinarily marvelous.
她有着拔群的记忆力。
그녀는 뛰어난 기억력의 소유자다.

漢字
抜　①バツ
[抜歯（ばっし）] tooth extraction　拔牙　발치
[抜粋（ばっすい）] extract　摘录，集锦　발췌
[海抜（かいばつ）] above sea level　海拔　해발
[奇抜（きばつ）] extraordinary, eccentric, wild　出奇，奇特　기발
[選抜（せんばつ）] select(ed), pick(ed)　选拔　선발
②ぬ（ける／く／かす）
[抜ける／抜く／抜かす] pass through, go through/overtake/pass　脱落，落掉，穿过　빠지다／빼다／빠뜨리다
例:「市街地を抜けると、緑の水田が広がっている」Passing through the urban area, you can see green rice paddies spreading all around.　穿过市街区，绿色的水田呈现在眼前。　시가지를 빠져나가면, 초록의 수전이 펼쳐져 있다.
「やせたくても、食事を抜くのはやめたほうがいい」
「私、ちゃんと並んでいたんですから、抜かさないでください」

群　①グン
[群集（ぐんしゅう）] crowd of people　群集　군중
[大群（たいぐん）] big crowd　大群　대군, 큰 무리
[症候群（しょうこうぐん）] syndrome　症候群　증후군
②む（れ）
[群れ] crowd, flock, herd　群　무리
例:「羊の群れが道をさえぎっていて、車が通れない」
③む（れる）
[群れる] gather, swarm, throng　群聚，群集　떼를 짓다
例:「水辺に鳥たちが群れている」There is a flock of birds at the waterside.　水边群聚了很多鸟。　물가에 새들이 떼지어 있다.
④むら（がる）
[群がる] gather, swarm, throng　聚，聚集　떼 지어 모이다
例:「砂糖の上にアリが群がっている」The ants are swarming on the sugar.　在砂糖的上面，聚集了很多蚂蚁。　설탕 위에 개미가 떼 지어 모여있다.

N1解答 文脈規定

第1回

【1】 正解2

建前　principle, official stance　主义，原則　명분

あの人の言うことは建前ばかりだ。本音が聞きたい。
What he says is all principles. I want to hear his real intention.
那个人所说的话都是原则性的，听不到他的真心话。
저 사람이 하는 말은 명분 뿐이다. 본심을 듣고 싶다.

📝「君の言うことは**建前**としては正しいけど、本心からそう考えているの？」What you say is right as a principle, but do you really think so? 你所说的话原则上讲是正确的，但是你真的这样想吗？ 니가 하는 말은 원칙적으론 맞지만, 본심으로 그렇게 생각하고 있니？

選択肢の言葉

1「矛盾」contradiction　矛盾　모순　例：「彼が言うこととすることは矛盾している。変だ」

3「侮辱」insult　侮辱　모욕　例：「こんなひどい侮辱を受けたら、だれだって黙っていることはできないだろう」

4「偏見」prejudice　偏见　편견　例：「一般に女性は運転が下手だといわれるが、これは偏見だ」

【2】 正解1

おしなべて = だいたい／おおむね／概して

今度の私たちのコンサートの批評はおしなべて好評だ。

📝「北ヨーロッパの人は、**おしなべて**背が高い」

選択肢の言葉

3「逐一」= 一つ一つ　例：「仕事の進み具合を逐一報告する必要はありません。重要なことだけ知らせてください」

4「ひときわ」= 一段と／際立って　例：「大勢の女性の中で、ひときわ目立つあの美女はだれだろう」I wonder who that beautiful woman is standing out among a crowd of women? 在众多的女性中，格外显眼的那位美女是谁呢？ 많은 여성들 중에 유달리 돋보이는 저 미녀는 누구일까？

【3】 正解2

チームワーク　team work　队员之间的合作，配合　팀워크

団体競技ではチームワークが何より重要だ。
Team work is the most important in a group race.
团体比赛中队员之间的配合比什么都重要。
단체경기에서는 팀워크가 무엇보다도 중요하다.

📝「たった一人の非常識な行動のせいで、全体の**チームワーク**が乱れてしまった」Because of the nonsensical behavior of only one person, the team work of the whole group has gone bad. 只是因为一个人荒唐的行动，全体队员之间的配合被打乱了。 겨우 한사람의 비상식적인 행동 때문에 전체 티워크가 깨져버렸다.

選択肢の言葉

1「トーン」例：「『これは内緒よ』と言って、彼女は声のトーンを落とした」

3「アナウンス」announcement　广播　안내방송, 아나운스　例：「駅ではしょっちゅう案内のアナウンスが流れている」

4「ネットワーク」network　网，广播网，电视网　네트워크　例：「通信ネットワークの代表がインターネットである」
The biggest example of the communication net work is the Internet.　通讯网的代表是因特网。　통신 네트워크의 대표가 인터넷이다.

【4】 正解3

出世する　be successful at work　成功　출세하다

能力の高い人が会社で出世するとは限らない。
A highly talented person does not necessarily become successful in a company.
能力强的人并不一定在公司成功。
능력 높은 사람이 회사에서 출세한다고는 할 수 없다.

📝「彼は会社で順調に**出世して**、今は重役になっている」He has become successful smoothly in his company and is now an executive. 他在公司顺利地发迹，现在担任重要职务。 그는 회사에서 순조롭게 출세하여, 지금은 중역이 되어 있다.

選択肢の言葉

1「進級する」step up to the upper grade　晋级，升级　진급하다　例：「上のクラスに進級するとき、生徒は試験を受けることになっている」

2「進出する」proceed, advance　进入　진출하다　例：「日本のチームは勝ち続け、ついに決勝戦に進出した」

4「上昇する」=（数量が）上がる／増える　例：「昨年度、物価はわずかに上昇した」

【5】 正解3

切実（な）= かかわりが大きく、重大（な）　be gravely related and important　有很大，很重要的关系　연관이 크고, 중대(한)

電力不足は国民にとって切実な問題だ。

📝「病気をしてから、健康の大切さを**切実**に感じるようになった」Since I got ill, I strongly feel the importance of good health.　自从生病以后，才切实感到了健康的重要性。　병에 걸린 후, 건강의 소중함을 절실하게 느끼게 되었다.

選択肢の言葉

2「得がたい」= 貴重（な）　例：「2年間の留学は得がたい経験になった」The two-year study abroad has become my precious experience.　两年的留学生活成了贵重的经验。　2년간의 유학은 귀중한 경험이 되었다.

4「切ない」= 悲しくて、心が苦しい　例：「友を失うのは、家族を失うのと同様に切ないものだ」

【6】 正解3

徒歩　walking, on foot　徒步　도보

駅から徒歩5分以内という条件の家を探しています。

📝「ここから山頂まではバスで行く方法と**徒歩**で行く方法がある」

選択肢の言葉

1「歩幅」＝一歩の幅　length of one step　一步的宽度　한걸음의 폭　例：「速く走るには歩幅を広くするトレーニングが有効だ」To be able to run fast, it is a good training to walk with long steps.　快速跑步对锻炼增大步幅有效。　빨리 달리기 위해서는 보폭을 넓히는 트레이닝이 유효하다．
2「歩行」＝歩くこと　例：「骨折した足もかなりよくなって、来週から歩行訓練を始めることになった」My broken leg has recovered pretty well and I can start walking trainings next week.　骨折的脚也恢复了很多,从下周起,决定开始步行训练。　골절한 다리도 꽤 좋아져서, 다음주부터 보행훈련을 시작하기로 했다．

【7】　正解2

見た目　appearance　从外表上看　외관, 겉모습
この果物は、見た目はよくないが、食べてみると甘くておいしい。

🖊 「**見た目**で人を判断してはいけない」You should not judge a person by his or her appearance.　不能从外表上判断一个人。　겉모습으로 사람을 판단해서는 안된다．

選択肢の言葉

3「見所」＝（例文中の意味）見る価値のあるところ、良いところ　例：「残念ながら、今日見た芝居には見所がほとんどなかった」
4「一見」＝ちょっと見ると　例：「この問題は一見難しそうに見えるが、実際は決して難しくはない」

第2回

【8】　正解4

大晦日＝12月31日
大晦日というのは、一年の最後の日のことだ。
🖊 「**大晦日**の夜に見る夢を『初夢』という」

選択肢の言葉

2「元旦」＝3「元日」＝1月1日

【9】　正解3

再交付＝もう一度交付すること
参考「再～」＝もう一度～する
「交付」issue　交付, 交给, 发给　교부
運転免許証を紛失してしまったので、再交付を申請した。
I have lost my driver's license, so applied to get it reissued.
因为丢了驾驶执照, 申请再发给。
운전면허증을 분실해 버렸기 때문에 재교부를 신청했다．
🖊 「パスポートの**交付**を受ける窓口はどこですか」

選択肢の言葉

1「再審査」rejudgement　再审查　재심사
4「再認識」recognition　重新认识　재인식　例：「日本人の間に日本語の間違いが多いことから、国語の勉強の重要性を再認識させられる」Because Japanese people make lots of mistakes using Japanese, we are made to rerecognize the importance of studying Japanese.　从在日本人之间, 日语的错误很多这件事中, 重新认识了学习国语(日语)的重要性。　일본인들 사이에서 틀린 일본어를 쓰는 일이 많아지면서, 국어 공부의 중요성을 재인식하게 되다．

【10】　正解4

取り締まる　watch, restrict　管制, 取缔　단속하다, 감독하다
近年、警察は飲酒運転をいっそう厳しく取り締まるようになった。
Recently police are watching drunken driving more strictly.
近年来, 警察更加严格地取缔酒后驾驶。
최근 몇년간 경찰은 음주운전을 한층 엄격하게 단속하게 되었다．
🖊 「過去には、市民の言論が厳しく**取り締まられていた**時代もあった」There were times in the past when people's opinions were heavily restricted.　过去, 有过市民的言论被严格管束的时代。　과거에는 시민의 언론이 엄격하게 단속되었던 시대도 있었다．

選択肢の言葉

1「裁く」judge　裁判, 审判, 排解, 评理　심판하다, 재판하다　例：「国民が罪人を裁く『裁判員制度』には賛否両論がある」There are pros and cons for the "jury system" in which a citizen judges a criminal.　国民对制裁有罪之人的"裁判员制度"持赞成与反对两种意见。　국민이 죄인을 심판하는『재판원제도』에는 찬부양론이 있다．

【11】　正解2

弁解する　make an excuse　辩解　변명하다
失敗の原因について弁解しようとしたが、だれも聞いてくれなかった。
I tried to make an excuse for the cause of the error, but nobody would listen.
对于失败的原因我做了辩解,但是谁也不愿意听。
실패의 원인에 대해서 변명하려 했으나, 어느누구도 들어주지 않았다．
🖊 「この件は、どう考えても私が悪いので、**弁解したくてもしようがなかった**」Regarding this matter, it is absolutely my fault, so I could not make an excuse even if I wanted to.　这件事, 怎么想也是我的错, 想辩解也没有办法。　이건 아무리 생각해봐도 내가 잘못되었는데, 변명하고 싶어도 할 수가 없었다．

選択肢の言葉

1「説教する」＝①宗教の教えを伝えるために話をする　talk about the lessons of a religion　为了解释宗教的教义而说话　종교의 가르침을 전하기 위해 얘기하다
②教え導くために話をする　例：「学校をさぼって遊びに行ったのがばれて、先生と親に説教された」Because they found out that I skipped school and went out to play, I was scolded by my teacher and parents.　旷课出去玩被发现, 被老师和父母说教了一番。　학교를 빼먹고 놀러간 것이 발각되어, 선생님과 부모에게 설교당했다．

【12】 正解 2

めざましい remarkable 惊人，异常显著 눈부시다

オリンピックでの優勝をはじめとして、ここ数年の田中選手の活躍にはめざましいものがある。

✎「その国は、戦後、**めざましい**発展を遂げた」The nation has achieved a remarkable development after the war. 那个国家在战后，达到了惊人的发展。 그 나라는 전후 눈부신 발전을 이뤘다.

選択肢の言葉

1「あさましい」= 情けない／みっともない／心が卑しい 例：「老人をだまして金を取るとは、あさましいことだ」It's despicable to deceive the old and take their money. 为了得到钱而欺骗老人，是卑鄙的行为。 노인을 속이고 돈을 빼앗다니, 한심한 짓이다.
3「たくましい」= 力強い／タフな powerful/energetic 强有力／顽强、坚强 힘차다／마음 든든하다／터프한 例：「子どもが生まれた。男の子だから、たくましい子に育てたい」
4「おびただしい」= 非常に多い 例：「広場にはおびただしい数の人が集まっていた」A huge number of people gathered at the square. 广场上聚集了成千上万的人。 광장에는 엄청난 수의 사람들이 모여 있었다.

【13】 正解 3

とことん = どこまでも／徹底的に completely, thouroughly 最后，到底，彻底 어디까지나／철저하게

私たちの間の誤解を解くために、とことん話し合おうじゃないか。

Let's talk thoroughly so we can dissolve our misunderstanding. 为了消除我们之间的误解，彻底地谈话交流难道不是最好的方法？ 우리들 사이의 오해를 풀기 위해서 충분히 이야기 나눠보지 않겠는가.

✎「どんなに難しくても、**とことん**がんばってやりぬこう」Let's do our very best and carry it out however hard it may be. 无论多么难，努力到底直到完成。 아무리 어렵더라도, 끝까지 노력하여 해내보자.

選択肢の言葉

1「たかだか」= 多くても／せいぜい at most 最多／大不了 많더라도／기껏해야 例：「小型の中古車なら、たかだか50万ぐらいで買えるだろう」
2「ねほりはほり」（根掘り葉掘り）= 細かいことまで全部（聞く／調べる） 例：「警察は昨日の私の行動について根掘り葉掘り聞いた」The police asked me everything about what I did yesterday. 警察对于我昨天的行动，刨根问底儿地问了个究竟。 경찰은 어제의 나의 행동에 대해 꼬치꼬치 물었다.
4「かれこれ」= およそ 例：「父が亡くなってから、かれこれ10年になる」

【14】 正解 2

トラブル trouble 困难，麻烦，故障 트러블

この事故は、電車の車輪に発生した何らかのトラブルによるものと見られている。

It is regarded that this accident was due to some kind of trouble on the wheels of the train. 这个事故，被认为是因为电车的车轮发生了故障而引起的。 이번 사고는 전차의 차량에 발생한 뭔가의 트러블에 의한 것으로 보여진다.

✎「この職場では、おおむね人間関係が良く、**トラブル**はほとんど起きない」In this workplace, the human relationship is generally good and almost no trouble happens. 这个工作单位，人与人的关系基本上很好，几乎没有什么麻烦。 이 직장에서는 대체로 인간관계가 좋아, 트러블은 거의 일어나지 않는다.

選択肢の言葉

1「チェンジ」change, exchange 变换 체인지 例：「サッカーやバレーボールでは、試合の途中でコートのチェンジが行われる」In soccer or volleyball games, the court is exchanged during the game. 足球和排球比赛中途要进行场地交换。 축구와 배구에서는 시합 도중에 코트의 체인지가 있다.
3「ブレーキ」brake 刹车 브레이크 例：「車のアクセルとブレーキを踏み間違えたことによる事故が増えている」There are more accidents in which a driver mistakenly steps on the accelerater instead of the brake. 车的加速踏板和刹车踏板踏错的事故在增加。 자동차의 액셀과 브레이크를 잘못 밟아 발생하는 사고가 증가하고 있다.
4「マーク」mark 标记 마크 例：「自動車につけられた若葉のマークは、免許を取って1年以内だということを示す」The young leaf mark on a car shows that the driver got the license within a year. 贴在汽车上的新叶标记，显示了(驾驶者)取得驾照不到一年。 자동차에 붙인 새잎 마크는 면허를 취득한지 1년이내 임을 나타낸다.

第3回

【15】 正解 3

まごつく = まごまごする be at a loss, don't know what to do 着慌，不知所措 당황하다，우물쭈물하다

初めての職場でまごついていた私に、先輩がやさしく声をかけてくれた。

When I was at a loss for my new work, my senior colleague spoke to me gently. 在初次的工作单位不知所措时，前辈们亲切地向我打招呼。 첫 직장에서 당황해 하던 나에게 선배가 상냥하게 말을 걸어 주었다.

✎「パソコンを始めたばかりなので、操作にいちいち**まごついています**」I just started using a computer, so I get lost on how to use it all the time. 因为刚开始使用电脑，操作时一次次地觉得不知所措。 컴퓨터를 시작한지 얼마 되지 않아, 조작에 일일이 갈팡질팡하고 있습니다.

選択肢の言葉

1「まぎれる」(紛れる) = ①見分けがつかなくなる
例：「我が軍は、夜の闇に紛れて敵軍に接近した」Our troops approached the enemy in the darkness of the night. 我军趁着夜色接近了敌军。 우리 군은 밤의 어둠을 타고 적군에게 접근했다．
②「気がまぎれる」= 他に関心を向けることで、嫌な気持ちや、緊張感が消える　bad feelings or nervousness disappear by paying attention to something else　因转移注力，不好的心情和紧张感消失了　다른 쪽으로 관심을 돌림으로써, 불쾌한 기분과 긴장감이 없어지다　例：「試験に失敗した直後は落ち込んでいたが、友人と旅行したら、気がまぎれた」I was depressed right after I failed in the exam, but after I traveled with my friend, I felt better. 考试失败后感到很失落, 和朋友一起去旅行后, 心情轻松了很多。 시험에 실패한 직후는 침울해 있었지만, 친구와 여행하고 나니 기분이 나아졌다．
2「とぎれる」(途切れる) = (続いていたものが)切れる
例：「彼女と話していると、会話がとぎれることなく続いて、実に楽しい」
4「うろつく」= うろうろする　例：「さっきから家の前を変な人がうろついている。警察に電話しようか」A strange guy has been hanging around in front of the house. Should I call the police? 有个奇怪的人在我家的前面转悠了一会儿了, 要不要打电话给警察？ 아까부터 집 앞을 이상한 사람이 서성거리고 있다. 경찰에 전화할까?

【16】 正解 2
仕組み　structure　结构, 构造　구조
この機械の仕組みは複雑だから、故障するとやっかいだ。
The structure of this machine is so complicated, it will be difficult when it breaks down.
因为这个机器的构造复杂, 如果出故障的话很麻烦。
이 기계의 구조는 복잡하므로 고장나면 번거롭다
✏️「新しいタイプの自動車は、ガソリンと電気の両方で動く**仕組み**になっている」The new type of a car runs by both gas and electricity. 新型汽车的构造是用汽油和电力两种能源来驱动的。 새로운 타입의 자동차는 휘발유와 전기 양쪽을 사용하여 움직이는 구조로 되어 있다.

選択肢の言葉
1「用法」= 使い方　例：「この辞書には言葉の意味だけでなく用法の説明がある」
3 参考 「機械の構成」とは言わず、「機械の構造」と言う。
4「取り組み」=（問題や課題を解決しようと）努力すること
例：「エネルギー問題への取り組みは全世界の課題である」Tackling the energy issue is a problem for the whole world. 对能量问题的专心研究, 是全世界的课题。
에너지문제에 대한 대처는 전세계의 과제이다.

【17】 正解 3
めりはり　accent, stress　弛张, 抑扬, 高潮和低潮　강약
大事な部分をもっと強調すれば、めりはりのある、生き生きした文章になるでしょう。
If you stress the important parts more, your sentences will be more accented and more lively.
如果对重要的部分再加以强调, 一定会成为有高潮和低潮的生动的文章。
중요한 부분을 더욱 강조하면, 강약있는 생기 넘치는 문장이 되겠죠．
✏️「社長の話し方は**めりはり**がないので、聞いていると眠くなる」The president talks monotonously and makes us sleepy. 社长的讲话方式没有抑扬, 听着听着就想睡觉。
사장의 말투에는 강약이 없어서, 듣고 있으면 졸린다．

選択肢の言葉
1「けじめ」(draw) a line, distinction　区别, 界线　구분, 분간　例：「公私のけじめをきちんとつけるのは、政治家として当然のことだ」It's a matter of course for a politician to draw a line between private and public. 好好分清公私区别, 对一个政治家来说是当然的事。 공사의 구분을 분명히 하는 것은 정치가로써 당연한 것이다．
2「切れ目」= 区切り　例：「この道路は車が切れ目なく通るので、横断は危険です」This road has heavy traffic and it's dangerous to cross it. 这条道路车辆川流不息, 过马路是很危险的。 이 도로는 차가 끊임 없이 지나가므로, 횡단은 위험하다．

【18】 正解 4
よりによって = 適切なほかの選択があるのに、良くない選択をして　making a bad choice when more appropriate ones are available　明明有其他合适的选择, 却做了不好的选择　적절한 다른 선택이 있었는데, 좋지 않은 선택을 하여
よりによって一年で一番忙しいこの時期に、旅行に行くから休みを取りたいなんて、何を言ってるんだ。とんでもないよ。
What! You want to take time off and travel at the busiest time of the year! No joke please.
偏偏选择一年中最忙的时期, 为了去旅行而请假, 在说什么呢？简直是岂有此理。
하필 1년 중 가장 바쁜 이 시기에, 여행 가기 위해 휴가를 맞고 싶다고 하다니, 무슨 말을 하는 건지. 터무니 없다．
✏️「**よりによって**学生時代あんなに成績の悪かったやつが教師になるなんて、驚くなあ」Of all people he who had such bad grades while a student has become a teacher! How surprising! 偏偏是在学生时代成绩那么差的人当了老师, 太震惊了。 하필 학생시절에 그렇게 성적이 나빴던 녀석이 교사가 되다니 놀랍네．

選択肢の言葉
1「あいにく」= 残念ながら　例：「結婚式の日はあいにく雨になった」
2「あしからず」(悪しからず) = 悪く思わないでいただきたいのですが　I hope you don't take it so bad. 不要见怪
나쁘게 생각하지 않으면 합니다만　例：「その日は出席できませんが、あしからず、よろしくお願いします」
3「とりたてて」(取り立てて) = 特に (〜ない)　例：「そん

なことは、よくあることだから、とりたてて問題にしなくてもいいでしょう」This kind of thing happens all the time, so we won't need to make a big deal out of it. 那样的事是常有的，用不着特地把它当作问题。 그런 일은 자주 있는 일이니, 별달리 문제 삼지 않아도 되겠죠.

【19】 正解 3
チェック（する）　check　检查，核对　체크
報告書の原稿はチェックを3回もしたのに、まだ間違いがあった。
Though I checked the draft of the report three times, there were still some errors.
报告书的原稿核对了3次，但是还有错误。
보고서 원고는 체크를 3번이나 했는데, 아직 틀린데가 있다.

📝「空港で行う荷物の**チェック**は以前よりきびしくなっている」The baggage check at the airport is stricter than before. 在机场进行的行李检查比以前严格多了。 공항에서 이뤄지는 짐 체크는 이전보다 엄격해 졌다.

選択肢の言葉

1「コメント」coment　评语,解说,注释　코멘트　例：「大臣、この問題についてのコメントを一言お願いします」Would you give us a comment on this issue, Minister? 大臣,对于这个问题,请作解释。 대신, 이 문제에 대한 코멘트를 한말씀 부탁드립니다.
2「キャッチ」catch, hear　抓住　캐치　例：「その情報は、どこからキャッチしたのですか」
4「ドリル」= 繰り返して何度も行う練習　例：「算数の計算力を向上させるにはドリルが効果的だ」Using the drills is effective to improve the arithmetic figures. 为了提高数学的计算能力,反复练习是有效果的。 산수의 계산력을 향상시키기 위해서는 드릴이 효과적이다.

【20】 正解 3
何気ない　casual　无意,无意中,不形于色,假装没事
아무렇지도 않다. 태연하다
だれかの何気ない一言が、新しいアイデアのヒントになることもある。
Somebody's casual remark can be a hint for a new idea.
不知是谁无意中的一句话,启发了新的构思。
누군가의 별 생각없는 한마디가, 새로운 아이디어의 힌트가 되기도 한다.

📝「犯人は**何気ない**様子で、現場を立ち去った。だれも彼が犯人であるとは思わなかった」The criminal left the spot casually. Nobody suspected he was the criminal. 犯人带着不形于色的神情,离开了现场。谁也没有想到他是犯人。 범인은 아무렇지도 않은 태도로 현장에서 사라졌다. 어느누구도 그가 범인이라고는 생각하지 않았다.

選択肢の言葉

1「おっかない」= こわい　例：「昨日の地震は大きかったね。おっかなかったなあ」

2「冴えない」= 輝きがなく、あまりよくない　例：「なんか顔色が冴えないけど、体調がよくないんじゃない？」You don't look well. Are you not sick? 好像脸色不太有生气,是不是身体不好？ 왠지 안색이 시원치 않은데, 몸상태가 좋지 않은거 아니니?
4「すさまじい」= ものすごい　例：「台風によるすさまじい風雨がこの地方に被害をもたらした」Violent rain and wind by the typhoon brought the disaster to this area. 因为台风而带来的可怕的风雨,给这个地方造成了灾害。 태풍에 의한 엄청난 풍우가 이 지방에 피해를 가져다 주었다.

【21】 正解 4
独自　one's own, original　独自　독자
だれに言われたわけでもありません。私独自の考えでやりました。
Nobody told me to do it. I did it on my own idea.
并不是谁对我说的,是我独自思考后做的。
누구에게 얘기 들은건 아닙니다. 제 독자적인 생각으로 했습니다.

📝「新幹線には日本が**独自**に開発した技術が使われている」Japan's originally developed techniques are used on the bullet trains. 新干线上用了日本独自开发的技术。 신칸센에는 일본이 독자적으로 개발한 기술이 사용되어져 있다.

選択肢の言葉

1「独特」= 他にはない特徴　例：「彼の絵は独特の色使いで有名である」His paintings are famous for his unique coloring style. 他的画因为颜色的独特使用而有名。 그의 그림은 독특한 색채사용으로 유명하다.
2「固有」= そのものだけがもとから持っていること　to own something by birth　只有这样东西是本来就特有的　그것 (사람) 만이 원래부터 갖고 있는 것　例：「日本固有の動物が絶滅しないように保護運動が進められている」Protection movements are being carried out to keep the animals living only in Japan from extinction. 为了不让日本固有的动物灭绝,正在推进动物保护运动。 일본고유의 동물이 멸종되지 않도록 보호운동이 진행되고 있다.
3「特有」= 他にはない、そのものだけにあること　例：「醤油は本来日本料理特有の調味料であるが、今はいろいろな国の料理に広く使われている」The soy sauce is originally Japanese seasoning used for Japanese cuisine, but now it is widely used in various countries for their dishes. 酱油本来是日本料理特有的调味料,现在,在世界各国的料理中被广泛使用。 간장은 본래 일본요리특유의 조미료이지만 지금은 여러나라의 요리에 널리 사용되고 있다.

第4回

【22】 正解 4
めくる　turn (pages)　揭下，翻　넘기다
では、次の章に行きましょう。ページをめくってください。

📝「試験会場は静まりかえっていて、受験生が問題のページを**めくる**音しか聞こえなかった」The exam room was very quiet and only the page-turning sounds made by the

test takers were heard.
考场鸦雀无声，只能听到考生翻动试纸的声音。
시험회장은 조용해져, 수험생이 문제의 페이지를 넘기는 소리밖에 들리지 않았다．

選択肢の言葉

2「はかどる」＝順調にどんどん進む　例：「夏は、夜眠いときにがんばるより、朝早く起きて涼しいうちに勉強したほうがはかどる」

【23】　正解 1

不順（な）＝安定しない／順調ではない　not stable/not in good condition　不安定／不调顺　안정하지 않다／순조롭지 않다

天候が不順であることから、野菜の価格の上昇が懸念される。
Due to unfavorable weather, the rise of the price of vegetables is expected.
由于气候不调顺，很担心蔬菜价格的上涨。
날씨가 고르지 못한 관계로, 야채의 가격 상승이 염려된다．

✏️「このところ天候が**不順で**、体調を崩す人も多い」

選択肢の言葉

2「不審（な）」＝うたがわしい／あやしい／変な　例：「町で不審な物を見つけたら、警察に知らせてください」
3「不快（な）」＝気分がよくない、いやな　例：「ごみの収集場所には不快なにおいが漂っていた」A foul smell was hanging in the air at the garbage station.　在垃圾收集场所，飘扬着令人不快的气味。　쓰레기 수집장소에는 불쾌한 냄새가 감돌고 있었다．
4「不振（な）」　例：「不況というのは、経済の不振な状況のことである」

【24】　正解 1

キャリア　career　生涯　캐리어，경력

商社マンとして海外での勤務が長かった父は、退職後、キャリアを買われて大学の商学部で教えることになった。
My father's career as a trading company worker who worked abroad for many years has been recognized and he is going to teach in the department of commercial science at a college after retirement.
作为贸易公司职员在海外长期工作的父亲，退休后，工作经验受到赏识，在大学的商学专业教书。
상사원으로서 해외에서의 근무가 길었던 아버지는, 퇴직 후 경력을 인정받아 대학 상학부에서 가르치게 되었다．

✏️「彼には教師としての長い**キャリア**がある」

選択肢の言葉

2「レギュラー」regular　正式成员　레귤러　例：「サッカー部には部員が大勢いるが、レギュラーの選手になれるのは3人に1人ぐらいだ」There are a lot of members in the soccer club, but only one person per three people can become a regular member.　在足球部有很多成员，但是成为正式成员的3人中只有1人。　축구부에는 부원이 여러명 있지만, 레귤러 선수가 될 수 있는 사람은 3명 중 1명꼴이다．
3「スタッフ」staff　职员，干部　스텝　例：「この仕事に関わっているスタッフは10人ほどです」The number of staff members who are in charge of this job is about 10.　和这项工作有关的人员有10个人。　이 일에 참여하고 있는 스텝은 10명정도입니다．
4「タレント」＝テレビやラジオに出演する芸人、芸能人　例：「あの人は、よくテレビに出ているタレントです」

【25】　正解 2

くっきり＝形がはっきりと（見える）

晴れた日は、ここから富士山がくっきり見える。

✏️「日本の国旗は、白地に赤い丸が**くっきり**浮かび出る、シンプルなデザインだ」The Japanese national flag has a simple design of a bright red circle on the white ground.
日本国旗是白色的底子上显出鲜艳的红色圆形，很简单的设计。　일본 국기는 흰 바탕에 빨간 동그라미가 선명하게 나타나는 심플한 디자인이다．

選択肢の言葉

1「きっぱり」＝はっきり（言う）　例：「彼女は映画スターとの結婚の噂をきっぱり否定した」She denied the rumor bluntly that she might marry a movie star.　她彻底否定了和电影明星结婚的传闻。　그녀는 영화스타와의 결혼 소문을 딱 잘라 부정했다．
3「きっかり」＝（時間が）ちょうど　例：「彼は約束通り10時きっかりに来た」
4「あっさり」＝すぐに／簡単に　例：「そんなにあっさりあきらめちゃいけない。もうちょっとがんばれよ」

【26】　正解 2

閉口する　be bothered　闭口无言　질리다，난처하다

ここは自然が美しい場所だが、虫が多いのに閉口する。

✏️「彼女は一旦話し始めると止まらない。彼女のおしゃべりには**閉口する**」

選択肢の言葉

1「反発する」　例：「うちの息子は私の言うことにいちいち反発する。小さいころは素直な子だったのに」
3「動揺する」be upset　动摇，不安，不平静　동요하다
例：「事故を起こした車の運転手はひどく動揺していて、警官の質問にもまともには答えられない状態だった」The driver of the car involved in the accident was extremely upset and couldn't answer the questions from the police properly.　肇事的驾驶员情绪极度不安，陷于对警察的查问也不能好好回答的状态。　사고를 낸 자동차의 운전수는 매우 동요하고 있어서, 경관의 질문에도 제대로 대답하지 못하는 상태였다．
4「降参する」surrender　投降　항복하다，굴복하다
例：「敵はついに降参し、味方が勝利した」

【27】　正解 3

求人　wanted　招聘人员　구인

参考「求人広告」want ad 招聘广告 구인광고
アルバイトの求人広告を見てお電話したんですが。
I'm calling about the want ad for a part-time job.
我是看到临时工的招聘广告后打电话的。
아르바이트 구인광고를 보고 전화했습니다만．
✎「この雑誌には**求人**情報がたくさん出ている」
選択肢の言葉
1「応募」application, entry 应聘 응모 例：「T社が社員を募集しているよ。応募してみたら？」
4「人材」human resource, staff 人才 인재 例：「当社では有能な人材を求めている」We are looking for talented workers at our company. 本公司诚聘有能力之人才 당사에서는 유능한 인재를 구하고 있다．

【28】 **正解 3**
内緒 secret 秘密，不告诉人，私下 비밀
これは内緒の話だから、だれにも言わないでね。
✎「まだ**内緒**なんだけど、私、婚約したの」
選択肢の言葉
1「内定」unofficially decided, tentatively decided 内定 내정 例：「A社から採用の内定の通知をもらっていたのに、取り消し通知が来て、大きなショックを受けている」Although I received an unofficially-hired notice from Company A, they sent me a cancellation notice and I'm so shocked. 从A公司得到被内定录用的通知后，却又来了取消的通知，受到了很大的打击． A사로부터 채용 내정의 통지를 받았었는데，취소통지가 와서，큰 충격을 받고 있다．
4「内心」= 心の中／本当の気持ち 例：「社員の多くは、内心では社長を信頼していない」

第5回

【29】 **正解 3**
届け notice, information 报告，申请，假条 신고，신고서
授業を欠席した場合は、必ず届けを出すこと。
✎「財布を落としたので、警察に**届け**を出しておいたら、3日後に財布が見つかったという連絡があった」
選択肢の言葉
1「願書」= 許可を得るために役所や学校に出す書類 documents to submit to a city office or school to obtain approval 为了取得许可，向政府机关，学校提出之文件 허가를 받기 위해서 관공서나 학교에 내는 서류 例：「入学願書の受け付けは2月1日までです」
2「申告」= 法律で決められていて役所に事実を自分から言うこと to state the facts in person to the lawfully designated office 法律上规定的，自己要向政府机关申报事实（的行为）법률로 정해져 있어 관공서에 사실을 스스로 말하는 것 例：「税金の申告を忘れずに行ってください」
4「申し出」= 役所や機関に自分の意見や希望を自分から言うこと to say your own opinion or request to the office or organization 自己向政府机关陈述自己的意见和希望（的行为）관공서나 기관에 자기의 의견이나 희망사항을 스스로 말하는 것 例：「被災地には、全国から援助の申し出が寄せられた」Offers of relief from all over the country were made to the disaster area. 在受灾地，聚集了来自全国各地的希望援助（受灾地）的申请． 재해지에는 전국으로부터 원조의 제의가 모여 들어왔다．

【30】 **正解 1**
適宜（に）=（決められていないので）状況に応じて／自由に判断して／適当に／適切に （because there is no rule) depending on the situation/judging on your own/appropriately （没有被规定的）根据情况／自由地判断／适当的／恰当的 （정해져 있지 않으므로）상황에 따라／자유롭게 판단하여／적당하게／적절하게
手が空いたところで、各自で**適宜**食事をしてください。
When you're done, go ahead and have lunch/dinner as you please.
现在有工夫了。各自去适当地用餐吧。
틈이 났을 때，각자 적당히 식사를 해 주십시오．
✎「ここにあるものは、どうぞ**適宜**に取って食べてください」
選択肢の言葉
2「時折」= ときどき 例：「晴れてはいるが、時折雲が太陽を隠す」
3「軒並み」= どこも全部 例：「今日の日本列島は、軒並み30度を超える暑さになりました」
4「悠然と」= 落ち着いて／急がないで 例：「彼女はどんなに大変なときでも悠然としている。大物だね」She is so composed even when she is in a difficult situation. She is a big person. 她无论碰到多大的事，都悠然自得，真是个大人物． 그녀는 아무리 힘들 때라도 침착하고 여유 있다．거물이네．

【31】 **正解 1**
ベストセラー best seller 畅销书 베스트셀러
その小説家の新作は100万部を超えるベストセラーとなった。
The novelist's new book has become an over-a-million-copy best seller.
那位小说家的新作成了(销售)超过100万部的畅销书。
그 소설가의 신작은 100만부가 넘는 베스트셀러가 되었다．
✎「これは去年発売されて、たちまち**ベストセラー**になったCDです」This CD was released last year and instantly became a best seller. 这是去年发售的，立刻成为畅销碟片的CD． 이것은 작년에 발매되어，순식간에 베스트셀러가 된 CD입니다．
選択肢の言葉
2「流通」circulation, be in use 流通 유통 例：「日本で現在流通している硬貨は6種類ある」There are six kinds of coins used in Japan now. 日本现在流通的硬币有6种． 일본에서 현재 유통되고 있는 금속화폐는 6종류 있다．
3「スター」star 明星 스타 例：「スターはしょっちゅうサインを求められる」

4 話題になっている／話題の　on topic/often-talked-about
成为话题的／成为话题的　화제가 되고 있다／화제의
例：「これが最近話題になっている小説だ」

【32】　正解 4
老舗　old traditional store　老店　노포, 오래된 점포
歴史のある老舗の旅館は人気があるので、予約が取りにくい。
📝「100年続いた**老舗**のデパートが倒産したというニュースにみんな驚いている」

選択肢の言葉
2「古参」old, experienced　老手, 老资格　고참　例：「彼は古参の営業マンで、若手(わかて)社員の指導に当たっている」He is an old experienced salesman and trains young employees.　他是老资格的推销员, 成为年轻职员的指导。그는 고참 영업맨으로, 젊은 사원의 지도를 담당하고 있다.
3「年配」＝中年より上の年代　例：「その女性は白髪(しらが)まじりで、かなり年配の方でした」The woman was gray-haired and pretty old.　那位女性夹杂着白发, 是上了年纪的人。그 여성은 머리가 희끗희끗한 제법 나이가 지긋한 분이었다.

【33】　正解 3
衝動的（な）　impulsive　冲动的　충동적（인）
母親の言葉に腹を立てて家を飛び出すなんて、ずいぶん衝動的だ。
What an impulsive behavior running out of the house after getting angry at the mother's words.
因为母亲的话而生气地从家里跑出去, 是非常冲动的。
어머니 말에 화가 나서 집을 뛰쳐나오다니, 상당히 충동적이다.
📝「私は店でほしい物を見つけると、それを**衝動的に**買ってしまう。後で後悔することも多いのだが、この『衝動買い』がなかなかやめられない」When I locate something I want in a store, I end up buying it. I often regret doing so later, but cannot stop this "impulsive shopping" easily.　我在店里看到想要的东西, 会很冲动地买下来。过后感到后悔的次数也很多, 但是这种"冲动购买"怎么也改不了。나는 가게에서 갖고 싶은 것을 발견하면, 그것을 충동적으로 사버린다. 나중에 후회할 때도 많지만 이 '충동구매'가 좀처럼 멈춰지질 않는다.

選択肢の言葉
2「必然的（な）」unavoidable　必然　필연적（인）
例：「これは、当然出るべくして出た必然的な結論だから、だれも反対はできないでしょう」This is an unavoidable conclusion, so nobody can object to it.　这是理所当然得出的必然结论, 谁也不可能反对吧。이것은 당연 나와야만 했던 필연적인 결론이니, 누구도 반대할 수 없겠지.
4「圧倒的（な）」overwhelming　压倒的　압도적（인）
例：「選挙の結果は、A氏の圧倒的な勝利となった」

【34】　正解 4
粘る ＝あきらめないでがんばる

我がチームは最後まで粘ったが、とうとう敗れてしまった。
Our team played hard till the end, but finally was beaten.
我队一直坚持到最后, 终究失败了。
우리 팀은 마지막까지 버텼지만, 결국 패하고 말았다.
📝「この喫茶店はサービスがいい。コーヒー1杯で数時間も**粘る**客にも、嫌な顔をしない」This coffee shop offers good service. They don't treat customers badly who stay for hours over a cup of coffee.　这家咖啡店服务很好, 对喝一杯咖啡呆上几小时的顾客, 也不会给脸色看。이 찻집은 서비스가 좋다. 커피 1잔으로 몇시간이나 버티는 손님에게도 싫은 내색을 하지 않는다.

選択肢の言葉
2「励む」try hard, do one's best　努力, 刻苦, 辛勤　힘쓰다, 노력하다　例：「ミュージカル女優を目指す彼女は、毎日歌とダンスのレッスンに励んでいる」Since her goal is to become a musical actress, she practices dancing and singing hard every day.　以成为音乐(剧)演员为目标的她, 每天努力地上歌唱和舞蹈课。뮤지컬여배우를 목표로 하고 있는 그녀는 매일 노래와 댄스 렛슨에 힘쓰고 있다.
3「保つ」例：「いつまでも若さと健康を保ちたいと願わない人はいない」There's no one who doesn't wish for his/her eternal youth and good health.　没有人不希望自己永远保持年轻健康。젊음과 건강을 영원히 유지하기를 바라지 않는 사람은 없다.

【35】　正解 2
宛先　(mailing) address　收信人的姓名, 地址　수신처
宛先を書き間違えたせいで、出した手紙が戻ってきてしまった。
The letter I mailed came back because I put the wrong address.
由于收信人地址写错了, 发出的信又退了回来。
수신처를 잘못 기입한 탓에, 보낸 편지가 돌아와 버렸다.
📝「封筒の表には**宛先**を、裏には差出人の住所と氏名を書く」

選択肢の言葉
1「差出人」addresser　寄信人　발송인

第 6 回

【36】　正解 4
もれる（漏れる）　leak　漏, 漏掉　새다
内密にしてあったはずの情報がいつの間にか外部にもれてしまった。
📝「ガス臭いよ。ガスが**もれている**んじゃないか」I smell gas. Isn't gas leaking?　有煤气味儿, 可能煤气漏了。가스 냄새가 난다. 가스가 새고 있는거 아니야.

選択肢の言葉
1「むくいる」（報いる）reward　报答, 报偿　보답하다, 갚다　例：「努力がむくいられれば、がんばった甲斐(かい)がある」If your efforts get rewarded, you will feel satisfied.　如果努力得到报偿, 就有拼命努力的意义。노력이 보답되어지면, 분발한 보람이 있다.
2「ゆるむ」（緩む）get loose/weak　缓解, 放松　느슨해지다,

ゆるむ 例:「3月に入って、寒さがゆるんできた。春ももうすぐだ」March setting in, it's less cold. We'll be in spring soon. 进入3月以来,寒冷缓和了,春天马上就要来了。 3월이 되자, 추위가 누구러졌다. 봄도 이제 곧이다.
3「もたらす」bring about 带来, 招致 가져오다, 초래하다
例:「この地方を襲った台風は大きな被害をもたらした」The typhoon that attacked this area brought about a huge damage. 侵袭此地的台风造成了很大的损失。 이 지방을 습격한 태풍은 큰 피해를 가져왔다.

【37】 正解 3
ゆがめる(歪める) distort, twist 歪曲 왜곡하다, 일그러뜨리다
事実をゆがめたテレビ番組の報道に、視聴者から抗議の電話が殺到した。
After they heard the TV program report twisted news, calls from the protesting audience rushed in.
对于歪曲事实的电视台的报道,观众抗议的电话蜂拥而至。
사실을 왜곡한 텔레비전방송 보도에, 시청자로부터 항의 전화가 쇄도했다.
「緑の唐辛子を食べた彼女は、あまりの辛さに顔をゆがめて、『水!』と叫んだ」

選択肢の言葉
1「やわらげる」(和らげる) = 穏やかになるようにする
例:「痛みがひどいときは言ってください。痛みをやわらげる注射をします」Let me know when you have severe pains. I will give you a shot which will relieve them. 疼痛得厉害的时候请告诉我。会给你注射缓解疼痛的(针剂)。 통증이 심할 때는 얘기해 주세요. 통증을 완화시키는 주사를 놓겠습니다.
「車のバンパーはぶつかったときの衝撃をやわらげる働きをする」The car bumper functions to cushion the shock when there is a collision. 汽车的保险杠在发生撞击时有缓冲的重用。 자동차 범퍼는 충돌했을 때의 충격을 완화해주는 작용을 한다.
2「ばらす」= ①分解する 例:「エンジンをばらして修理する」②秘密を他人に知らせる 例:「言うことをきかないと、お前が会社の金を使っていることをばらすぞ」
4「さえぎる」(遮る) interrupt, block 遮挡, 遮拦 차단하다 例:「日当たりがよすぎるので、光をさえぎるカーテンを付けた」「会議中に電話の着信音が社長の話をさえぎった」The ring of the phone during the meeting interrupted the president's talk. 会议中电话的铃声盖过了社长的讲话声。 회의중에 전화 착신음이 사장의 말을 가로막았다.

【38】 正解 2
戸締まり locking the house doors 锁门 문단속
戸締まりはちゃんとして出てきた?大丈夫?
「隣の家は寝るときに戸締まりを忘れて、夜中に泥棒に入られたそうだ」

選択肢の言葉
1「用心」= 悪いことが起こらないように注意すること
例:「火事になったら大変だから、火の用心を忘れないこと」「彼は用心深い性格なので、決して危険なことはしない」He is a cautious person and never risks anything dangerous. 他的性格十分谨慎,决不会做危险的事情。 그는 신중한 성격이어서, 결코 위험한 일은 하지 않는다.
3「閉鎖」= 中に入れないように入り口などを閉めること
例:「学校の門は午後6時に閉鎖される」「インフルエンザが流行っているので、学級閉鎖をすることになった」Because the flu is rampant, they decided to close the school. 流行性感冒在蔓延,学校被关闭了。 독감이 유행하고 있어, 학급폐쇄를 하기로 했다.
4「閉め切り」= 戸や窓を閉めたままにしておくこと
例:「この部屋は、閉め切りにしていたのであちこちにカビが生えている」This room was closed up for a while, and so has mold here and there. 这间屋子一直被关闭着,到处都生了霉。 이 방은 문을 닫아 놓은 상태였기 때문에 여기저기 곰팡이가 피어 있다.

【39】 正解 3
すれ違い passing each other 交错, 错过去, 差开 엇갈림
朝早く学校へ行って夜早く寝る息子は、深夜に帰宅する父親とすれ違いの生活を送っている。
My son who goes to school early in the morning and goes to bed early at night doesn't get to see his own father who comes home at midnight.
早晨很早就去学校,晚上很早睡觉的儿子,和深夜才回家的父亲过着交错的生活。
아침 일찍 학교에 가서 밤 일찍 잠드는 아들은, 심야에 귀가하는 아버지와 엇갈린 생활을 보내고 있다.
「あの夫婦の離婚の原因は、すれ違い生活にあるらしい」It seems that the cause of that couple's divorce is not being able to be together much. 那对夫妇离婚的原因好像是因为交错的生活。 저 부부의 이혼원인은 엇갈린 생활에 있다고 한다.

選択肢の言葉
1「不通」= 交通、通信が止まること。 例:「地震で電車が不通になった」
2「不一致」= 合わないこと。 例:「増税について、政府内に意見の不一致が見られる」There is disagreement inside the government regarding the tax increase. 关于增加税收,政府内部意见好像不一致。 증세에 관해, 정부내에서 의견의 불일치가 보인다.

【40】 正解 4
ユーモア humor 幽默 유머
彼の話にはユーモアがあって、私達を笑わせる。
「ユーモアがわからない人って、つまらないね」One who doesn't take humor is boring. 不懂幽默的人,太没意思了。 유머를 모르는 사람은 재미없지.

選択肢の言葉

1「ユニーク（な）」unique　独特，独一无二的　유니크（한）
例：「あなたの発想はとてもユニークでおもしろい」Your idea is very unique and interesting.　你的构思很独特，有意思。　당신의 발상은 정말 유니크하고 재미있다．
2「コメディー」comedy　喜剧　코미디　例：「私は深刻な重いドラマより、軽いコメディーのほうが好きです」
3「ナンセンス（な）」nonsensical　无意义的，荒谬的　난센스, 무의미함　例：「あの人が言うことはいつもナンセンスで、ばかげている」What he says is always nonsensical and stupid.　那个人说的话总是很荒谬，太无聊。　저 사람이 하는 말은 언제나 무의미하고, 터무니없다．

【41】 正解 4
ひっきりなしに = 切れ目なく、次々に
テレビで放送されてから、その商品に関する問い合わせの電話が**ひっきりなしに**かかるようになった。
Since it was broadcast on TV, we have been receiving inquiry calls incessantly regarding the product.
自从电视播放以来，询问关于那种商品的电话接连不断地打来。
텔레비전에서 방송된 이후, 그 상품에 관한 문의 전화가 끊임없이 걸려오게 되었다．

✏️「この道路は交通量が多く、**ひっきりなしに**車が通る」

選択肢の言葉

1「ことごとく」= どれも全部　例：「初めて行った国では、見るもの、食べるものがことごとく新鮮で、感動しました」
2「つくづく」= 深く感じる様子／ほんとうに（〜を感じた）　例：「病気になって、健康のありがたさをつくづく感じた」After I became ill, I knew how important good health is.　生了病以后，才感到对健康的感激。　건강이 회복되어, 건강의 고마움을 절실히 느꼈다．
3「ひたむきに」ひたむき（な）＝1つのことに一生懸命な様子　be devoted in one thing　对于谋事拼命尽力的样子　한가지 일에 열중하는 모습　例：「彼女は目的に向かってひたむきに努力している」

【42】 正解 1
大胆（な）brave, courageous　大胆　대담（한）
本社を海外に移すとは、**大胆**な決断だ。
What a brave decision that they are going to move the headquarters abroad.
把总公司搬迁到国外，真是大胆的决断。
본사를 해외로 옮기다니, 대담한 결단이다．

✏️「交番の前の家に泥棒に入るなんて、**大胆**なやつだなあ」
What a brave thief breaking into a house right in front of the police box.　派出所的前面的家里进了小偷，真是大胆的家伙。　파출소 앞 집에 도둑이 들다니, 대담한 녀석이네．

選択肢の言葉

2「大幅（な）」heavy (increase)　大幅　대폭적（인），대대적（인）　例：「消費税を大幅に上げるという政府の案に、国民は大反対している」
3「勝気（な）」= 負けるのが嫌いだという性格　a don't-like-to-be-beaten personality　不喜欢输的性格　지는 것을 싫어하는 성격　例：「彼女は勝気で、がんばり屋だ」
4「頑丈（な）」= 壊れにくい／丈夫（な）　hard to break/strong　不容易坏，牢固　고장나기 어렵다 / 튼튼（한）
例：「この金庫は頑丈なかぎがついているから安心だ」

第 7 回

【43】 正解 4
一貫する = 考えややり方を最後まで変えないで続ける　continue something without changing one's policy or method to the end　想法, 做法到最后也始终不变地继续着　생각과 하는 방법을 끝까지 바꾸지 않고 계속하다
重役たちの反対にもかかわらず、社長は終始**一貫**して方針を崩さない。
In spite of the executives' objections, the president won't change his policies consistently.
社长不顾重要职员的反对，没有改变一贯的方针。
중역들의 반대에도 불구하고, 사장은 시종일관으로 방침을 바꾸지 않는다．

✏️「今の政府は**一貫した**政策をもたずに揺れ動くので、まったく信頼できない」Not having consistent policies, the current government fluctuates, so we cannot trust them at all.　现在的政府没有一贯的政策，摇摆不定，根本就不能相信。　지금의 정부는 일관한 정책을 갖지 않은 채 흔들리고 있기 때문에 전혀 신뢰할 수 없다．

選択肢の言葉

1「貫通する」＝（物が）通り抜ける　pass through　穿过（물건이）빠져 나가다　例：「あの山を貫通するトンネルができると、次の駅までの時間が今までよりずっと短縮されます」
3「開通する」(trains) go into operation　开通　개통하다
例：「この地方を通る新しい新幹線が開通して、非常に便利になった」

【44】 正解 4
風習　custom, tradition　风习, 风俗　풍습
日本には1月7日の朝に7種類の野菜が入った粥を食べる**風習**がある。

✏️「正月を迎える**風習**はその土地ごとに異なる」New Year's customs differ from region to region.　迎接春节的风俗在各地都有不同。　정월을 맞이하는 풍습은 그 토지마다 다르다．

選択肢の言葉

1「慣用」= 広くよく使われること　例：「『食わず嫌い』は、『食べもしないで嫌いだと言う』という意味の慣用表現である」"Kuwazu girai" is an idiom meaning one says "he dislikes something without tasting it".　『食わず嫌い』是"连吃都不吃就说不喜欢"的惯用表现。『먹지않고 싫어함』은, 『먹어 보지도 않고 싫다고 한다』라고 하는 의미

관용표현이다.
2「趣向」= 心から楽しむための工夫　devising to enjoy something to the fullest　想办法从心里享受乐趣　진심으로 즐기기 위한 궁리　例:「今度のパーティーは趣向をこらしたゲームが準備されている」For the next party, some well-devised games are prepared.　这次聚会准备了很多下了功夫的游戏。　이번 파티는 취향을 짜낸 게임이 준비되어 있다.
3「風俗」= その土地・時代の、生活の習慣やきまりや昔から行われていること　customs, rules, or things that have been carried out in a certain region and period since a long time ago　那个地区的当代的生活习惯，常规都是很久以前就有的　그 토지・시대의 생활관습과 규칙과 예전부터 행해져 오고 있는 것　例:「兄は東北地方の風俗を研究している」

【45】　正解 2
いさぎよく（潔い）　without reluctance, with no regret　清白，洁白　깨끗이
彼はいさぎよく自分の罪を認めた。
✏️「『盗みをしたのか。悪いと思うなら、逃げたり隠れたりしないで、いさぎよく自首しなさい』と教会の神父様に言われた」"Did you steal? If you feel guilty, turn yourself in with resignation without running away or hiding," a priest told me.　"盗窃了东西？如果觉得错了，就不要逃跑和隐藏，勇敢地去自首吧。"教堂的神父这样对我说。　도둑질을 했냐? 잘못했다고 생각한다면 도망가거나 숨지말고 깨끗이 자수해라.
選択肢の言葉
1「はてしなく」（果てしない）= 終わりがない／大きい／広い／長い　例:「このはてしない海の向こうにアメリカ大陸がある」
3「うしろめたく」（後ろめたい）= 自分が悪いという気持ちがある／良心に恥じるところがある　feel guilty/go against conscience　自己觉得错了／良心上感到羞耻　자신이 잘못했다고 생각한다／양심에 부끄러운 부분이 있다　例:「あなたにはずっと迷惑をかけているので、またお願いするのは、うしろめたいのですが……」
4「ねばりづよく」（粘り強い）= あきらめないで辛抱することができる　be able to persevere without giving up　能够不死心忍耐着　포기하지 않고 참고 견딜 수 있다　例:「ねばりづよい努力がこの大事業を完成させた」

【46】　正解 3
さしあたり（= さしあたって）= まず／ひとまず／とりあえず／当面　for the time being, at the moment　首先／暂且／先　우선／일단／다른일은 제쳐놓고 먼저／당면
「会社をやめて、これからどうするの？」「さしあたりアルバイトをして生活するつもりだ」
✏️「これぐらいあれば足りますか」「うん、さしあたり、それで足りるだろう」
選択肢の言葉
1「とおからず」（遠からず）= 近近／近い将来に

例:「あの2人は、とおからず結婚するんじゃないかな」
2「とっくに」= もう（すっかり終わっている）　例:「レポート、書いた？」「とっくに書いちゃったよ」
4「さぞかし」= きっと、とても　例:「あなたが試験に合格して、ご両親もさぞかし喜んでいらっしゃるでしょう」

【47】　正解 1
ボイコットする　boycott　排货，联合抵制　보이콧（하다）
工場長の指令に反発して、工員が仕事をボイコットした。Resisting the director's command, factory workers boycotted work.
为了反抗厂长的指令，员工们联合抵制工作。
공장장의 지령에 반발하여, 공장 근로자들이 일을 보이콧했다.
✏️「X国は次回のオリンピックへの参加をボイコットすると発表した」
選択肢の言葉
2「カット」（する）= 削る　eliminate, cut down　削減　깎다, 삭감하다　例:「賃金がカットされれば、工員はたちまち生活に困る」
3「キャンセル」（する）　cancel　取消　캔슬（하다）　例:「台風が来るというので、旅行をキャンセルした」
4「カムバック」（する）　come back　恢复，东山再起　컴백（하다）　例:「病気で休演していた俳優が、元気になって舞台にカムバックした」

【48】　正解 1
的　target　目标，靶子，对象　표적, 대상
失言を繰り返す政治家がマスコミの非難の的になっている。Politicians who repeat faux pas are the target of criticism by the mass media.
反复失言的政治家成了宣传报道的靶子。
실언을 연발하는 정치가가 매스컴의 비난의 대상이 되고 있다.
✏️「公園の安全管理について区役所に質問したが、的外れな回答しか返ってこなかった」I made an inquiry to the ward office as to the safe management of the park, but received only answers off the mark.　关于公园的安全管理向区政府提问时，得到的尽是不得要领的回答。　공원의 안전관리에 관해 구청에 문의했지만, 요점에서 벗어난 대답밖에 돌아오지 않았다.

【49】　正解 2
ちび = 体が小さいこと／体が小さい人
幼い頃はちびと呼ばれていた彼も、今や身長が180cmを超えるほど大きくなった。
Being called "Little" when a child, he is now as tall as 180 centimeters.
幼年时被称为小不点儿的他，现在成了身高超过180cm的大个儿了。
어렸을 때는 꼬마라고 불렸던 그도, 지금은 신장이 180cm가 넘을 정도로 자랐다.
✏️「『ちび』には『かわいい』というニュアンスもある」

選択肢の言葉
1「やせ」＝体がやせていること／やせている人
3「でぶ」＝体が太っていること／太っている人
4「でか」＝体が大きいこと／大きい人

第 8 回

【50】 正解 1
活性化する activate 活性化 활성화하다
チョコレートには脳を活性化して元気にする成分が含まれているらしい。
It is said that chocolate has an ingredient that activates brains and makes you energetic.
巧克力中含有促使脑活性化，让人精力充沛的成分。
초콜릿에는 뇌를 활성화하여 기운을 내주는 성분이 포함되어져 있다고 한다.

📝「大手企業の大工場ができたおかげで、この町の経済が**活性化してきた**」 Thanks to the arrival of the large-scale factory of a large company, the economy of this town has been activated. 多亏大企业的大工厂的建成，这座城市的经济活性化了。 대기업의 대공장이 생긴 덕분에 이 마을의 경제가 활발해 지고 있다.

選択肢の言葉
3「健全化する」＝健全になる become healthy 变得健全 건전해 지다 例：「国の財政が健全化されれば、政府に対する国民の信頼も回復するはずだ」 If the national budget becomes healthy, the government should regain people's trust. 如果国家的财政能够健全化，那么国民对政府的信赖也一定能恢复。 나라의 재정이 건전해 지면, 정부에 대한 국민의 신뢰도 회복될 것이다.

【51】 正解 4
モニター ＝（問題文中の意味）監視するための画面のある装置 device that provides pictures for monitoring 为了监视所设置的视频，监视器 감시하기 위한 화면이 있는 장치
警備室では警備員が監視カメラのモニターを見て社内をチェックしている。
In the security room, the guards check the inside of the office watching the monitor of the surveillance camera.
在警卫室，警卫员通过察看监视器来检查公司内（的安全）。
경비실에서는 경비원이 감시카메라의 모니터를 보며 사내를 체크하고 있다.

📝「店内の様子を監視するための**モニター**を置く店が増えている」 More stores install a monitor to check the inside of the store. 为了监视店内的情况而设置监视器的商店在增加。 가게 안의 상황을 감시하기 위해 모니터를 설치해 두는 가게가 늘고 있다.

選択肢の言葉
1「センサー」 sensor 传感器 센서 例：「センサーには、温度を感じるもの、光を感じるものなどさまざまな種類がある」
2「フィルター」 filter 过滤，过滤器 필터 例：「水中の不純物はフィルターを使って取り除く」 remove impurities in the water using filters 对水中的不纯物，用过滤器来去除。 수중의 불순물은 필터를 사용하여 제거한다.
3「フィルム」 film 胶片 필름 例：「デジタルカメラが普及してから、フィルムの需要が減った」 Since degital cameras became wide-spread, the demand for film has decreased. 自从数码照相机普及以来，胶片的需求减少了。 디지털 카메라가 보급되면서, 필름의 수요가 줄어 들었다.

【52】 正解 2
度忘れする slip one's mind 一时想不起来 깜빡 잊다
何度か会っているのに、その人の名前を度忘れしてしまった。
📝「自分の家の電話番号を聞かれたのに、**度忘れして言え**なかった」

選択肢の言葉
3「失敬する」＝①人に対して失礼なことをする（男性が親しい人に使う） 例：「夕べは飲み過ぎて失敬した。すまなかった」 I apologize I drank too much last night. I am sorry. 昨晚喝多后失礼了。对不起。 어젯밤엔 과음하여 실례했다. 미안했다.
②人と別れる（男性が親しい人に使う） 例：「お先に失敬するよ」 I'll be off then. 我先走了。 먼저 실례할게.
4「物忘れする」＝物事を忘れる forget things 忘记东西 매사를 잊어 버린다 例：「祖父が最近よく物忘れするようになったので心配だ」

【53】 正解 2
甲斐 ＝（問題文中の意味）（行動の結果の）効果 effect (of the result of an action) （行动结果）效果 （행동결과의）효과
毎日残業して準備した甲斐があって、企画の発表は大成功だった。
All the preparations made through working overtime every day paid off and the project presentation was a big success.
每天加班准备有了效果，计划的发表取得了很大的成功。
매일 잔업하여 준비한 보람이 있어, 기획 발표는 큰 성공을 거뒀다.

📝「努力の**甲斐**があって、彼女は難しい試験に合格できた」
選択肢の言葉
1「犠牲」 sacrifice 牺牲 희생 例：「彼は自分の夢を実現させるために、家族を犠牲にしてしまった」 He sacrificed his family in order to realize his dream. 他为了实现自己的梦想，牺牲了家族。 그는 자신의 꿈을 실현시키기 위해, 가족을 희생시켰다.
4「経緯」 details, circumstances 经过，原委 경위 例：「警察の調べで、その事件の経緯が明らかになった」 The details of the case were made clear through the investigation by the police. 经警察的调查，事情的经过清楚了。 경찰의 조사로, 그 사건의 경위가 밝혀졌다.

【54】正解 2

密接に（密接な） close(ly) 密切，紧连 밀접하게(밀접한)
この事件には、ある政治家が密接に関わっていた。
A politician had something to do closely with this case.
这一事件，与某位政治家有密切联系。
이 사건에는 어떤 정치가가 밀접하게 관여되어 있다.

「体温と健康とは**密接な**関係がある」The body temperature and health are closely linked to each other. 体温和健康有着密切的联系。 체온과 건강에는 밀접한 관계가 있다.

選択肢の言葉

1「軽薄に」(軽薄な) 例：「あの人は頭が空っぽで、軽薄な女よ」She is an ignorant and frivolous woman. 那个人脑袋空空，是个轻浮的女人。 저 사람은 머리가 텅 빈, 경박한 여자야.
3「手軽に」(手軽な) casual, simple 简单, 轻易, 简便 간단하게(간편한) 例：「ハンバーガーは手軽な食事として人気がある」
4「手近に」(手近な) 例：「いつでも言葉の意味が調べられるように、辞書は手近な所においてある」

【55】正解 3

むしょうに = なんだかとても／理由はわからないが、とても
昼休みの後、むしょうに眠くなって、授業中に居眠りをしてしまった。

「カレーのいいにおいがすると、**むしょうに**カレーライスが食べたくなる」

選択肢の言葉

1「またたくまに」(瞬く間に) = あっという間に／とても早く 例：「そのニュースはメディアを通じてまたたくまに世界中に広まった」The news spread to the world instantly through media. 那个消息通过媒体, 转眼之间就传遍了世界各地。 그 뉴스는 미디어를 통해 눈깜짝할 사이에 전세계로 퍼졌다.
2「めにみえて」(目に見えて) = 変化がはっきりわかる様子 例：「治療を始めてから、病人は目に見えて元気になった」
4「もれなく」= みんな残らず／例外なく 例：「ご来店のお客様には、もれなくプレゼントをさし上げます」

【56】正解 1

初対面 first meeting 初次见面 초면
彼は、その時が初対面とは思えないほど親しげに話しかけてきた。

「**初対面**の印象が大切だから、服装や話し方に気を付けている」The first impression is important, so I try to pay attention to my outfit and way of talking. 初次见面的印象很重要, 服装和说话方式都很用心。 첫 대면의 인상이 중요하므로, 복장이나 말투를 조심하게 된다.

選択肢の言葉

2「初心者」= 習い始めたばかりの人 例：「テニスを習いたいが、今までやったことがないので、まず初心者コースに入ることにした」

第9回

【57】正解 2

タイミング timing 时机 타이밍
参考 タイミングよく = ちょうどいい時に
ちょうど雨が降り始めたときにタイミングよくバスが来たので、ぬれずにすんだ。
Because the bus came timelily when it started raining, I didn't have to get wet.
刚下起雨来的时候正好巴士来了，所以没有淋湿。
마침 비가 내리기 시작했을 때 타이밍 좋게 버스가 와서, 젖지 않을 수 있었다.

「彼女の電話番号を聞き出そうと思っていたのに、**タイミング**を失って聞きそこなった」I wanted to ask her for her phone number, but missed the right moment to do it. 想打听出她的电话号码, 失去时机, 没有探听到。 그녀의 전화번호를 알아 내려고 했으나, 타이밍을 놓쳐 물을 기회를 놓쳤다.

選択肢の言葉

1「タイム」time 时间 타임 例：「T 選手の 100 メートル走のタイムは 10 秒 5 だった」
3「チャンス」chance 机会 찬스 例：「入社 2 年目に外国へ出張するチャンスが訪れた」
4「センス」taste 感觉 센스 例：「彼女はおしゃれのセンスがよくて、いつも素敵だ」She has good taste in fashion and always looks nice. 她打扮得感觉很好, 总是很漂亮。 그녀는 멋부리는 센스가 좋아, 언제나 근사하다.

【58】正解 3

かろうじて = 難しいけれどやっと／なんとか difficult but barely/somehow 虽然难但是做成了／想办法 어렵지만 간신히／어떻게든
この道は、車がかろうじてすれ違えるぐらいの幅しかない。
This road is wide enough only for two cars barely to pass by.
这条路只有两辆车勉强交错而过的宽度。
이 도로는 차가 가까스로 스치고 지나갈 수 있을 정도의 폭밖에 없다.

「成績はよくなかったが、**かろうじて**合格できた」

選択肢の言葉

1「間一髪で」= あぶなかったが (大丈夫だった) 例：「駅まで走って、最終電車に間一髪で間に合った」
2「のるかそるか」= 成功するか失敗するかわからないが、思い切って／一か八か not sure if it works or not but try courageously anyway/sink or swim 不管成功失败, 做大胆的事 성공할지 실패할지는 모르나, 과감히／흥하든 망하든, 운을 하늘에 맡기고 例：「だめで、もともと。のるかそるかやってみよう」It will be all the same even if it doesn't work. Sink or swim, I will try anyway. 本来就不行了, 是成是败, 做了再说吧。 원래 못하지만, 되든 안되든 해보자.
4「あやうく」(危うく) = 危なかったが／もう少しのところ

で 例:「石につまずいて、あやうく転ぶところだった」
Tripping on a stone, I almost fell. 被石头绊了一下，差一点摔倒。 돌에 발이 걸려，하마터면 넘어질뻔했다．

【59】正解 2
束の間 for a short time 一瞬間 잠깐 사이
山ほど抱えている仕事の１つが終わり、束の間の休息をとった。
Finishing up one of the tons of work I have, I took a short break.
做完堆积如山的工作中的一个，休息了那么一瞬间。
산더미처럼 많고 있는 일 중에 하나가 끝나，잠깐의 휴식을 취했다．

📝「子どもが川に落ちて流されたのは、母親が目を離した束の間の出来事だった」It was only a moment when the mother wasn't watching that the child fell into the river and was swept away. 孩子掉落河里被水冲走，是发生在母亲的眼睛离开他一瞬间的事。 어린 아이가 강에 떨어져 떠내려간 건，엄마가 눈을 뗀 잠깐사이에 벌어진 일이다．

選択肢の言葉
1「目先」＝目の前／当面（近い将来、今からしばらくの間）
right in front of one's eyes, for the present/for a while from now 眼前／目前 눈앞／당면（가까운 장래，지금부터 잠시 동안） 例:「社長は目先のことしか見えないようなので、会社の将来が心配だ」As our company president seems like he only can see what lies at present, we are worried about our company's future. 社长好像只能看见眼前的事，公司的将来令人担心。 사장은 눈앞의 일만 보고 있는 것 같아，회사의 장래가 걱정된다．
3「日取り」＝日程 schedule for the day 日程 일정
例:「結婚式の日取りが決まりましたので、お知らせします」
4「間取り」＝建物の中の部屋の数やならび方 例:「この家は広いけれど、間取りが悪いので改築をすることにした」
I've decided do remodel the house because, though it is a large house, the room planning is bad. 这间房子虽然很大，但是房间布置不太好，决定改建。 이 집은 넓지만，방 배치가 좋지 않아 개축하기로 했다．

【60】正解 1
希薄（な）thin, weak 稀薄 희박（한）
田舎と比べて都会では近所の人との付き合いが希薄だと言われる。
It is said that interaction among neighbors is sparser in cities than in small towns.
与农村相比，在城市邻居之间的交往比较平淡。
시골과 비교해 도시에서는 이웃간의 왕래가 희박하다고들 한다．

📝『君たちは、どうも仕事に対する責任感が希薄なように見える』と社長に言われてしまった」"You guys don't seem responsible enough for work," said our company president to us. "我总觉得你们对工作的责任感带有点不足"，社长说。 「너희들은 아무리 생각해도 일에 대한 책임감이 희박한 것처럼 보인다」라고 사장에게 얘기 들어버렸다．

選択肢の言葉
2「深遠（な）」profound 深远 심원（한） 例:「彼の思想は深遠すぎて、私にはとても理解できない」His thoughts are too profound for me to understand. 他的思想太深远了，我无论如何也不能理解。 그의 사상은 너무 심오해서，나는 도저히 이해할 수 없다．
3「簡素（な）」simple 簡単朴素 간소（한） 例:「山村の簡素な生活に憧れる若者が増えている」
4「簡潔（な）」brief 简洁 간결（한） 例:「もう少し簡潔な言い方で、わかりやすく話してください」

【61】正解 4
察する guess, sense, understand 推察，推测 짐작하다，추측하다
親友なら、私の気持ちを態度から察してくれるはずです。
If a good friend, he should be able to understand my feelings.
如果是我亲密的朋友，那么从我的态度，就一定能推测我的心情了。
절친한 친구라면 내 기분을 태도로 짐작해 줄 것입니다．

📝「どうか私の苦しい立場を察してください」Please understand my difficult circumstances. 请察知我的痛苦的立场。 부디 나의 어려운 입장을 헤아려 주세요．

選択肢の言葉
1「阻む」hamper 阻碍 저지하다，막다 例:「貧困が国民の生活水準の向上を阻んでいる」Poverty is hampering the improvement of the standard of living of the nation. 贫困阻碍了国民生活水平的提高。 빈곤이 국민의 생활수준의 향상을 저지하고 있다．
2「承る」＝（目上の人から言われたことを）受けてその通りにする 例:「お客様のご用は、私どもが承りますので、なんなりとお申し付けください」We will receive the customer's requests, so please ask us whatever necessary. 顾客的事情，我们都洗耳恭听，无论什么都只管吩咐。 손님의 용무는 저희가 받겠사오니，무엇이든 말씀해 주시기 바랍니다．

【62】正解 4
連日＝毎日
８月に入ってから連日 35 度以上の猛暑が続いている。
Since August, we have been having extremely hot weather of over 35 degrees every day.
8月份以来，连日35度以上的炎热天气在继续着。
8 월에 들어서면서 연일 35 도가 넘는 무더위가 계속되고 있다．

📝「連日の雨で川が増水し、危険な状態になっている」
選択肢の言葉
1「終始」＝始めから終わりまで 例:「営業会議が行われたが、社長の表情は終始厳しかった」When a sales meeting was held, the company president's facial expression was gloomy from beginning to end. 营业会议开了，但是社长

的表情始终很严肃。 영업회의가 진행되었는데, 사장님은 시종 엄한 표정이었다.

2「従来」traditionally　从来，以前　종래　例：「太陽光などの自然エネルギーが従来のエネルギーに取って代わる日が来るかもしれない」The day may come when natural energy such as sun light replaces traditional energy. 太阳光等自然能源也许有一天会取代以前的能源。 태양열 등의 자연 에너지가 종래의 에너지를 대신할 때가 올지도 모른다.

3「常時」＝いつも／常に　例：「私たちは、常時携帯電話を持ち歩いている」

【63】 正解 4
こりごり　be fed up, not want any more　再也不敢，再也不想　지긋지긋함

「結婚なんて、もういや。こりごりだわ」と離婚した友人が言っていた。

"I don't want marriage any more. Never again," said my friend who got a divorce.

"结婚之类的事，讨厌。再也不想了。"离了婚的朋友说。

「결혼따위 이제 싫다．지긋지긋해」라고 이혼한 친구가 말했었다．

📝「生の肉を食べて食中毒で入院した。生肉はもう**こりごり**だ」I was hospitalized with food poisoning after eating raw meat. No more raw meat. 吃了生的肉后食物中毒住了院。对于生肉，再也不敢（吃）了。 날고기를 먹고 식중독으로 입원했다．날고기는 이제 쳐다보기도 싫다．

選択肢の言葉

1「さんざん」＝程度がとてもひどい様子　例：「さんざん待たせておいて謝りもしないなんて許せない」I can't stand him not apologizing to me after making me wait a long time. 让我们等了好长时间都没道歉一下，不能原谅。 사과도 하지 않다니 용서할 수 없다．

3「ひっそり」＝とても静かな様子／静かで目立たない様子　very quiet/quiet and secretive　很安静样子／很安静而不显眼。 매우 조용한 모습／조용해서 눈에 띄지 않는 모습　例：「生徒が帰ってしまった教室はひっそりとしていた」「彼は有名な画家だが、今は海のそばの小さな町でひっそりと暮らしている」He is a famous painter, but now he is living quietly in a small town near a beach. 他虽然是有名的画家，现在却在海边的小镇里静静地生活着。 그는 유명한 화가이지만, 지금은 바다 근처 작은 마을에서 조용히 살고 있다．

第10回
【64】 正解 4
なじる　criticize, blame　责问，责备，责难　따지다，질책하다

仕事があるからと嘘をついて約束を破った私を、彼女はひどくなじった。

She criticized me badly for lying that I had to work and not keeping my promise.

对于谎称因为有工作而失约的我，她激烈地责问。

일이 있다고 거짓말을 하여 약속을 어긴 나를 그녀는 호되게 질책했다．

📝「彼には彼の言い分があるだろうから、あんまり**なじってはいけないよ**」He must have his say, so you shouldn't criticize him much. 他有他的意见，不能太责难他。 그에게는 그의 주장이 있을 테니, 너무 질책해선 안된다．

選択肢の言葉

1「おだてる」compliment, flatter　捧，拍，煽动怂恿　치켜세우다　例：「人はだれでも、おだてられると、いい気持ちになってしまうものだ」

2「もめる」be in trouble　发生争执，起纠纷　옥신각신하다　例：「あの2人は離婚問題でもめているらしい。子どもがかわいそうだ」

3「懲りる」learn the hard way　惩戒，教训　질리다　例：「1週間で5か国を回る旅行をして疲れ果てた。懲りたので、次回はもっと楽なスケジュールで旅したい」I'm exhausted after traveling to five countries in a week. I've learned the hard way, so next time I want to travel under a more relaxing schedule. 一星期周游5国的旅行累极了。1주일에 5개국을 도는 여행을 해서 지칠대로 지쳤다．질렸으니, 다음번에는 좀더 여유있는 스케줄로 여행하고 싶다．

【65】 正解 3
一筋　for only one purpose　一个劲儿，一心一意　일편단심

受験生なら、わきめもふらず勉強一筋に頑張るべきだ。

📝「祖父は内科の医師として仕事**一筋**に生きてきた。90歳の今も病院で働いている」

選択肢の言葉

1「一律」＝すべてを同じように扱うこと　to treat everything equally　对所有的人或事都一样对待或处理　모든것을 똑같이 취급하는 것　例：「地震の被災者には一律35万円の見舞金が支給された」A gift of sympathy money of 350,000 yen was equally given to the earthquake sufferers. 地震的受灾者一律支付35万日元的慰问费。 지진 재해자에게는 일률적으로 35 만엔의 위문금이 지급되었다．

2「一頃」＝過去のある時期　例：「一頃は底の厚さが10センチ以上もある靴が流行ったが、最近はすっかり見なくなった」At one time those shoes with thick soles of over 10 centimeters were in fashion, but they can't be seen at all recently. 有一个时候鞋底的厚度在10厘米以上的鞋子曾经流行，最近完全不见了。 한때는 바닥두께가 10 센치 이상 있는 구두가 유행했었지만, 최근에는 전혀 볼 수 없다．

4「一連」＝1つのつながり　a series　一连串，连在一起　하나의 연속　例：「この2か月間に起こった一連の放火事件は、同一犯人によるものと**警察は見ている**」The police think a series of arson that happened in the last 2 months may have been committed by the same criminal. 这两个月里发生的一连串的纵火事件，警察认为是同一个犯人所为。 최근 2 달간에 발생한 일련의 방화사건은 동일범인에 의한 것이라고 경찰은 보고 있다．

【66】　正解 1
余念がない　be occupied　心无杂念，一心一意，专心致志　여념이 없다
テレビ局に勤める兄は、来年度の新しいテレビ番組の企画に**余念がない**。
My older brother who works for a TV station is busy planning new programs for next year.
在电视台工作的哥哥，专心致志地规划明年的新的电视节目。　방송국에서 근무하는 형은, 내년도의 새로운 프로그램 기획에 여념이 없다.

📝「娘は来月、発表会でピアノを弾くので、毎日練習に**余念がない**」My daughter is occupied in practicing piano every day to prepare for next month's recital.　女儿在下个月的发表会上将演奏钢琴, 每天专心致志地练习着。　딸은 다음달 발표회에서 피아노를 연주하므로, 매일 연습에 여념이 없다.

選択肢の言葉
3「ゆとり」=余裕　sufficiency　富裕,充裕,从容　여유
例：「時間とお金にゆとりのある生活がしたいなあ。でも、いつになったらできるだろう」I wish I could live with more time and money.　But I wonder when I can do that.　真想过在时间和金钱上充裕的生活。　但是,什么时候能过上呢？　시간과 돈에 여유있는 생활이 하고 싶네. 하지만, 언제쯤 가능할까.
4「余分」extra, not necessary　多余,剩余　여분　例：「必要なのはこれだけで、あとは余分です」This is all we need and the remainder is not necessary.　必要的只有这些,其他的都是多余的。　필요한 것은 이것뿐이고, 나머지는 여분입니다.

【67】　正解 1
募金　fund-raising　集资　모금
この団体は、豪雨で被害を受けた地域を支援するために**募金**を行っている。
This group is doing fund-raising to support the people of the area that suffered the heavy rain
这个团体为了支援那些因暴雨而受灾的地区, 在进行集资。
이 단체는 폭우로 재해를 입은 지역을 지원하기 위해서 모금을 했다.

📝「歌手たちが集まってコンサートを開き、戦争で親を失った子どもたちのために**募金**を呼びかけた」Some singers held a concert together and called for fund-raising for children who lost their parents in war.　歌手们聚集起来开演唱会,呼吁为在战争中失去父母的孩子们集资。　가수들이 모여 콘서트를 열어, 전쟁으로 부모를 잃은 아이들을 위해 모금을 호소하였다.

選択肢の言葉
3「資金」=何かを実行するために必要なお金　例：「インド料理の店を開きたいのだが、資金不足で困っている」
4「預金」=銀行などにお金を預けること、またはそのお金　例：「銀行の預金通帳はなくさないように大切に保管してください」Do not lose your bank notebook and keep it carefully.　请不要遗失银行存折,请妥善保管。　은행 예금통장은 잃어버리지 않도록 소중히 보관해 주세요.

【68】　正解 3
たやすい = 容易（な）／簡単（な）
彼ほどの才能があっても、この音楽コンクールで入賞するのは**たやすい**ことではない。
Even with such talent as his, it's not easy for him to win this music competition.
即使有像他那样的才能,能得到这项音乐竞赛会的大奖也是不容易的。
그 사람정도의 재능이 있어도, 이 음악 콩쿠르에서 입상하기란 쉬운일이 아니다.

📝「言うのは**たやすい**が、実行するのは簡単ではない」
It's easy to say but not easy to carry out.　说起来容易,做起来难。　말하긴 쉽지만, 실행하기란 간단하지 않다.

選択肢の言葉
1「さりげない」=何気ない　例：「昨夜の、彼女のさりげないしぐさが忘れられない」I can't forget the delicate gesture she made last night.　昨晚她的若无其事的态度让人难忘。　어젯밤 그녀의 무심코 한 몸짓이 잊혀지지 않는다.
2「ふがいない」=やる気が見えないようで、恥ずかしい look spiritless and feel embarrassed　窝囊,没出息,羞耻的 의욕이 보이지 않는 것 같아, 창피하다　例：「1点も入れられずに完敗してしまいました。まったくふがいないことです」Scoring nothing, we lost the game completely.　It is so embarrassing.　一个也没有进,完全输了。真是没出息。　한 점도 넣지 못하고 완패하고 말았습니다. 정말로 한심스럽습니다.
4「あっけない」=期待に反する良くない結果が意外に早く出て、残念だ　An unexpectedly bad result came out fast and it is a shame.　和期待相反的不好的结果意外地很早就出现了,太可惜了。　기대에 반하는 좋지 않은 결과가 이외로 빨리 나와서, 유감스럽다. 例：「今日の相撲で横綱は簡単に負けてしまった。わずか1秒のあっけない勝負だった」The yokozuna (champion) lost the bout easily today.　It was a quick match of only one second.　今天的相扑比赛中冠军很容易地就输了。是仅仅只有1秒钟的不尽兴的比赛。　오늘 스모(씨름)에서 요꼬즈나는 쉽게 패하고 말았다. 1초의 어의없는 승부였다.

【69】　正解 1
さて = さあ／では
これで仕事は全部終わった。さて、これから何をしようか。

📝「あ、もう12時だ。**さて**、寝ようか」

選択肢の言葉
2「まあ」例：「これはそんなに悪くはないね。まあ、いいほうだろう」This isn't that bad. It is OK.　这并不那么坏, 还算是好的吧。　이것은 그렇게 나쁘지는 않네. 뭐 좋은 편이지.

3「つい」=意識しないで／自然に 例：「叱られるのがこわくて、つい嘘をついてしまった」I lied without knowing because I was afraid to be scolded. 很害怕被责备，就说了谎。 혼날 것을 생각하니 무서워서, 그만 거짓말을 하고 말았다.
4「よし」=決意を表す言葉 例：「よし、そうしよう。決めた」OK, let's do that. It's a deal. 好，就这样做，决定了。 자, 그렇게 하자. 결정했다.

【70】 正解 2
プレゼンテーション presentation 发表,揭示 프리젠테이션, 발표
来週、社の新企画のプレゼンテーションを私たち3人が行う予定です。
Next week we three are going to give a presentation on the new project of our company.
下周，公司的新规划的发表决定由我们3人来做。
다음주 회사의 신기획 발표를 저희 3명이 진행할 예정입니다.
📝「最近、プレゼンテーションにパソコンを使うことが多くなった」

選択肢の言葉
1「デコレーション」decoration 装饰,装潢 데코레이션, 장식 例：「夜になると、町のあちこちにあるクリスマスのデコレーションに電気がついて、とてもきれいだ」
3「オートメーション」automation 自动化 오토메이션, 자동제어장치 例：「工場のオートメーション化は、今まったく珍しくなくなった」Automation in factories is no longer a rarity. 工厂的自动化现在一点儿也不稀奇了。 공장의 오토메이션화는 이제는 전혀 흔한 일이 되어 버렸다.
4「コンディション」condition 条件,状况 컨디션
例：「今年はコンディションがよくないS選手は、成績も振るわない」Player S who is not in good condition this year is not playing well. 今年状况不太好的S选手，成绩也差劲。 올해 컨디션이 좋지 않은 S선수는 성적도 부진하다.

第11回
【71】 正解 4
申告（する） filing, declaration 申报,报告 신고
前年に税金を払いすぎた場合、税務署に申告をすれば、払いすぎた分は返してもらえる。
If you overpaid taxes in the previous year, you can get back the extra amount if you file it to the tax office.
前年过多地缴纳了税金的场合，向税务署申报的话，多缴纳的部分可以退还。
지난해에 세금을 더 지불할 경우, 세무서에 신고하면 더 지불한 부분은 돌려 받을 수 있다.
📝「空港の税関では『何か申告するものをお持ちですか』と尋ねられる」You will be asked if you have anything to declare at the airport customs. 在机场的海关，会被询问："有没有携带需要申报的东西？ 공항 세관에서는 "뭔가 신고할 것을 갖고 계십니까"라고 물어본다.

2「願望」例：「彼は外国で仕事をしたいという願望を持ち続けている」He has been wishing to work in a foreign country. 他一直抱着去外国工作的愿望。 그는 외국에서 일하고 싶다라는 소망을 계속 지니고 있다.

【72】 正解 4
コマーシャル commercial 商业广告 커머셜, 방송광고
日本のテレビ番組では、約15分おきにさまざまな商品のコマーシャルが入る。
On Japanese TV programs, commercials of all kinds of merchandise are inserted every 15 minutes or so.
日本的电视节目，大约每15分钟，就会插入各式广告。
일본 텔레비젼 방송에서는, 약 15분 간격으로 다양한 상품 광고가 들어간다.
📝「動物を使ったコマーシャルは必ずヒットするらしい」
I've heard that a commercial that uses an animal will always be a hit. 启用动物做的广告好像必然大受欢迎。 동물을 사용한 방송광고는 반드시 히트한다고.

選択肢の言葉
1「メッセージ」message 电文,口信 메시지 例：「山田さんは不在だったので、また後で電話をするというメッセージを残した」Mr. Yamada was not home, so I left a message telling him that I would call again later. 因为山田不在家，留下了等一会儿再打电话的口信。 야마상은 부재중이어서, 나중에 다시 전화한다는 메시지를 남겼다.
2「タイトル」title 名称,题名 타이틀 例：「映画のタイトルはわかりませんが、子ども向けの3D映画が上映されているそうですね」
3「ポーズ」pose 姿势 포즈 例：「彼は写真を撮るとき、いつもこのポーズをとるね」He always poses this way when he gets a picture taken. 他在拍照片的时候，总是摆这个姿势。 그는 사진을 찍을 때, 늘 이 포즈를 취하네.

【73】 正解 2
見込み expectation, hope 希望,可能性,预定 전망
祖父の病状は重く、完治する見込みはないと医者に宣告された。
The condition of my grandfather's illness is serious, and the doctor said there was no hope of his complete recovery.
祖父的病情很重，医生说没有完全治好的可能性。
할아버지의 병상은 무거워, 완치될 가망은 없다고 의사에게 선고받았다.
📝「企業や一般家庭が15%の節電をすれば、今の発電力で足りる見込みだと電力会社は述べた」The power company said if corporations and households save 15% of power, there would be enough power at the current generation ability. 电力公司说, 如果企业和一般家庭都节电15%，那么发电力就足够了。 기업과 일반가정이 15% 절전하면, 지금의 발전력으로 충분할 전망이라고 전력회사는 말했다.

選択肢の言葉

1「見極め」= よく見て考えて「こういうことだ」と状況を判断すること　see things well and think hard to judge a situation　仔细想一想后对状况作出判断："事情是这样的"。/ 看清　잘 보고 생각하여「이런 것이다」라고 상황을 판단하는 것　例：「原子力発電は安全性の見極めが最大の課題である」Regarding nuclear power generation, safety control is the biggest issue.　弄清楚安全性是原子力发电的最大的课题。원자력발전은 안전성의 판별이 최대의 과제이다．

3「見合い」= 結婚する相手を決めるために他の人の紹介で男女が会うこと　例：「見合い結婚にも恋愛結婚にもそれぞれよさがある」There are advantages to both arranged and love marriages.　相亲结婚和恋爱结婚都有各自的好处。중매결혼에도 연애결혼에도 각각 좋은 점이 있다．

4「見積もり」estimate　估计，估价　견적 = 数量や金額がどれくらいになるかを前もって計算すること　例：「家を改築するので見積もりを数社に頼んだところ、A 社が安かったので A 社に頼むことにした」

【74】　正解 1

いたって = 非常に、きわめて

この携帯電話の使い方はいたって簡単。幼児にも使えますよ。

🖉「祖父は年をとっていますが、**いたって**健康で、毎日農作業をしています」My grandfather is old, but is very healthy and does farm work every day.　祖父虽然年纪大了,但是身体很健康,每天都从事农作业。　할아버지는 나이를 드셨지만, 아주 건강하셔서, 매일 농삿일을 하고 있습니다．

選択肢の言葉

3「まっぴら」= 絶対にいやだ　例．「こんな人変な仕事はもうまっぴらだ」

4「そろって」= 全員が集まって／全員が同じように everyone together/everyone the same way　全员集合 / 全员一样　전원이 모여서 / 전원이 똑같이　例：「家族 8 人がそろって食事をすることはあまりない」「スタッフは**全員そろって**赤い T シャツを着ている」

【75】　正解 2

裕福（な）　wealthy　富裕　유복（한）

裕福な家庭で育った彼女は、お金に苦労したことがない。

🖉「この国は天然資源が豊かで、人々は**裕福**に暮らしている」This country is rich in natural resources and people live a wealthy life.　这个国家天然资源很丰富,人们过着富裕的生活。　이 나라는 천연자원이 풍부하여, 사람들은 유복하게 살고 있다．

選択肢の言葉

1「のんき（な）」carefree, happy-go-lucky, nonchalant　悠闲　느긋함, 태평함　例：「母はのんきな性格だ」

3「豊富（な）」a lot, rich　丰富的　풍부（한）　例：「中山さんはこの仕事の経験が豊富だ」

4「大ざっぱ（な）」rough, loose, approximate　粗略,粗枝大叶,草率　대충, 엉성함, 대략적（인）　例：「時間がないので大ざっぱに説明します」

【76】　正解 2

録画する　tape, record　录像　녹화하다

番組を 3 つ同時に録画できるテレビが発売された。

A TV that can record three programs at the same time has been put on the market.

能同时对 3 个电视节目录像的电视机发售了。

방송을 3 개 동시에 녹화할 수 있는 텔레비전이 발매되었다．

🖉「ATM に取り付けた防犯カメラが金を引き出しに来た犯人の姿を**録画していた**」The security camera installed at the ATM recorded the criminal who came to withdraw money.　在自动取款机上安装的防盗摄像机中，摄下犯人取出钱的镜头。　ATM 에 설치한 방범카메라가 돈을 인출하러 온 범인의 모습을 녹화하고 있었다．

選択肢の言葉

3「記載する」write down　记载　기재하다　例：「パスポートに記載されている通りの名前を書いてください」

【77】　正解 3

照れる　feel shy　不好意思,害羞　수줍어하다

彼はみんなの前で先生にほめられて、すっかり照れている。

🖉「『先輩、結婚なさるそうですね』と言ったら、先輩はちょっと**照れていた**」

選択肢の言葉

1「めげる」= 気持ちが弱くなる　feel discouraged, become less confident　畏惧，脆弱　마음이 약해지다　例：「なんて暑いんだろう。この暑さにはめげるね」

2「冴える」= ①（頭や目などの働きが）鋭くなる　the function of the head or eyes becomes sharp　脑子,眼睛都很敏锐　（머리나 눈등의 움직임이）예리해 지다　例：「彼女は頭が冴えている。記憶力もすごい」

②（色、音、技術などが）あざやかで素晴らしくなる　(color, sound, technique, etc) become bright and excellent　（颜色, 音响, 技术等）很鲜艳, 极美　（색, 소리, 기술등이）선명하고 훌륭해 지다　例：「このスピーカーは冴えた音がする」

4「もめる」be in trouble, be in argument　发生争执　옥신각신하다, 분규가 일다　例：「相続の問題で兄と弟がもめている」An older and a younger brothers are in argument in terms of inheritance.　对继承遗产的问题,哥哥和弟弟发生了争执。　상속 문제로 형과 아우간에 분규가 일고 있다．

第 12 回

【78】　正解 3

アンケート　questionnaire　通讯调查,征询意见的调查　앙케이트

アンケートにご協力いただいた方には新商品のサンプルを差し上げます。

If you can answer the questionnaire, we will give you a sample of our new product.
对协助我们填写调查表的人，将赠送新产品的样品。
앙케이트에 협력해주신 분께는 신상품의 샘플을 드리겠습니다．
✏️「外国人の参政権についてアンケート調査を行うことになった」We have decided to do a survey regarding the voting right of foreigners. 对外国人参政权的问题，进行了征询意见的调查。 외국인의 참정권에 대해 앙케이트 조사를 실시하기로 했다．
選択肢の言葉
1「ファイル」file 文件夹，合订本 파일 例：「気温の変化の記録は年ごとにまとめてファイルに整理している」The yearly records of temperature change are kept on file. 把气温变化的记录每年一次汇总起来，整理在文件夹里。 기온변화의 기록은 해마다 관리하여 파일로 정리하고 있다．
2「カルテ」(patient's) chart 病例 카르테，진료기록카드 例：「病院のカルテの電子化が進められている」The hospital patients' charts are undergoing digitization. 医院的病例电子化正在推进。 병원의 진료기록의 전자화가 진행되고 있다．
4「データ」data 资料，数据 데이터 例：「政府は河川の水質調査のデータを公表した」The government released the data on the water quality test for rivers. 政府公布了河川水质调查的资料。 정부는 하천의 수질조사 데이터를 공표했다．

【79】 正解3
しぶしぶ＝いやいやながら reluctantly, unwillingly 勉勉强强 마지못해
何度も断ったのだが、テレビ局から熱心に出演を依頼され、しぶしぶ承知した。
Although I turned down many times, the TV station asked me eagerly to appear on TV and I accepted reluctantly. 虽然几次都回绝了，电视台热心地期望我出演，勉勉强强地接受了。 몇번이나 거절했는데, 방송국의 열성적인 출연 의뢰로, 마지못해 승낙했다．
✏️「母親に早く寝なさいと言われて、子どもはしぶしぶ寝る支度を始めた」Being told to go to bed by his mother, the child reluctantly began preparing to go to bed. 母亲说早点睡觉，孩子勉勉强强地准备睡觉。 어머니의 빨리 자라는 말에, 아이는 마지못해 잠잘 준비를 시작했다．
選択肢の言葉
1「ほとほと」＝非常に／本当に（困った状況に使う）
例：「母はお酒を飲んでは暴れる父に、ほとほと困り果てている」My mother is in deep trouble with my father who gets violent each time he drinks. 母亲对酗酒乱闹的父亲，实在是一筹莫展。 엄마는 술을 마시고는 난폭해지는 아버지를 정말 몹시 난처해하고 있다．
2「うすうす」＝はっきりとではないがわかっている様子 vaguely know about something although not certain 稍

稍，略略，模模糊糊 정확하지는 않지만 알고 있는 모습
例：「夫が浮気をしていることは前からうすうす気づいていた」I was vaguely aware from before that my husband was having an affair. 丈夫有婚外情之事以前就模模糊糊地感觉到了。 남편이 바람피고 있다는 사실을 이전부터 어렴풋이 눈치채고 있었다．

【80】 正解2
手っ取り早い＝簡単で早い
日本語を上達させる手っ取り早い方法は、日本人の友達を作ることだ。
✏️「メールが来るのを待っていないで、電話をしたほうが手っ取り早く話がすすむ」
選択肢の言葉
1「きめ細かい」＝なかなか気がつかないような細かいところまで注意が行き届いている having attention to fine points 很难注意到的细小的地方也能注意到，仔细 좀처럼 보이지 않는 세세한 부분까지 두루 주의하고 있다
例：「このホテルはきめ細かいサービスで客をもてなしてくれる」This hotel treats guests with painstaking service. 这个旅馆用无微不至的服务来接待客人。 이 호텔은 세심한 서비스로 손님을 대접하고 있다．「H校は、学生一人一人に対応したきめ細かい指導を行っている」
3「すばやい」＝動きが速い 例：「鳥は水面に魚を見つけるとすばやく急降下して魚を捕った」As soon as the bird saw a fish in the water, it quickly flew down and caught the fish. 鸟看到水面有鱼就急速下降抓取。 새는 수면에 물고기를 발견하자 재빨리 급강하하여 물고기를 잡았다．
4「めざましい」＝驚くほどすばらしい 例：「A選手は初めての国際大会でめざましい活躍をして、チームを優勝に導いた」Player A did a wonderful job in his first international tournament, and led his team to win the championship. A选手在第一次国际比赛中活跃显著，领导运动队走向了胜利。 A 선수는 처음 출전한 국제대회에서 눈부신 활약을 하여, 팀을 우승으로 이끌었다．

【81】 正解3
夜更かし sitting up late at night 熬夜 밤샘
インターネットゲームがおもしろくて、つい夜更かしをしてしまった。
✏️「昨夜は夜更かしをして、今朝は朝寝坊をしてしまった」
選択肢の言葉
1「夜半」＝夜中 例：「今夜半、台風が関東地方に接近する」A typhoon is approaching the Kanto District late tonight. 今天半夜，台风将会接近关东地方。 오늘 한밤중에 태풍이 관동지방에 접근한다．
2「夜分」＝夜／夜遅く 例：「夜分お電話をして申し訳ありません」I'm sorry to call you late at night. 夜里给你打电话真对不起。 밤늦게 전화하여 죄송합니다．
4「夜通し」＝一晩の間ずっと続けて 例：「昨夜は子どもが

熱を出したので、夜通し看病をした」My child had a fever last night, and I looked after him all night long.　昨夜孩子发烧，看护了一夜。　어제밤 아이가 열이 나서, 밤새도록 간병했다.

【82】　正解 2
よそ見　looking at something else, paying attention to something else　往旁边看　한눈 팖, 곁눈질
運転中によそ見をして、前の車に追突してしまった。
🔸「授業中に**よそ見**をしていたら、先生に叱られた」
▶ 選択肢の言葉
1「見た目」＝外から見た様子　例：「このみかん、見た目は悪いけどおいしいよ」
3「脇目」＝別のところを見ること　例：「電車の中で脇目もふらずゲームをしている人がいる」There's a person on the train who is engrossed in playing a game.　在电车中有目不斜视地玩游戏的人。　전차 안에서 한눈도 팔지 않고 게임을 하고 있는 사람이 있다.
⚫ 参考「脇目を(も)する／しない」とは言わない。「脇目もふらず(に)〜する」という決まった使い方をする。

【83】　正解 1
上司　one's boss　上司　상사
仕事で何か問題があるときは、まずは直属の上司に相談する。
When I have a problem, I first talk to my direct boss.
工作上如果有什么问题，先与直属的上司商量。
업무상 무슨 문제가 생겼을 때는 먼저 직속 상사와 상담한다.
🔸「**上司**はきびしい人で、僕たち部下の仕事に文句をつけることが多い」My boss is a harsh person and often finds fault with the jobs we subordinates do.　上司是很严格的人，对我们部下的工作有很多不满。　상사는 엄한 사람으로, 우리들 부하의 업무에 트집을 잡는 경우가 많다.
▶ 選択肢の言葉
2「同僚」colleague　同僚，同事　동료　例：「仕事が終わってから同僚たちと飲みに行くのが私の楽しみの一つだ」
4「年長者」someone older than you　年长者　연장자
例：「年長者に礼儀を欠いてはいけないと子どものころから教えられている」When children, we are told not to be rude to our seniors.　对年长者不能没有礼貌，从我们很小的时候就受这样的教育。　연장자에게 예의를 지켜야 한다고 어렸을 적부터 배워 왔다.

【84】　正解 4
順延する　put off, postpone　依次延期　순연하다
試合の当日が雨の場合は次の週末に順延される。
🔸「高校野球の決勝戦は、悪天候のため**順延された**」
▶ 選択肢の言葉
2「中断する」＝途中でしばらくの間やめる　例：「にわか雨のために、しばらく試合が中断した」

第 13 回
【85】　正解 1
マスコミ　mass communication, media　大规模宣传，媒体　매스컴
マスコミの業界は人気が高いので、就職の希望者が多く、競争率が高い。
The mass media industry is so popular that a lot of people want to get a job there, so it is highly competitive.
媒体的业界很有人气，希望就职的人很多，竞争率高。
매스컴 업계는 인기가 많기 때문에, 취업 희망자가 많아 경쟁률이 높다.
🔸「原子力発電所の事故以来、新聞、テレビなどの**マスコミ**がエネルギー問題を大きく取り上げている」Since the nuclear power plant accident, the mass media such as newspaper or TV is dealing widely with energy issues.　自从原子力发电所发生事故以来，报纸，电视等媒体都广为报道。　원자력발전소 사고 이후, 신문, 텔레비전등의 매스컴이 에너지 문제를 크게 다르고 있다.
▶ 選択肢の言葉
2「スタイル」style　姿态，身材　스타일
例：「彼は背が高くてモデルのようなスタイルをしている」He is tall and looks like a model.　他很高大，身材像模特。　그는 키가 크고 모델같은 스타일을 하고 있다.
「流行のスタイルに敏感な彼女は、今服飾デザインの勉強をしている」She is keen to fashionable styles and is now studying dress designing.　对流行样式敏感的她，现在在学习服饰设计。　유행스타일에 민감한 그녀는 지금 복식디자인을 공부하고 있다.
3「キャリア」career　经历，生涯，职业　커리어，경력
例：「当校では受験指導のキャリア豊かな講師があなたを合格に導きます」The instructors of our school who are experienced in teaching entrance examinations will lead you to success.　在本校，具有丰富的考试指导经验的讲师将引导你考试合格。　저희 학교에서는 수험지도 경력이 풍부한 강사가 당신을 합격으로 인도합니다
4「コメント」comment　解说，评语　고멘트　例：「若者の失業率が上がっていることについて、記者は首相にコメントを求めた」The reporter asked the Prime Minister for a comment as to the fact that the unemployment rate among the youth is rising.　对于年轻人失业率上升一事，记者要求首相解释。젊은이들의 실업률이 올라가고 있는 것에 대해, 기자는 수상에게 코멘트를 부탁했다.

【86】　正解 4
かたっぱしから（片っ端から）＝たくさんあるものを次から次へと／手当たり次第に　(among a number of things) one after another/randomly　依次，左一个右一个　많이 있는 것을 차례 차례로 / 닥치는 대로
図書館で参考書をかたっぱしから調べたら、疑問の答えがようやくわかった。

N1 解答

📝「英語の単語を**かたっぱしから**覚えたら、いつの間にか英語の文章が簡単に読めるようになっていた」

選択肢の言葉

1「ありのままに」= 実際にあった通り　exactly the same way as really happened　据实，事实上　실제로 있었던 것처럼　例：「見たことをありのままに話してください」

2「続けざまに」= 同じことが続けて（起こる）same things happen in a row　连续，(同样的事情)接连不断　같은 일이 계속해서（일어나다）　例：「雪道で1台の車がすべったら、後から来た車が数台続けざまにスリップした」「最近続けざまにあちこちで地震が起こっている」

3「ひき続き」= 途切れることなく（続く）(continue) without break　继续，接着　끊임없이 (계속되다)　例：「出場者の演奏は以上で終わりです。では、ひき続き審査に移ります」All the competitors' performances are over. Now we will move on to judging.　出场者的演奏到此结束。那么，接着要进行审查。　참가자의 연주는 이상으로 끝났습니다. 그럼, 계속해서 심사로 이어지겠습니다.

【87】 正解 4

のどか（な）= 静かでのんびりしている　quiet and peaceful　平静而悠闲　조용하고 한가롭다

私が生まれた農村では、今ものどかな風景が見られる。

📝「老後は故郷の町でゆったりと**のどかな**毎日を過ごしたい」

選択肢の言葉

1「ゆるやか（な）」=①傾斜や曲がり具合がゆるい　例：「古い教会がゆるやかな丘の上に建っている」An old church is standing on a gentle hill. 在平缓的山岗上，建筑了一座古老的教堂。오래된 교회가 완만한 언덕위에 있다. ②厳しくない　例：「道路が復旧したので交通規制も緩やかになった」The road got recovered and the traffic limitations got loose. 道路恢复了原状，交通管制也缓和了。도로가 복구되어 교통규제도 완화되었다.

2「しなやか（な）」= やわらかくて弾力がある　soft and bouncy　柔软有弹性　부드럽고 탄력이 있다　例：「しなやかに曲がる竹の性質を利用してこの建物がつくられた」This buiding was built taking advantage of the flexible quality of bamboo. 利用竹子柔软而有弹性的性质，制造了这一建筑。부드럽게 휘는 대나무의 성질을 이용하여 이 건물이 만들어졌다.

3「ひたむき（な）」= 損得を考えないで1つのことを一生懸命続ける様子　working hard concentrating on one thing ignoring profit or loss　不考虑得失拼命地干一件事　손득을 생각하지 않고 하나의 일을 열심히 이어가는 모습　例：「彼の長年のひたむきな努力が実って、この作品が最優秀賞に選ばれた」Many years of his sincere efforts bearing fruit, the piece won first prize. 他长期拼命的努力终于结出了成果，这部作品获得了最优秀奖。그의 오랜 세월의 한결같은 노력이 결실을 맺어, 이 작품이 최우수상으로 채택되었다.

【88】 正解 2

見落とす　overlook, miss　看漏，没看出来　간과하다

しまった。重大な誤りをうっかり見落としていた。

📝「ミスを**見落とさない**ように、資料を十分にチェックしていただきたい」

選択肢の言葉

1「取り逃がす」fail to catch, miss　跑掉，逃掉　놓치다　例：「警官は、目の前にいた犯人を取り逃がしてしまった。大失敗だった」

3「すり抜ける」pass through　挤过去，蒙混过去　빠져나가다　例：「人ごみをすり抜け、ホームまで走って、ぎりぎりで電車に飛び乗った」Passing through the crowds, running to the platform, I narrowly jumped onto the train. 挤过人群，在站台上奔跑，勉强赶上了电车。인파를 빠져나가, 홈까지 달려가서, 가까스로 전차에 뛰어올라탔다.

4「やり過ごす」= 人や車が通り過ぎるのを待つ　例：「観光客の団体がいたので、彼らをやり過ごしてから改札口を通った」Because I saw a group of tourists, I waited till they left and passed through the ticket wicket. 因为有观光团体(通过)，所以让他们过去以后我再通过了检票口。관광객 단체가 있어서, 그들을 지나가게 한 다음 개찰구를 통과했다.

【89】 正解 3

抜群　excellent, wonderful　拔群　발군，뛰어남

彼女はモデルだけあって、スタイル抜群だ。

Being a model, she has an excellent figure.

她到底是模特儿，身材拔群。

그녀는 모델답게, 스타일이 출중하다.

📝「彼は**抜群**の成績で高校を卒業し、今はK大学で宇宙物理を勉強している」

選択肢の言葉

4「優秀（な）」= 能力が高い／成績がとても良い　例：「この学校には優秀な学生が集っている」

【90】 正解 2

新米=（問題文中の意味）初心者　beginner　初学者，新手　초심자

この難題を解決するのは、新米の彼にはちょっと無理だろう。

It may be impossible for a beginner like him to solve this difficult problem.

要解决这个问题，新手的他大概是很难办到。

이 난제를 해결하기에는 신참인 그에게는 좀 무리겠지.

📝「私はまだまだ**新米**です。よろしくご指導ください」

選択肢の言葉

1「新興」newly-rising　新兴　신흥　例：「このあたりは新興の住宅地で、新しい家がたくさん建っている」

3「新規」new　新规章，从新，重新做，新　신규　例：「不況が続く中、今年は新規の採用をしない会社が増えている」Under the bad economy, more companies decide not to hire new employees this year. 在持续不景气中，今年不（

打算）新录用员工的公司在增加。 불황이 계속되고 있어, 올해는 신규 채용을 하지 않는 회사들이 늘고 있다.
4「新手」new type 新手法 새로운 수법 例：「『振り込め詐欺』のような新手の詐欺に金をだまし取られるケースが増えている」New fraud cases such as "transfer fraud" in which victims get their money stolen are increasing. 像"存入欺诈"那样用新手法诈骗金钱的事件在增加。 像"存入欺诈"那样用新手法诈骗金钱的事件在增加。『송금사기』와 같은 새로운 수법의 사기로 인해 돈을 갈취당하는 경우가 늘고 있다.

【91】 正解 2
わきまえる know well 判明，识别，懂得 분간하다, 분별하다

まだ若いのに、彼はよく礼儀をわきまえている。
Though young, he knows courtesy well.
他虽然还年轻，但非常懂得礼仪。
아직 젊은데, 그는 제대로 예의를 차릴 줄 안다.

✏️「社会人なら、やってもいいことと、やってはいけないことをきちんと**わきまえる**べきだ」An adult should know well what he can or cannot do. 如果是社会一员，什么事是可以做的，什么事是不可以做的，应该能够好好地识别。 사회인이라면 해도 되는 것과 해서는 안 되는 것을 제대로 분별해야만 한다.

選択肢の言葉
1「悟る」= わからなかったことの意味や事情に気が付く 例：「彼女は自分が悪かったということを悟り、謝罪した」She realized that she was in the wrong and apologized. 她认识到自己不对，道歉了。 그녀는 자신의 잘못을 깨닫고, 사죄했다.
3「見極める」= 最後までよく見る／事の本質をはっきり見る 例：「芸術作品の本当の価値を見極めるのは、難しいことだ」It is difficult to appraise the true value of art work. 要鉴定艺术品的真正的价值，是一件很难的事情。 예술작품의 진짜 가격을 가려내기란 어려운 일이다.
4「踏まえる」= 基にする 例：「政府は現状を踏まえた政策を立てるべきだ」The government should set up policies that apply to the present situations. 政府应该根据现状来制定政策。 정부는 현상에 입각한 정책을 세워야만 한다.

第 14 回

【92】 正解 2
本番 real test, real performance 事实表演，实拍 본방송, 실전

模擬試験の成績はよかったが、安心はできない。本番まであと 1 か月がんばろう。

✏️「練習ではうまく歌えたのに、**本番**では緊張して失敗をしてしまった」

選択肢の言葉
1「本場」= その品物の産地。またはその活動が始まったり、盛んに行われている場所 例：「本場の英語を学ぶためにイギリスに留学することにした」「神戸で神戸牛を食べた。さすが本場だけあっておいしかった」
3「本体」= ものの中心となる部分 例：「このパソコンは、本体価格が 6 万円で、付属品をつけても 10 万円以下で買える」This computer proper costs ¥60,000 and you can buy it for less than ¥100,000 including accessories. 这台电脑，主机价格是 6 万日元，即使加上附属品，10 万日元以下也能买到。 이 컴퓨터는 본체가격이 6 만엔으로, 부속품을 추가해도 10 만엔이하 가격으로 살 수 있다.
4「本音」= 本当の気持ちや考え 例：「今日の飲み会では、お酒を飲んだ勢いで、みんなの本音が出た」At today's drinking party everybody showed his and her true colors after consuming alcohol. 今天的酒会，大家借着酒劲，说出了真心话。 오늘 회식에서는 술 마신 기운으로 모두 본심을 털어놨다.

【93】 正解 1
ガイドブック guidebook 旅行指南 가이드북

旅先の情報を得るためにガイドブックは欠かせない。
A guidebook is a must for getting information of the place you travel to.
为了得到旅游地的情报，旅行指南是必不可少的。
여행처의 정보를 얻기 위해서는 가이드북은 빼놓을 수 없다.

✏️「北京で、**ガイドブック**に載っているレストランに行ったら、客は日本人ばかりだったので、驚いた」

選択肢の言葉
2「ベストセラー」best seller 畅销书 베스트셀러
例：「夜景がきれいに見える場所を紹介した本が今月のベストセラーになった」The book that introduced places with beautiful night sceneries has become this month's best seller. 介绍美丽夜景所在地的书成为这个月的畅销书。 야경이 아름답게 보이는 장소를 소개한 책이 이번달 베스트셀러가 되었다.
3「ミスプリント」misprint 印刷错误 미스프린트
例：「試験問題にミスプリントがあると受験者から指摘があった」A testee pointed out that there was a misprint in a question of the exam. 考生指出，考题中有印刷错误。 시험문제에 미스프린트가 있다고 수험자로 부터 지적이 있었다.
4「テキスト」textbook 课本 텍스트, 교과서 例：「このセミナーではテキストを 3 冊使用します」

【94】 正解 2
なにくれとなく = あれこれ／いろいろ

ホームステイした家の人たちは、なにくれとなく彼女の面倒を見た。
The family she stayed with took care of her with all kinds of things.
寄宿家庭的人，各方面都很照顾她。
홈스테이 가족들은 여러모로 그녀를 보살펴 주었다.

✏️「入社以来**なにくれとなく**相談に乗ってくれた先輩が会

N1 解答

社を辞めてしまった」My senior, who had been my mentor in many ways since I entered the company, has resigned. 进公司以来在各方面都可以商量的先辈辞职了。 입사 이래 여러가지로 상담에 응해줬던 선배가 회사를 그만둬 버렸다.

選択肢の言葉

1「どこからともなく」=どこからかはわからないが
例：「道を歩いているとどこからともなくいいにおいがしてきた。どこかで梅の花が咲いているようだ」While walking down the road, I could smell nice fragrance coming from somewhere. It seems like plum blossoms are blooming somewhere. 在路上走的时候，从哪儿飘来好闻的香味。好像哪儿的梅花开了。 길을 걷고 있는데 난데없이 좋은 냄새가 났다. 어딘가에 매화가 피어있나보다.

3「どことなく」=どことはっきり言えないが can't say exactly where but 是什么地方很难说 어딘지 확실히 말할 수 없지만 例：「あの２人はどことなく似ている。兄弟かもしれない」

4「なにはなくとも」=他のものはなくても（これが一番だ）even if there is nothing else (this is the best) 别的什么都可以不要（这是最好的） 다른 것은 없지만（이것이 최상이다）
例：「なにはなくとも健康が一番だ」

【95】 正解 2

無作法（不作法）（な）=行儀が悪い rude, ill-mannered 没礼貌 버릇이 없다
日本では、食事のときに器を持たないで食べるのは無作法だとされる。
In Japan it is regarded as rude not to hold a bowl/container when eating meals.
在日本，吃饭时不端着碗吃的话是没礼貌的。
일본에서는 식사할 때 그릇을 들지 않고 먹는 것은 예의에 어긋난다고 여긴다.

「この子はまだ子どもでしつけができていません。**無作法をお許しください**」He is only a kid and hasn't been well disciplined yet. Please forgive his bad manners. 这孩子还小，没有教养，请原谅他的没礼貌。 이 아이는 아직 어린아라 예의가 갖춰져 있지 않습니다. 무례를 용서해 주십시오.

選択肢の言葉

1「不法（な）」=法律や道理に合わない not abiding to law or logic 违反法律或道德 법률이나 도리에 맞지 않다
例：「この道路は狭いので駐車禁止になっているのに、不法駐車をする人があとをたたない」Though it is illegal to park on this road because it is so narrow, people keep parking here illegally. 这条路很窄，所以禁止停车，但是，违章停车的人还是不断。 이 도로는 좁아서 주차가 금지되어 있는데, 불법주차하는 사람들이 끊이질 않는다.

「ビザが切れているのに帰国しなかった友人は、**不法滞在**で警察につかまった」My friend who didn't return to his country after his visa expired was arrested by the police for illegal residence. 签证过了期却没有回国的朋友，昨天因非法居留被警察抓走了。 비자가 만료되었는데도 귀국하지 않았던 친구는, 불법체류로 경찰에 잡혔다.

4「無礼（な）」=礼儀に外れる rude 不礼貌 예의에 벗어나다 例：「ぶつかっても謝らない若者の無礼な態度に腹が立った」I got mad at the rudeness of a young man who didn't apologize after bumping into me. 对撞了（人）也不道歉的年轻人的没礼貌的态度，很生气。 부딪쳤는데도 사과하지 않는 젊은이의 무례한 태도에 화가 났다.

【96】 正解 1

はらはらする=大丈夫かと心配になって緊張する feel nervous and worried 因为担心而紧张的样子 괜찮은가 걱정되어 긴장하다
交通量の多い道路で子どもが遊んでいた。見ていてはらはらした。

「その映画は観客をどきどき、**はらはらさせる**」

選択肢の言葉

2「ばらばら」=みんな違っていて、そろっていない
例：「出席者の意見はばらばらで、結論が出なかった」

3「こそこそ」=人に知られると困るので、気づかれないように隠れて 例：「校庭の隅でこそこそたばこを吸っている中学生がいます」There is a junior high school student who is secretly smoking a cigarette on the corner of the school playground. 在校园的角落，有偷偷吸烟的中学生。 교정 구석에서 몰래 담배를 피고 있는 중학생이 있습니다.

4「ごそごそ」=物が触れ合って出る音 noise of things touching each other 物体触碰而发出的声音／嘎吱嘎吱 물건이 맞닿아 생기는 소리 例：「何、ごそごそさがしてるの？」「かぎ。かばんに入れたはずなんだけど」

【97】 正解 3

不況 bad economy, recession 不景气 불황
世界的な不況の波を受けて、我が社でも厳しい経営状態が続いている。
In the waves of worldwide recession, the management of our company keeps its difficult condition as well.
受到世界性的不景气的影响，我公司的经营状况也持续不佳。
세계적인 불황의 물결을 받아, 우리 회사에서도 심각한 경영상태가 이어지고 있다.

「**不況**のせいで失業者が増えている」The number of the unemployed is increasing due to the recession. 受不景气的影响，失业者在增加。 불황으로 인해 실업자가 늘고 있다.

選択肢の言葉

1「不順」=順調でないこと not going smoothly 不调顺, 不顺利, 异常 순조롭지 않은 것 例：「季節の変わり目は天候が不順になりがちだ」The weather tends to be changeable at the turn of season. 在季节变换时，气候容易变得异常。 환절기는 날씨 상태가 좋지 않은 경우가 많다.

2「不調」=調子がよくないこと 例：「飛行機はエンジンの不調で羽田空港へ戻った」The airplane flew back to

Haneda Airport because of some engine trouble.　飞机由于发动机异常而返回了羽田机场。　비행기는 엔진상태가 좋지 않아 하네다공항으로 되돌아갔다．

4「不振」＝勢いがないこと、成績や業績が思うほどよくないこと　(business) not doing well, (school grades, sales) not performing so well　由于没有劲头，成绩和业绩没有想象的那样好　기세가 없는 것，성적이나 업적이 생각만큼 좋지 않은 것

例：「夏になると暑さのせいで、食欲不振になる」In summer people don't have much appetite due to the heat.　到了夏天，由于炎热，变得食欲不振。　여름이 되면 더위 때문에，식욕부진이 된다．

「最近ゴルフのＡ選手は成績不振で、獲得した賞金の総額も減っている」Golf player A has not been playing well, and the total amount of his premiums is decreasing.　最近打高尔夫的Ａ选手由于成绩不佳，得到赏金的总额也在减少．　최근 골프의 Ａ선수는 성적부진으로，획득한 상금 총액도 줄고 있다．

【98】　正解 4

もちきり　filled with, full　始终谈论一件事　계속 같은 화제가 이어짐

政府高官が逮捕された。今日のテレビはそのことでもちきりだ。
A government high official has been arrested. The TV is entirely focusing on it today.
政府高官被逮捕了，今天电视里始终在谈论这件事。
정부고관이 체포되었다．오늘 텔레비전은 온통 그 얘기뿐이다．

✏️「Ｓ博士のノーベル賞受賞が発表された。日本中がその話題で**もちきり**だ」The winning of the Nobel Prize by Doctor S was reported. Japan is filled with this topic everywhere.　Ｓ博士获得诺贝尔奖的消息公布了。全日本都在谈论这一话题。　Ｓ박사의 노벨상수상이 발표되었다．일본전체가 온통 그 화제로 자자하다．

選択肢の言葉

1「盛況」success, thriving　盛况　성황　例：「国際見本市の会場は、連日押すな押すなの盛況だ」The International trade fair site is extremely crowded and thriving.　国际商品交易会的会场，连日来是人山人海的盛况。　국제견본시 회장은 발 디딜틈도 없는 성황이다．

2「もちこし」（持ち越し）carried over, postponed　留下来待解决　미룸，이월　例：「今日の会議では、まず、前回からの持ち越しの議案についての検討を行うことになっている」In today's meeting we are to discuss the bill carried over from the previous meeting first of all.　今天的会议，首先来讨论一下上次会议留下来的议案。　오늘 회의에서는 먼저 지난번 회의에서 이월된 의안에 대해서 검토하기로 되어 있다．

3「限定」limitation　限定　한정　例：「今回は、このハガキを持参して来店されたお客様限定のセールとなっております」This time, the sale is limited only for the customers who bring this post card to our store.　这次，仅对持这张明信片光临的顾客，实行限定的大减价。　이번에는 이 엽서를 지참하여 내점해주신 손님께만 한정 세일을 진행합니다．

第 15 回

【99】　正解 1

いちやく＝途中の段階を飛び越えて、急に高い地位や名声を得る様子　suddenly gaining high status or fame, jumping over the midway stages　越过中途的阶梯，一下子获取很高的地位或名声。一跃　도중 계단을 뛰어 넘어，갑자기 높은 위치나 명성을 얻는 상황

初出演の映画がヒットして、彼はいちやく人気スターの仲間入りをした。
His first movie was a hit and he leapt suddenly into one of the popular stars.
初次出演的电影取得很大成功，他一跃成为有人气的明星的一员。
첫 출연한 영화가 히트하여，그는 일약 인기스타의 대열에 합류했다．

✏️「何もない小さな町だったが、映画のロケ地に選ばれて**いちやく**有名になった」It was just a little town having nothing in particular, but after it was selected as the site for film location, it became famous overnight.　曾经是什么也没有的小镇，因为被选为电影的外景拍摄地一跃成名。　아무것도 없는 작은 마을이었지만，영화 촬영지로 선정되어 일약 유명해 졌다．

選択肢の言葉

2「いみじくも」＝うまいぐあいに、非常に適切に　appropriately, aptly　确切，恰当　제대로 잘，상당히 적절하게　例：「かわいい子には旅をさせよとはいみじくも言ったものだ。留学先から戻った娘はすっかり大人になっていた」"Have your sweet child travel," is aptly said. Our daughter who came back from her study abroad has grown into a fine adult.　"要让可爱的孩子踏上旅程" 这句话说得再恰当不过了，从国外留学回来的女儿真的长成大人了。　귀여운 자식은 여행을 시켜라는 말은 적절한 표현이다．유학에서 돌아온 딸은 완전히 어른이 되어 있었다．

3「かねがね」＝以前から　例：「先生のお名前はかねがねうかがっておりました」I have heard your name since before, sir.　先生的大名真是久仰了。　선생님의 성함은 예전부터 듣고 있었습니다．

4「まざまざと」＝ありのままに、はっきりと　例：「私は初めて彼女に会ったときのことを、まざまざと思い出した。それは印象的な出会いだった」I vividly remembered the time when I met her for the first time. It was an impressive meeting.　我初次和她见面时的事还清晰地记得。那真是印象深刻的相逢。　나는 처음 그녀를 만났을 때의 일이 생생히 생각났다．그것은 인상적인 만남이었다．

【100】　正解 2

素朴（な）　simple　朴素　소박（한）

この村の、自然に恵まれた素朴な生活が訪れた人々に安らぎ

を与える。
The simple life of this village with lots of nature gives peacefulness to visitors.
自然赋予这个村子的朴素的生活方式，给来访的人们带来了安乐和宁静。
이 마을의 자연을 누리는 소박한 생활이 방문하는 사람들에게 평온함을 전해준다．

🖊「彼は**素朴な**人柄で、だれに対しても飾らない態度で接する」He has a simple personality and deals with everyone in a casual manner． 他的性格朴素，对谁都是毫不粉饰的态度。 그는 소박한 성품으로 누구에게나 꾸미지 않는 태도로 대한다．

選択肢の言葉

1「細やか（な）」=相手の気持ちをよく考える 例：「ホテルのサービスには客への細やかな配慮が感じられる」The hotel service is filled with scrupulous care for the guests． 从旅馆的服务中能感到对客人的细致的关怀。 호텔 서비스에서 손님에 대한 세심한 배려가 느껴진다．
3「貧弱（な）」=不十分で弱い 例：「貧弱な体格の選手が体の大きな選手に勝つには技が必要だ」It takes techniques for a fighter with a small body to beat an opponent with a big body． 体格贫弱的选手要赢体格高大的选手需要技能。 체격이 빈약한 선수가 체격이 큰 선수를 이기기 위해서는 기술이 필요하다．
4「ぞんざい（な）」=（話し方ややり方が）いいかげんで荒い （way of talking） lousy and rough 说话和行为靠不住／粗暴 （말투나 태도가） 무책임하고 거칠다 例：「お年寄りに対するレポーターのぞんざいな話し方に腹が立った」

【101】 正解 2

証拠 proof 证据 증거
その男が犯人だという決定的な証拠は一つもない。
There is no crucial proof to prove that the man is the criminal.
说那个男人就是犯人的决定性的证据一个也没有。
그 남자가 범인이라는 결정적인 증거가 하나도 없다．

🖊「あの政治家が不正をしているのはわかっているが、どうにも**証拠**がつかめない」It is obvious that the politician is doing wrong, but we just cannot find a proof． 那位政治家行为不正，但是怎么也找不到证据。 저 정치가가 부정을 저지른 것은 알고 있지만, 도무지 증거를 잡을 수 없다．

選択肢の言葉

1「真実」=本当のこと 例：「この新聞記事に書かれていることは真実ではない」
4「真理」truth 真理 진리 例：「私は将来、宇宙の真理を追求する仕事をしたいと思っている」In the future I wish to work a job in which I can engage myself in pursuing the truths of the universe． 我将来想从事追求宇宙真理的事业。 나는 장래에 우주의 진리를 추구하는 일을 하고 싶다고 생각하고 있다．

【102】 正解 3

連休 =休日が2日以上続くこと
金曜日が祝日なので、今週末は三連休になる。

🖊「**連休**の間は各地の高速道路で大渋滞が起こる」

選択肢の言葉

1「連日」=毎日毎日 例：「この夏は連日35度以上の猛暑が続いた」

【103】 正解 2

手配する =（指示を出したりして）準備をする （by giving directions） prepare （下指示等）准备 （지시를 내리거나 하여）준비를 하다
荷物が間違いなく届くように手配するのが私の仕事です。
My job is to see to it that parcels be correctly delivered.
我的工作是准确无误地把货物送到。
짐이 확실히 도착할 수 있도록 준비하는 것이 나의 일이다．

🖊「出張が決まったので、まず飛行機の切符を**手配した**」

選択肢の言葉

1「手探りする」=手で探す／目でなく勘に頼って探す search by hand/search by intuition instead of eyes 摸索, 摸／不用眼睛而是用感觉寻找 손으로 찾는다／눈이 아닌 직감으로 찾는다 例：「夜、突然停電した。部屋の中を手探りで懐中電灯のある場所まで行った」
3「手当てする」=治療する 例：「救急車が病院へ着く前に、車の中で救急隊員がけが人を手当てし始めた」Before the ambulance arrived at the hospital, the rescuers began treating the injured person in the car． 在救护车到达医院之前，车中的急救队员开始对负伤者进行治疗。 구급차가 병원에 도착하기 전에 차안에서 구급대원이 부상자를 치료하기 시작했다．
4「手加減する」=相手の状況に合わせて調節する adjust things according to the other person's situation 斟酌, 体谅, 照顾 상대방의 상황에 맞춰 조절하다 例：「ゲームをしてるの？相手は子どもなんだから、手加減してやりなさいよ」

【104】 正解 1

打ち込む devote oneself in something 打进, 打入, 埋头 몰두하다, 전념하다
彼は今、脇目もふらずに新しい仕事に打ち込んでいる。
He is completely devoted in his new job now.
他现在目不转睛地埋头于新的工作中。
그는 지금 한눈 팔지 않고 새로운 일에 전념하고 있다．

🖊「父は作曲家だが、作曲をはじめると曲が完成するまでそれに**打ち込んで**いて、食事をとるのも忘れてしまう」My father is a composer and once he starts composing a piece, he is totally devoted in it till it is completed and even forgets to have a meal． 父亲是个作曲家，一旦开始作曲，会专心致志地埋头干到完成为止，连饭都忘了吃。 아버지는 작곡가인데, 작곡을 시작하면 곡이 완성될 때까지 그에 전념하기

때문에、식사를 하는 것도 잊어 버린다.

選択肢の言葉
2「たて込む」＝①多くの人が1つの場所に集まる　a lot of people gather in one place　很多人聚集在一处　많은 사람들이 한곳에 모인다　例：「うちの店では、今、セールをしているので、店内がたて込んでいます」
②用事が一時期に重なる　things to do are piled up at the same time　很多事情都凑在某一时期了　용무가 한 시기에 겹친다　例：「今週は予定がたて込んでいて、空いている時間がない」
③建物が隙間なく並ぶ　buildings stand with no space in between　楼房密密麻麻地排列着　건물이 빈틈없이 늘어서다　例：「このあたりは古い住宅がたて込んでいるので、火事になったらとても危険だ」
3「取り込む」＝①中に入れる　例：「雨が降ってきたので、外に干してあった洗濯物を取り込んだ」
②混乱する　例：「今、ちょっと取り込んでいますので、後ほどこちらからお電話します」We are now in a bustle so will call you back later.　现在正好有事，过一会儿我打给你。　지금 조금 혼잡하오니, 나중에 저희 쪽에서 전화드리겠습니다.
4「持ち込む」＝持って入る
例：「飛行機の中に液体を持ち込まないでください」Please don't bring liquid on the plane.　不要把液体带入飞机内。　비행기 안에 액체물을 갖고 들어오지 마십시오.
「この店は飲み物を持ち込んでもいいので、学生に人気がある」Because you can bring in your drink, this restaurant is popular among students.　这家店可以自带饮料，所以受到学生的欢迎。　이 가게는 음료수를 갖고 들어와도 되서, 학생들에게 인기가 있다.

【105】　正解 1
インフォメーション　information　情报，消息，问讯处　인포메이션
店内の売り場に関するご案内は1階のインフォメーションで行っております。
The department guide of this store is available at the Information on the first floor.
关于店内的柜台的指南，是在一楼的问讯处。
점내 매장에 관한 안내는 1층 안내데스크(인포메이션)에서 알려드리고 있습니다.

🖉 「この町でやっているいろいろな行事の**インフォメーション**は毎月出る広報誌に載っている」Information on various events held in this town is on the bulletin published every month.　关于这个城市的各种活动的情报，都刊登在每月一期的宣传杂志上。　이 마을에서 열리고 있는 여러 행사에 관한 안내는 매달 나오는 광고지에 실려 있다.

選択肢の言葉
2「インターナショナル」international　国际的　인터내셔널, 국제적　例：「柔道は今やインターナショナルなスポーツである」Judo is now an international sport.　柔道现在是国际性的体育活动。　유도는 이제는 국제적인 스포츠이다.
3「レクリエーション」recreation　娱乐消遣　레크리에이션　例：「うちの会社ではレクリエーションとしてスポーツをはじめ旅行や文化祭を行っている」In our company we do traveling, a culture festival as well as sports as recreation.　作为娱乐消遣，我公司组织从旅行到文化节等活动。　저희 회사에서는 레크리에이션으로 스포츠를 비롯하여 여행이나 문화제를 진행하고 있다.
4「コミュニケーション」communication　交流，对话　커뮤니케이션　例：「子どもとうまくコミュニケーションが取れないという悩みをもつ父親が増えているようだ」It seems that the number of fathers who have a problem of not being able to communicate well with their children is increasing.　因为不能和孩子进行良好交流而烦恼的父亲在增加。　자식과 제대로 커뮤니케이션을 취하지 못한다는 고민을 갖고 있는 아버지들이 늘고 있는 것 같다.

第16回

【106】　正解 2
しきたり　rules by tradition　惯例，成规，老规矩　관습, 관례
この地域では昔から行われてきたしきたりが今も残っているという。

🖉 「この村の**しきたり**に従わない若者が増えている」More young people do not follow the village's traditional rules.　这个村子不遵从成规的年轻人在增加。　이 마을 관습을 따르지 않는 젊은이들이 늘고 있다.

選択肢の言葉
4「風土」＝気候など、その土地固有の自然条件　characteristics of nature specific to a certain area such as its climate　气候等哪个地方所特有的自然条件　기후 등, 그 토지 고유의 자연조건

【107】　正解 3
真相　fact, true state of things　真相　진상
警察の調べが進むにつれ、事件の真相が明らかになってきた。
As the police investigation progresses, the true state of the case is getting clear.
随着警察调查的进展，事件的真相变得明朗起来。
경찰의 조사가 진행됨에 따라, 사건의 진상이 밝혀지고 있다.

🖉 「その事故の**真相**は、解明されないまま闇に葬られた」
The true state of the case has been hushed up without being solved.　那个事件的真相就这样没弄清楚地被掩藏在黑暗里了。　그 사건의 진상은 해명되지 않은 채 어둠에 묻혀졌다.

選択肢の言葉
1「真理」truth　真理　진리　例：「私は将来、宇宙の真理を追求する仕事をしたいと思っている」In the future I wish to work a job in which I can engage myself in pursuing the truths of the universe.　我将来想从事追求宇

宙真理的事業。 나는 장래에 우주의 진리를 추구하는 일을 하고 싶다고 생각하고 있다.
2「実質」reality 实质 실질 例:「名目上は退職の勧告ですけど、実質はクビ切りなんです」It is nominally a retirement recommendation, but is actually a firing. 名义上是劝退休,实际上是解雇. 명목상은 퇴직 권고입니다만, 실질은 해고인 겁니다.
4「実情」reality, real circumstances 实际情况 실정 例:「彼はこの業界の実情に詳しいから、彼に相談するといいでしょう」Since he is well-informed in the reality of this business, you might want to consult with him. 他对这一业界的实际情况很熟悉,和他商量是再好不过的. 그는 이 업계 사정에 정통하니, 그와 상담하면 좋겠죠.

【108】 正解 4
かしげる = 傾ける lean, tilt 歪, 倾斜 기울이다
去年のこの時期は大漁だったのに、今年はまだ1匹も釣れないのはどうしてだろうかと漁師たちは首をかしげている。
The fishermen are wondering why they can't catch even one fish this year when they had a large catch at this time last year.
去年这个时期打鱼丰收,可是今年连一条鱼也没钓到究竟是为什么?渔民们歪着脑袋想不出所以然。
작년 이 시기는 어획량이 많았지만, 올해는 아직 한마리도 잡히지 않는 것에 대해 왜 일까라며 어부들은 고개를 갸웃거렸다.
📝「最近の首相の言動には周囲の人たちも首をかしげるようなことがある」The recent behaviors of the Prime Minister make people around him puzzled. 最近首相的言行中,有让周围的人歪着脑袋想不明白的(事)。 최근 수상의 언동에는 주위 사람들도 고개를 갸웃거리는 경우가 있다.

【109】 正解 3
よそよそしい unfriendly 见外,冷淡 쌀쌀하다, 서먹서먹하다
あんなに親しくしていた友人なのに、彼女は最近なぜかよそよそしい態度を見せる。
📝「酒を飲んで帰ってきたら、妻の態度がよそよそしい。怒っているのだろうか」

選択肢の言葉
1「みずみずしい」= とれたてで新鮮だ／若々しくて生き生きしている just caught and very fresh/young and lively 新鮮/年轻而有生气,娇嫩,水灵 갓 잡은(딴) 것으로 신선하다 / 젊고 생기 넘치다 例:「南国のホテルの食卓にはみずみずしい果物が並んでいた」「この化粧品を使うと、少女のようなみずみずしい肌になりますよ」This cosmetic will make your skin as smooth as a young girl's. 如果使用这个化妆品,肌肤会变成像少女似的娇嫩。 이 화장품을 사용하면 소녀와 같은 싱싱한 피부로 만들 수 있어요.
2「たどたどしい」= 話し方や動作がまだ慣れていない (way of talking or behavior) not smooth 说话方式和动作还很生硬 말투나 동작이 아직 익숙치 않다 例:「たどたどしい日本語で道を聞かれた。説明をしてもわからないと思ったので、一緒に行ってあげることにした」
4「なれなれしい」= 親しすぎて遠慮がない様子 talk too much and too frank 因太亲近了而毫不客气 너무 친해서 거리낌이 없다 例:「電車の中で隣に座った男性がなれなれしく話しかけてくるので困った」

【110】 正解 2
かたときも = わずかの時間も（〜しない）(not do something) even for a moment 一刻也(不〜) 잠깐의 시간도 (〜 하지 않다)
歩き始めた1歳の息子は、かたときもじっとしていないので、目が離せない。
My one-year-old son who just started walking doesn't stay still for a moment, so I cannot lose sight of him.
刚开始走路的一岁的儿子, 真是一刻也不停, 眼睛没法离开.
걷기 시작한 1살된 아들은, 잠시도 가만 있지 않아서 눈을 뗄 수가 없다.
📝「彼は家族の写真をかたときも離さず持っている」He carries his family photos with him all the time. 他一直带着家人的照片。一刻也不曾放手. 그는 가족 사진을 잠시도 놓지 않고 지니고 있다.

選択肢の言葉
1「見るからに」= ちょっと見ただけで、いかにもそういう感じがする look very much like something just by one glimpse 只是看了一下,便有了某种感觉. 잠깐 봤을 뿐인데, 정말로 그런 느낌이 든다 例:「テーブルの上には見るからにおいしそうな料理がならんでいる」
3「つねひごろ」(常日頃) = ふだん／いつも 例:「つねひごろ子どもには人に迷惑をかけないようにと言っている」I often tell my children not to trouble others. 平常一直对孩子说,不要给别人添麻烦。 평소 아이들에게는 사람에 폐를 끼치면 안 된다고 말하고 있다.
4「ふだんから」= いつも 例:「ふだんから脂っこい物を食べないように注意している」I try to be careful not to eat oily foods in my daily meals. 平时注意不吃油腻的东西. 평소에도 기름진 음식을 먹지 않으려고 주의하고 있다.

【111】 正解 3
ストレス stress 应急反应,紧张 스트레스
近年、ストレスが原因の病気が増えている。
📝「ストレスがたまったと感じたら、それを早く解消することです」If you think you have stress, it is best to get rid of it soon. 当感到应急反应在体内积蓄多了,要及时解除。 스트레스가 쌓였다고 느끼면, 그것을 빨리 해소하는 것이 좋다.

選択肢の言葉
1「ストライキ」strike 罢工 스트라이크, 파업 例:「鉄道会社のストライキで首都圏の電車が止まり、多くの人が迷惑を被った」Due to the railroad company's strike, trains around the metropolis didn't run and troubled a lot of

people. 因铁道公司的罢工,首都圏的电车停了,给很多人带来麻烦。 철도회사의 파업으로 수도권 전차가 멈춰, 많은 사람들이 폐를 입었다.
2「ルール」= 規則　例:「ルールを守らない人には社会人の資格がない」
4「アクシデント」= 事故

【112】　正解 1
別途　separately　其他路,另,另外　별도
詳しい内容につきましては別途お知らせいたします。
We will let you know the details separately.
关于具体的内容将另行通知。
자세한 내용에 대해서는 별도로 안내해 드리겠습니다.

📝「時給は 850 円。交通費は**別途**支給される」The hourly wage is 850 yen and transportation will be paid separately. 毎小时 850 日元,另给交通费。　시급은 850 엔。교통비는 별도로 지급된다.

選択肢の言葉
3「終始」= 始めから終わりまで　例:「営業会議が行われたが、社長の表情は終始厳しかった」When a sales meeting was held, the company president's facial expression was gloomy from beginning to end. 营业会议开了,但是社长的表情始终很严肃。 영업회의가 진행되었는데, 사장님은 시종 엄한 표정이었다.

第 17 回
【113】　正解 4
心構え　readiness　思想准备,心理准备　마음가짐
上司が新入社員に対して職場での心構えを教えた。

📝「日頃から災害に対する**心構え**があれば、地震が起きても落ち着いて避難できるだろう」If you are prepared for a disaster, you will be able to flee calmly when an earthquake occurs. 如果平时就对灾害有思想准备,即使地震发生了,也能沉着地避难。 평소부터 재해에 대한 마음의 준비가 되어 있으면, 지진이 일어나도 침착하게 피난할 수 있을 것이다.

選択肢の言葉
1「やる気」= 何かをしようとする強い気持ち　例:「最近なんだかやる気が出なくて困っている」「祖父は高齢だが、何事にも若者負けのやる気を見せる」My grandfather is old, but shows eagerness for everything that beats young people. 祖父虽是高龄,但是无论做什么都有让年轻人也觉得甘拜下风的干劲儿。 할아버지는 고령자이지만, 무슨 일에든 젊은이들도 무색할 정도의 의욕을 보여주신다.

2「気力」= 精神力／苦しくても耐えて物事を行おうとする気持ち　spiritual power/trying to persevere and carry out things even if it's difficult　精力,元气／即使痛苦也坚持行事的意志　정신력／힘들더라도 견뎌내며 일을 해내려고 하는 마음　例:「父は母が病気で亡くなって以来、生きる気力をなくしたように見える」My father seems like he lost his

will to live after my mother passed away from illness. 父亲在母亲病亡以后,好像失去了活着的元气。 아버지는 어머니가 병으로 돌아가신 이후, 살아가려고 하는 기력을 잃어버리신 것처럼 보인다.

3「下心」= 表には出さないが、チャンスがあれば実行しようと思っている、あまりよくない考え　not a good-intentioned plan which one tries to carry out if there's a chance, although he doesn't disclose it　用心,图谋,预谋　겉으로는 드러내지 않지만, 기회가 있으면 실행하려고 생각하고 있다, 그다지 좋지 않은 생각　例:「彼女の父親が大企業の社長なので、ひょっとしたら仕事を紹介してもらえるかもしれないという下心があって兄は彼女に近づいた」My older brother approached her the harboring a secret expectation that he might be able to get a job because her father is the president of a large company. 她的父亲是大企业的社长,哥哥抱着说不定能给自己介绍工作的预谋,与她接近了。 그녀의 아버지가 대기업 사장이므로, 어쩌면 일을 소개해줄지도 모른다라는 저의를 갖고 형은 그녀에게 접근했다.

【114】　正解 1
ユニフォーム　uniform　制服　유니폼
今日の試合で日本チームが着用するユニフォームの色は青です。
📝「うちの息子のサッカーの**ユニフォーム**は泥ですっかり汚れている」

選択肢の言葉
2「ジョギング」jogging　跑步　조깅　例:「ジョギングは、どこでも手軽にできる運動として人気がある」
3「ファイト」= 闘志　fighting spirit　斗志　투지　例:「何をするにも、努力とファイトが必要だ」
4「ストレッチ」= 柔軟体操　stretching exercise　柔软体操　유연체조　例:「イチロー選手は、試合の前の準備運動としてストレッチを必ず行うそうだ」Ichiro is said to do stretching always as preparatory exercise before a game begins. 作为比赛前的准备运动,一郎选手必定做柔软体操。 이치로 선수는 시합 전에 준비운동으로 스트레치를 반드시 한다고 한다

【115】　正解 1
つきましては = ですから／それで　accordingly/therefore
所以,因此　그러니까／그래서
(あらたまった案内状などに使う)
パーティーのご案内状をお送りいたします。つきましては 5 月 10 日までにお返事をいただきたく、よろしくお願い申し上げます。

📝「この度私たちは結婚することになりました。**つきましては**、結婚式および披露宴にご出席賜りたく、お願い申し上げます」We are going to get married and would appreciate your attendance to our wedding ceremony and the reception. 这次,我们决定结婚。所以,婚礼和披露宴请一定光临。 이번에 저희는 결혼하게 되었습니다. 그러므로

결혼식 및 피로연에 출석해 주시기를 부탁드립니다.
【選択肢の言葉】
2「つつしんで」(謹んで) = 敬意を表して／かしこまって　with respect/sincerely　表示敬意／謹、敬　경의를 표하여／정중하게　例：「つつしんで新年のご挨拶を申し上げます」
3「はやばやと」(早々と) = 普通より早い時期に　earlier than usual　很早,比平时早　평소보다 빠른 시기에　例：「まだ梅雨だと言うのに、海岸にははやばやと海水浴を楽しむ人の姿が見られる」「パンが売り切れたのだろうか、店主ははやばやと店じまいをしている」I wonder if all the bread is sold out. The owner is closing up the store earlier.　是不是面包卖完了?店主很早就在关门了。　빵이 다 팔려서인지, 가게 주인은 일찍 가게문을 닫고 있다.
4「つとめて」(努めて) = できるだけ努力をして／なんとかがんばって　making as hard an effort as possible/doing one's best　尽可能努力／尽力,尽量　최대한 노력하여／어떻게든 분발하여　例：「健康のために、つとめて歩くようにしています」

【116】　正解3
野暮（な）　not sophisticated　庸俗,俗气　촌스러운
田舎育ちの彼の服装は、いつもどこか野暮で、洗練されていない。
The outfit of the man who was grown up in the country is always sort of unrefined and unsophisticated.
农村长大的他的服装,总是带着俗气,不讲究。
시골에서 자란 그의 복장은, 언제나 어딘가 촌스럽고, 세련되지 않다.
✏️「新婚の彼女に『幸せですか』と聞くなんて**野暮**だなあ」
【選択肢の言葉】
1「無茶（な）」= 道理に合わない　例：「こんなたくさんの仕事を今日中にやれだなんて無茶だ」
2「強硬（な）」= 自分の意見を強く主張する　strongly assert one's opinion　強硬主張自己意見　자신의 의견을 강하게 주장하다　例：「父は娘の結婚に強硬に反対した」

【117】　正解2
みなす　regard　看作,认为,当作　간주하다
30分以上の遅刻は欠席とみなします。
✏️「この研究会では、2年会費を払わないと退会と**みなされる**」In our study group, if you don't pay the fee for two years, you will be regarded as resigned.　在这个研究会里,如果两年没有支付会费的话,那么就会被当作退会。　이 연구회에서는, 2년간의 회비를 지불하지 않으면 탈퇴로 간주된다.
【選択肢の言葉】
3「見計らう」= 時間の見当をつける／適当なものを選ぶ　estimate the time/choose something appropriate　斟酌,估计　시간을 어림잡다／적당한 것을 선택하다　例：「相手のひまな時間を見計らって電話をかけた」I called the person at a time when he will be presumably free.　估算着对方空闲的时间打了电话。　상대방이 한가할 때를 가늠하여 전화를 걸었다.
4「見積もる」= おおよその量の見当をつける／前もって計算して時間や金額を出す　estimate approximate quantity/calculate in advance and figure out the amount of time and money　估算分量／估算(時間,費用等)　대략의 양을 어림잡다／사전에 계산하여 시간과 금액을 산출하다　例：「この工事はざっと見積もっても、3億円以上かかる」This construction will cost over 300 million yen at a rough estimate.　这个工程,粗略估算要3亿日元以上。　이 공장은 대충 어림잡아도 3억엔 이상 든다.

【118】　正解2
取材　news gathering　取材,采访　취재
彼は新聞記者として数々の事件の取材を行ってきた。
He has collected news materials of various cases as a newspaper reporter.
作为新闻记者,他采访了许多事件。
그는 신문기자로서 수많은 사건을 취재해 왔다.
✏️「事故現場にはテレビ局の記者とカメラマンが**取材**に来ていた」
【選択肢の言葉】
3「捜査」investigation　搜查　조사　例：「警察の地道な捜査が実って、事件は10年ぶりに解決した」Steady investigation by the police bearing fruit, the case was solved first time in ten years.　警察的认真搜查终于有了结果,事件在经过了10年以后解决了。　경찰의 묵묵한 조사가 결실을 맺었고, 사건은 10년만에 해결되었다.
4「審判」judgement, umpire　裁判员　심판　例：「サッカーの審判は選手と一緒に走るので大変だ」

【119】　正解4
取り掛かる = 始める
さて、そろそろ仕事に取り掛かるか。
✏️「やりたくない仕事だが、そろそろ**取り掛からない**と、約束の期限に間に合わなくなる」Though I don't like to do this job, I won't be able to make it by the deadline if I don't start now.　虽然是不想干的工作,但是如果还不快着手的话,就赶不上约定的时间完成了。　하고 싶은 일은 아니지만, 이제 슬슬 시작하지 않으면 약속 기한을 맞추지 못하게 된다.
【選択肢の言葉】
1「働きかける」= 相手に提案したり、よびかけたりする　giving a suggestion to someone or calling for support　给对方提建议,招呼对方,推动,发动　상대방에게 제안하거나, 호소하거나 한다　例：「市に働きかけて、この町の歴史的な建物を残そうという市民の活動が始まった」After appealing to the city, the citizens' activity to try to remain the historical buildings in this town has begun.　向市(政府)呼吁,为了保留这个城市的历史性的建筑物,市民们开始活动

了。　시에 요청하여 이 마을의 역사적인 건물을 남기자고 하는 시민의 활동이 시작되었다．
2「仕上げる」＝完成させる　例：「この絵を仕上げるのに3か月かかった」
3「取り上げる」＝①採用する　例：「その問題はNHKの報道番組で取り上げられた」The issue has been reported in the news program on NHK.　这个问题在NHK的报道节目中被提出来了。　그 문제는 NHK의 보도프로그램에서 언급되었다．
②（人から物を）取り去る　例：「子どもがライターで遊んでいたので、あわてて取り上げた」When I saw my child playing with a lighter, I hurriedly took it away.　因为孩子在玩打火机，慌忙把它拿走。　아이가 라이터를 갖고 놀고 있어서，당황하여 빼앗았다．

第18回
【120】 正解3
アマチュア　amateur　业余爱好者　아마추어
今回のゴルフ大会では、アマチュアの選手がプロに負けない活躍をしたことが話題になった。
In this golf tournament, it was talked about that amateur players did as well as pros.
这次高尔夫大会，不逊色于专业选手的业余选手们的活跃成为大家的话题。
이번 골프 대회에서는 아마추어 선수가 프로선수에게 지지 않는 활약을 한 것이 화제가 되었다．

「**アマチュア**とはいえ、オリンピックに出るにはプロ並みのトレーニングが必要だ」Even if one is an amateur, one needs to go through trainings as hard as those of professionals' in order to enter the Olympics　虽说是业余选手，为了能参加赛奥林匹克，必须进行和专业选手一样的训练。　아마추어라 하더라도 올림픽에 나가기 위해서는 프로 수준의 트레이닝이 필요하다．

選択肢の言葉
1「コントロール」control　控制　컨트롤　例：「毎朝のニュース番組を担当するキャスターにとって最も大切なのは体調をコントロールすることだ」The most important thing for a caster who is in charge of a news program every morning is to control his/her physical condition.　对于担任每天早上新闻节目的播音员来说，最重要的就是控制健康状态。　매일 아침 뉴스를 담당하고 있는 캐스터에게 있어서 가장 중요한 것은 몸상태를 컨트롤하는 것이다．
2「キャッチ」catch, notice　抓，抓住，觉察　캐치
例：「教師が子どもたちの気持ちを早くキャッチできれば、いじめによる自殺を防ぐことができるだろう」If teachers can sense the children's feelings early, we will be able to prevent suicides by bullying.　如果教师能尽早觉察孩子的心情，也许就能防止因为欺负而引起的自杀。　교사가 아이들의 기분을 빨리 캐치할 수 있다면 이지메（집단학대）로 인한 자살을 막을 수 있겠지．
4「ポイント」point　要点　포인트　例：「今回のスピーチコンテストの評価のポイントは話の内容が自分の体験をもとにしているかどうかである」The major point of the evaluation for this speech contest is whether the contents are based on the speaker's own experiences.　这次的演讲竞赛的评价要点是，演讲内容是不是建立在自己亲身体验之上。　이번 스피치 콘테스트의 평가 포인트는 이야기의 내용이 자신의 체험을 근거로 한 것이냐하는 부분이다．

【121】 正解1
献身的（な）　devoting, devoted　献身的，忘我的　헌신적（인）
母の献身的な介護のおかげで、父の病気は快方に向かった。
My father got better from his illness thanks to my mother's devoted nursing.
多亏母亲忘我的护理，父亲病情好转。
어머니의 헌신적인 간호 덕분에，아버지의 병은 나아지고 있었다．

「貧しい人々に対する彼女の**献身的な**活動に対して、賞が与えられた」She was awarded a prize for her devoted activities for the poor.　为了贫穷的人们所做的忘我的工作（活动），让她得到了奖赏。　가난한 사람들에 대한 그녀의 헌신적인 활동에 대해 상이 수여되었다．

選択肢の言葉
2「楽観的（な）」optimistic　乐观的　낙관적（인）
例：「彼は楽観的な人で、日本語ができなくても日本で仕事ができると思っている」

【122】 正解3
なにより（何より）＝他のどんなことよりも良い／とても良い　better than anything else/very good　比其他任何事都好，非常好　다른 어떤 것보다도 좋다／매우 좋다
入院されたと聞いて心配していましたが、お元気になられくなによりです。

「娘が希望の大学に入れたのが**なにより**うれしい」I am so happy my daughter could enter the college she desired.　女儿考入希望进的大学比什么都高兴。　딸이 희망했던 대학에 들어간 것이 무엇보다도 기쁘다．

選択肢の言葉
1「なにとぞ」（何卒）＝どうか／どうぞ　例：「なにとぞお許しください」
2「なんなり」（何なり）＝どんなことでも　例：「ご用がありましたら、なんなりとおっしゃってください」If you need me, ask me whatever it is.　如有事，无论何事都请讲。　필요한 것이 있으시면，무엇이든 말씀해 주십시오．
4「なにもかも」（何もかも）＝すべて／全部　例：「信頼していた人に裏切られて、なにもかもいやになった」Being betrayed by a person I trusted, I feel disgusted about everything.　被信赖的人背叛了，什么都变得那么讨厌。　신뢰하고 있었던 사람에게 배신당해，모든 것이 싫어졌다．

【123】 正解3
充実する　be satisfied　充实　충실하다
彼女は今、仕事も私生活も充実しているようだ。

She seems like she is now satisfied both with work and her private life.
她现在工作和生活都很充实。
그녀는 지금 일도 사생활도 만족스러운 것 같다.

📝「この学校は設備が**充実している**ので、人気がある」Being fully equipped, this school is very popular.　这个学校因为设备充实，很有人气。　이 학교는 설비가 충실하여, 인기가 있다.

選択肢の言葉

1「上昇する」= (数量が)高くなる／上がる　例:「温暖化で気温が上昇すると氷河がとけて海面の水位が上がる」When the temperature rises due to the global warming, the ice of glacier melts and the water level of the ocean rises.　温室效应使气温上升，冰河溶化，海面水位上升。　온난화로 기온이 상승하면 빙하가 녹아 수면의 위가 올라간다.

4「達成する」= やろうと決めたことをやり終える　achieve what one has decided to carry out　完成了决定要做的事，达成　하기로 결정한 것을 끝마치다　例:「今月の営業目標を達成することができてうれしい」I'm happy I could achieve this month's sales goal.　达成了这个月的营业目标，很高兴。　이번달 영업목표를 달성하게 되어 기쁘다.

【124】 **正解 2**
連携　cooperation　联合，合作　연휴，제휴
各国が連携を密にして、テロ対策に取り組んでいる。
Each country is grappling with measures against terrors through close mutual cooperation.
各国密切合作，努力研究对付恐怖活动的对策。
각국이 제휴를 긴밀히 하여, 테러대책마련에 대처하고 있다.

📝「この事件には新聞記者も協力し、**警察と新聞社の連携**によって解決することができた」They could solve this case through a team play of the police and newspaper companies in which newspaper reporters also cooperated.
这一事件得到了新闻记者的协力合作，事件是因为警察和新闻社联合而解决的。　이 사건에는 신문기자도 협력하여, 사건은 경찰과 신문사의 연휴에 의해 해결할 수 있었다.

選択肢の言葉

1「結合」= (物と物が)一緒になって1つになること (objects are) united together to turn into one　合而为一，结合 (사물과 사물이) 함께하여 하나가 되는 것　例:「異なる2つの分子が結合して新しい物質が生まれた」Two different molecules were united and a new substance was born.　不同的两个分子结合起来生成了新的物质。　다른 2개의 분자가 결합하여 새로운 물질이 태어났다.

3「協定」= お互いの利益に関する問題について、相談して決めること　making an agreement after discussion regarding an issue of mutual interest　对于与相互利益有关的问题，经磋商后决定　서로의 이익에 관한 문제에 대해서, 상담하며 결정하는 것　例:「A国とB国は米の輸出入に関する協定を結んだ」Nation A and Nation B passed an agreement regarding export and import of rice.　A国和B国就大米进出口问题达成了协定。　A국과 B국은 쌀 수출입에 관한 협정을 맺었다.

4「共同」= 2人以上の人がいっしょにすること (two or more people) doing something together　有两个以上的人在一起。共同　둘 이상의 사람들이 함께 하는 것　例:「私は友人と共同経営の店をもっている」I co-own a store with a friend.　我有一家和朋友共同经营的店。　나는 친구와 공동경영하는 가게를 갖고 있다.

【125】 **正解 2**
補欠　substitute　补缺，补充　보결
ゲームは9人で行うが、補欠の選手を3人加えて12名で1チームとする。

📝「A議員が亡くなったので、**補欠**選挙が行われることになった」Because Congressperson Mr. A passed away, a supplimentary election is to take place.　因为A议员去世，进行了补缺选举。　A의원이 작고하였기 때문에 보궐선거를 진행하기로 했다.

選択肢の言葉

1「補給」= 足りなくなったものを補うこと　to supply what is scarce　补充不够的东西，补给　부족해진 부분을 메우는 것　例:「暑いときは、水分をしっかり補給したほうがいい」You should take lots of water when it is hot.　在炎热的时候，要好好地补给水分。　더울 때는 수분을 충분히 보충하는 것이 좋다.

3「補充」= 足りなくなった物や人を補って満たすこと supply and fill what is insufficient (persons or things)　补足不够的物或人，补充　부족해진 물건이나 사람을 보충하여 채우는 것　例:「このペンはインクを補充すれば繰り返し使うことができる」

4「補足」= 不十分なところを補うために付け加えること to add something in order to supply enough where insufficient　补充不够的部分，补足　충분하지 못한 부분을 보충하기 위해 덧붙이는 것　例:「今月のスケジュールについて先ほど説明をしましたが、数点補足の説明をします」I explained earlier about the schedule for this month, but am going to explain a few more supplimentary things.　关于这个月的日程，刚才已经作了说明。现在补充说明几点。　이번달 스케쥴에 대해 조금 전 설명드렸습니다만, 몇가지 보충 설명 드리겠습니다.

【126】 **正解 1**
大手
父は大手の建設会社に勤めている。

📝「就職難のこのごろ、**大手**企業に就職するのが難しくなっている」It's getting harder and harder to get a job at a larger company under the recent situation of job scarcity.
在"就职难"的现在，要想进入大企业变得很难。　취직난인 요즘, 대기업에 취업하기가 어려워 졌다.

選択肢の言葉
3「首席」＝第一位　first place　首席，第一位　제１위
例：「彼女は大学の法学部を首席で卒業した」
4「主任」＝（組織などの）長、チーフ　例：「彼女は法律事務所の主任弁護士として活躍している」She works actively as a chief attorney at a law firm.　她作为法律事务所的主任辩护律师，活跃（在岗位上）。　그녀는 법률사무소의 주임변호사로써 활약하고 있다．

第19回
【127】　正解1
紛失する　lose　丢失　분실하다
クレジットカードを紛失したので、すぐカード会社に連絡した。
I lost my credit card, so immediately contacted the card company.
因为丢失了信用卡，马上与信用卡公司联系了。
신용카드를 분실해서, 바로 카드회사에 연락했다．

📝「**紛失したり**外部に漏れたりする恐れがあるので、学生の個人情報を教師が自宅に持ち帰ることは許されていない」The teachers are not allowed to take home students' private information because it could be lost or could leak outside.　由于担心丢失或者泄露，不允许教师把学生的个人情报带回自己家里。　분실하거나 외부로 누설될 우려가 있기 때문에，학생의 개인정보를 교사가 자택에 가져가지 못하도록 되어 있다．

選択肢の言葉
2「横取りする」＝他人のものを横から取る　snatch/take somebody's thing　抢夺别人的东西　타인의 것을 옆에서 가로채다　例：「兄が弟の財産を横取りした」The older brother snatched his younger brother's fortune.　哥哥抢夺了弟弟的财产。　형이 동생의 재산을 가로챘다．
3「万引きする」＝買い物をするようなふりをして商品を盗む　steal merchandise while pretending to shop　装着买东西的样子偷东西，扒窃　물건을 구입하는 척하면서 상품을 훔치다　例：「スーパーの警備員が化粧品を万引きした女性をつかまえた」A supermarket's guard caught a woman who shoplifted cosmetics.　超市的保安人员抓住了扒窃化妆品的女性。　슈퍼의 경비원이 화장품을 훔친 여성을 붙잡았다．
4「失念する」＝うっかり忘れる　forget carelessly　不小心忘了　깜빡 잊다　例：「お約束していたことを失念し、誠に申し訳ありません」I am so sorry I forgot my appointment with you.　不小心忘了约好的事情，真是对不起。　약속했던 사실을 깜빡 잊어，정말 죄송합니다．

【128】　正解2
なんなら（何なら） ＝（問題文の意味）もしよろしければ　if it's OK, if you don't mind　如果您愿意　만약 괜찮으시다면
「一度お会いしてご相談したいと思いますが」「なんなら私のほうから、そちらへ伺いましょうか」

📝「こちら、お茶です。**なんなら**、冷たいビールをお持ちしましょうか」Here's some tea. If you wish, I could bring some cold beer.　这是茶，如果您愿意，拿点冰镇啤酒来怎么样。　여기，차 드세요．괜찮으시면 차가운 맥주로 가져다 드릴까요．

選択肢の言葉
1「どのみち」＝いずれにしても／結局　in any way/after all　总之，结局　어차피／결국　例：「どこに逃げても、どのみち捕まるだろう。自首したほうがいい」Wherever you escape, you will be caught after all. You should turn yourself in.　无论逃到哪里，结局总是被抓获。还是自首的好。　어디로 도망쳐도，결국 붙잡히겠지．자수하는 것이 좋아．
3「もしくは」＝あるいは　例：「品物は月曜日もしくは火曜日にお届けします」
4「なんだか」（何だか）＝理由ははっきりしないが、ちょっと／なんとなく　don't know why, but/somehow　虽然理由不明确，但是／总觉得　이유는 분명하지 않지만，조금／어쩐지　例：「なんだか寒いと思ったら、窓が開いていた」

【129】　正解3
斬新（な）　drastic, original, unconventional, unique　崭新的　참신(한)
これまでには見られなかった斬新なデザインが評価され、彼女の作品が入賞した。
Her piece won the prize for her unconventionally unique design.
至今未见的崭新的设计被（高度）评价，她的作品获奖了。
지금까지 볼 수 없었던 참신한 디자인이 평가되어，그녀의 작품이 입상했다．

📝「彼の**斬新な**アイデアのおかげで、会社の危機が救われた」The company's crisis was saved thanks to his drastic ideas.　幸亏他的崭新的想法，公司从危机中得救了。　그의 참신한 아이디어 덕분에 회사는 위기를 극복하였다．

選択肢の言葉
1「盛大（な）」＝①勢いが盛んな様子　thriving, grand　气势很盛，盛大　기세가 엄청난 모습　例：「演奏が終わると盛大な拍手が起こった」
②（儀式や会を）大規模に（行う）　(hold a) grand (ceremony/party)　（仪式或会）大规模地（举行）　의식이나 모임을）대규모로（진행하다）　例：「20周年記念パーティーが盛大に行われた」
4「過剰（な）」＝必要以上に多い様子　more than necessary　过剩，比必要的多　필요이상으로 많은 모습　例：「彼は自信過剰で、自分は何でもできると思っている」

【130】　正解3
ローン　loan　贷款，借款　론，대부금
35年のローンを組んで、マンションを購入した。
We set up a 35-year loan to buy a condo.
借了35年的贷款，购买了公寓。
35년의 대부금을 체결하여，맨션을 구입했다．

📝「彼は住宅**ローン**と車の**ローン**で遊ぶ余裕は全然ない」 He has loans for his house and car, and cannot afford to take time off at all. 他借了住宅贷款和汽车贷款，根本没有富余玩。 그는 주택 대부금과 자동차 대부금때문에 놀 여유는 전혀 없다.

選択肢の言葉
1「チャージ」charge (electricity, money) 收费，上油，充电 충전 例:「電車に乗るためのカードが普及している。最近のカードには残高が少なくなると自動的にチャージする機能もある」The train card is getting more and more popular. Most recent type of cards automatically charge up (money) when the balance gets low. 坐电车的卡普及了。最近的卡当余额减少时，有自动充值的功能。 전차를 타기 위한 카드가 보급되고 있다. 요즘 카드에는 잔액이 적어지면 자동적으로 충전하는 기능도 있다.
2「メディア」media 媒体 미디어 例:「メディアが発達したおかげで、情報化が進み、世界が狭くなった」
4「クレジット」credit 信用 크레디트，신용 例:「インターネットで買い物をする場合の支払いは、クレジットカードを使う方法と品物が着いたときに払う方法がある」When you bought something on the Internet, you can either pay by credit card or pay when you have received merchandise. 在网上购物时，有信用卡支付的方法和物品到达时支付的方法。 인터넷으로 쇼핑할 경우의 지불방법은 신용카드를 사용하는 방법과 상품이 도착했을때 지불하는 방법이 있다.

【131】 正解 4
活路 way out, means of survival 活路，出路 활로, 살길
不況が続く中、国内よりも海外に**活路**を見出す企業が増えている。
In this bad economy, more companies find a way out abroad rather than at home. 在连续不景气中，比起在国内找出路，在海外找出路的企业增加了。 불경기가 계속되는 가운데, 국내보다도 해외에서 활로를 찾아내는 기업이 늘고 있다.
📝「どうすれば今後この会社が**活路**を開くことができるかと、社長は頭を悩ませている」The company president is worried about how the company can find a way out in the future. 怎样在今后找到这个公司的出路，这个问题让社长烦恼。 어떻게 하면 앞으로 이 회사가 활로를 열어 갈 수 있을까에 대해 사장은 골머리를 앓고 있다.

選択肢の言葉
1「活気」energy, liveliness 活力，生气 활기 例:「ここは昔からの交通の要所で、人の行き来も多く、町は活気に満ちている」
2「進展」development, progress 進展 진전 例:「もう1年も経つのに、その問題には何の進展もない」It has been a year, but there is no progress on the issue. 已经一年过去了，这个问题一点进展都没有。 벌써 1년이나 지났는데, 그

문제에는 어떤 진전도 없다.

【132】 正解 2
盛り上がる become exciting/excited 鼓起，涌起，气氛热烈 고조되다
夕方になって人出も増して、祭りの気分もいっそう盛り上がった。
📝「今日の飲み会はみんな仕事の後で疲れていて、あまり**盛り上がらなかった**」

選択肢の言葉
1「飛び上がる」= 飛んで上の方にいく
例:「飛行機の大きな機体が空中に飛び上がっていくのはいつ見ても不思議だ」It's always mysterious to see a huge airplane fly up in the air. 看着飞机的庞大的机体飞向空中，总觉得不可思议。 비행기의 커다란 기체가 공중에 날아오르는 모습은 언제 봐도 신기하다.
「入学試験の合格通知を受け取り、妹は飛び上がって喜んだ」
3「浮き上がる」= 地面から空中へ、または水中から水面に浮く to float from the ground to the air, or from the water to the surface 从地面向空中，或者从水中浮向水面 지면에서 공중으로, 또는 수중에서 수면으로 뜨다
例:「飛行船は暖かい空気が入るとゆっくり浮き上がった」Warm air being pumped in, the airship slowly floated in the air. 飞行船加入了热空气，缓慢地向上浮起。 비행선은 따뜻한 공기가 들어가니 천천히 떠올랐다.
「池の水温が上がると水中の酸素が不足するので、魚は水面に浮き上がる」When the temperature of the water in the pond rises, oxygen in the water becomes less and the fish float up on the surface. 池中的水温如果上升，因水中氧气不足，鱼就浮向水面。 연못의 수온이 올라가면 수중의 산소가 부족해지므로, 물고기는 수면으로 떠오른다.

【133】 正解 2
従来 traditional(ly) 从来，以前 종래
新しく開発されたLED電球は、**従来**の電球よりも消費電力がはるかに少ない。
The newly-developed LED bulb consumes much less electricity than the traditional type. 新开的LED电灯泡，比以前的灯泡的耗电量少得多。 새롭게 개발된 LED 전구는 종래의 전구보다도 소비전력이 훨씬 적다.
📝「今週発表された新幹線の新車両は、**従来**の車両より静かで揺れも少ないそうだ」The new bullet train which was introduced this week has quieter cars and less vibration, I hear. 这周发表的新干线的新车厢，比以前的车厢安静而且摇晃的少。 이번주에 발표된 신칸센의 신차량은 종래의 차량보다 조용하고 흔들림도 적다고 한다.

選択肢の言葉
1「元来」= 初めから 例:「元来、このあたりは野生のシカが住んでいたところで、そこに農地を作ったのだから、シカ

が出るのは当然だ」The farm land was made in such a place as where wild deer originally used to live, so it's natural that you see deer around. 本来,这附近居住着野生的鹿,在这儿开垦农地,有鹿出来是当然的。 원래 이 주변은 야생 사슴이 살던 곳으로, 그곳에 농지를 만들었으니, 사슴이 나타나는 것은 당연하다.

3「往来」= 行ったり来たりすること 例:「この通りは人の往来が激しいので店を開くのにはちょうどいい」There are a lot of people coming and going down this street, so it's good to open a store here. 这条路人群往来非常多,在这儿开店正好。 이 거리는 사람의 왕래가 빈번하므로 가게를 열기에는 딱 좋다.

第20回

【134】 正解 4

すがすがしい = すっきりと爽やかで気持ちがいい feel nice and refreshing 清爽,清爽的心情 시원하고 상쾌하며 기분이 좋다

山の空気は実にすがすがしい。

✏️「**すがすがしい**気分で新年を迎えた」I welcomed the new year with a refreshing spirit. 想神清气爽地迎接新年。 상쾌한 기분으로 새해를 맞이했다.

選択肢の言葉

1「せわしない」= せわしい、忙しそうで落ち着かない busy, hurried, and hasty 忙,忙碌 바쁘다, 바쁜 듯하며 어수선하다 例:「何か事件があったらしく、ビルの中を警備員がせわしなく行ったり来たりしている」There may have been some incident. Security officers are running back and forth hastily in the building. 好像发生了什么事,大楼中的保安人员忙碌地走来走去。 무슨 사건이 있었는지, 빌딩 안을 경비원이 분주하게 왔다 갔다하고 있다.

2「おびただしい」= 数や量が多い／程度がはなはだしい a large number/quantity; to an extreme 数量很多 / 程度很厉害 수나 양이 많다 / 정도가 심하다 例:「事故現場にはおびただしい血が流れていた」

3「うっとうしい」- 気分が晴れない／気になって不快に感じる feel down/feel bothered and uncomfortable 郁闷,沉闷,厌烦 / 因担心而感到不快 기분이 개운치 않다 / 마음에 걸려 불쾌하게 느낀다

例:「梅雨に入って、うっとうしい天気が続いている」

「前髪が伸びてうっとうしい」feel uncomfortable with my forelock growing long 前刘海长长了,很厌烦。 앞머리가 자라 답답하다.

【135】 正解 2

登録する register 登录,登记 등록하다

クラブに登録した人には会員証が送られてくる。

✏️「自転車を買ったら警察に**登録する**ことになっている」When you bought a bicycle, you are required to register it at the police. 买了自行车必须去警察那里登记。 자전거를 사면 경찰에 등록하게 되어 있다.

選択肢の言葉

1「収録する」= 録画や録音をする 例:「テレビ番組の収録が終わったあと、スタッフ全員で食事に行った」

【136】 正解 2

手元 at hand, nearby 手头,手上 주변,수중

お**手元**にある資料をご覧ください。

Please take a look at the materials at hand.
请看手头的资料。
갖고 계신 자료를 봐 주십시오.

✏️「インターネットでご注文くだされば、3日以内にお**手元**に届くように発送いたします」If you order via Internet, we will ship your order to your residence within three days. 如果在网上订货,将立即发送,3天以内送到你手上。 인터넷으로 주문해 주시면, 3일 이내에 수중에 도착할 수 있도록 발송하겠습니다.

選択肢の言葉

1「手口」= 犯罪のやりかた

例:「この3つの盗難事件の手口はとても似ている。同一犯人の可能性がある」The tricks of these three thefts cases are very much alike. It is possible they were committed by the same criminal/criminals. 这3起盗窃事件手法类同,很可能是同一犯人。 이 3가지 도난사건은 수법이 매우 비슷하다. 동일범인일 가능성이 있다.

「犯人は巧妙な手口で6億円を盗んだ」The criminal stole six hundred million yen using a crafty trick. 犯人以巧妙的手法盗窃了6亿日元。 범인은 교묘한 수법으로 6억엔을 훔쳤다.

3「手本」- 模範 model 模范,样板 본보기 例:「子どもは親を手本にして学び、成長する」Children grow up while learning things from their parents as a model. 孩子是以父母为样板学习和成长的。 어린이는 부모를 본보기로 삼아 배우고, 성장한다.

【137】 正解 4

めいっぱい = もうこれ以上できないというところまで/精一杯 to one's utmost, to the full 竭尽全力,尽最大努力 힘껏, 최대한

夫婦で**めいっぱい**働いても、贅沢ができるほどの収入には程遠い。

Even if I and my wife work hard to our utmost, our income is far from the state where we can afford luxury.
即使夫妇竭尽全力地工作,离能够奢侈(开销)的收入还差得很远。
부부가 최대한 일을 해도, 사치할 수 있을 정도의 수입과는 아주 거리가 멀다.

✏️「**めいっぱい**がんばりました。負けても後悔しません」We did our best, so won't regret if we lose. 竭尽全力地努力了,即使输了也不后悔。 힘껏 노력했습니다. 져도

후회하지 않습니다.

選択肢の言葉

1「よりいっそう」＝前よりもっと／今よりさらに　more than before/better than now　比以前更/比现在更　전보다 더/지금보다 더　例：「合格おめでとう。大学に入ったら、よりいっそうがんばって勉強してください」

2「手いっぱい」＝これ以上他のことをする余裕がない　cannot afford to do more than this　没有空闲　이 이상 다른 것을 할 여유가 없다　例：「今、こっちも手いっぱいで、お手伝いできなくてごめんなさい」I'm sorry I am too busy right now and cannot afford to help you.　现在，我也没有空闲，不能帮你的忙对不起。　지금 여기도 힘에 부쳐 여유가 없어서, 도움드리지 못해 죄송합니다.

3「ふんだんに」＝数、量が十分に、たくさん（ある）
例：「昔この地方には石炭がふんだんにあった」

【138】　正解1

ブランド　brand　名牌　브랜드
その時計、素敵ですね。なんというブランドのものですか。

📝「**ブランド**に頼るのではなく、自分の目で品物の良し悪しを判断するべきだ」You should judge whether things are good or bad through your own eyes instead of trusting name brands.　不要依赖名牌，必须自己的眼睛来判断好坏。　브랜드에 의지하지 않고, 자신의 눈으로 상품의 좋고 나쁨을 판단해야만 한다.

選択肢の言葉

2「ファッション」fashion　流行　패션　例：「彼女はファッションに関心があり、今専門学校でファッションビジネスを勉強している」

3「デザイン」design　设计　디자인
例：「日本の伝統的なデザインが今再評価されている」Japanese traditional designs are being reevaluated now.　日本传统的设计，现在得到了重新评价。　일본의 전통적인 디자인이 지금 재평가받고 있다.
「兄は車のデザインの仕事をしている」

4「モード」mode　方式，形式　모드　例：「日本語でも、かなモードで入力するよりローマ字モードで入力するほうが簡単だ」It is easier to type Japanese using the Roman alphabet mode rather than the kana mode.　即使是日语，用假名输入不如用罗马字输入来得简单。　일본어에서도 가나모드로 입력하기보다 로마자모드로 입력하는 편이 간단하다.

【139】　正解4

間取り　room arrangement in a house　房间配置　배치
このマンションの平均的な間取りは3LDKです。
The most common room arrangement of this mansion is 3 rooms and a living room with a combined dining room and kitchen.
这幢公寓平均的房间配置是3室1厅。
이 맨션의 평균적인 방배치는, 3LDK입니다.

📝「この家は、うちの家族構成にぴったりの**間取り**です」
This house has the perfect room arrangement for our family structure.　这房子的房间配置，正合适我的家族构成。
이 집은 우리 가족 구성에 딱 맞는 방배치로 되어 있습니다.

選択肢の言葉

1「屋内」＝建物の中／屋根がある所　例：「屋内プールでは一年中泳ぐことができる」

3「部屋割り」＝だれがどの部屋に泊まるかという部屋の割り当て　room allotment as to who sleeps in which room　决定谁住在哪一间，分配房间　누가 어떤 방에 머물지 방을 배정함

【140】　正解1

打ち出す　come up with　提出，主张　내세우다
政府は新たなエネルギー対策を打ち出した。
The government came up with a new energy plan.
政府提出了新的能源对策。
정부는 새로운 에너지 정책을 내세웠다.

📝「与党は財政再建のために増税するという方針を**打ち出した**が、野党はそれに反対している」The ruling party came up with a plan to increase taxes for the reconstruction of finances, but the nongovernment parties are objecting to it.　执政党提出了为了重建财政而增税的方针，在野党表示反对。　여당은 재정재건을 위해 증세한다는 방침을 내세웠지만, 야당은 그것을 반대하고 있다.

選択肢の言葉

2「持ち出す」＝①中にあったものを外に持っていって出す
例：「非常時に持ち出すものをまとめておこう」I'm going to collect what we need to take in case of emergency.　整理好紧急时要带走的东西。　비상시에 들고 나갈 것을 정리해 두자.
②話題を出す　例：「夕食のときに家内が家を買う話を持ち出した」While having dinner, my wife started a conversation regarding buying a house.　晚饭时妻子提出了想买房子的话题。　저녁 식사때 아내가 집 구입에 관한 얘기를 꺼냈다.

4「切り出す」＝①山から石や木を切って、運び出す
例：「この線路は山から切り出した材木を運ぶのに使われたものだ」
②あらたまって話を始める　start talking formally　郑重其事地开始说话　정색하고 얘기를 시작하다　例：「両親に彼女との結婚の話をいつ切り出したらいいかと迷っていたら、母が『何か言いたそうね』と声をかけてくれた」When I was hesitating when to start talking to my parents about marrying her, my mother kindly said, "You look like you want to say something."　正在犹豫不知何时郑重地向父母开口说和她结婚的事，母亲对我说："你好像想说什么话。"　부모에게 그녀와의 결혼 얘기를 언제 꺼내야 좋을지 고민하고 있었는데, 어머니가 『뭔가 얘기하고 싶은게 있는 거 같네』라며 말을 걸어 주었다.

言い換え類義

第1回

【1】 正解4　たっぷり

ふんだんに＝たっぷり
＝使いきれないほどたくさんある様子　having something too much to use all of it　多得用不完　다 사용하지 못할 만큼 많은 상태

我が軍の資金は**ふんだんに**ある。
We have plenty of fund in our team.
我军的资金非常多。
우리 군의 자금은 충분히 있다.

📝「水は**ふんだんに**あると思われがちだが、実は限りのある資源である」It tends to be regarded that there is water plentifully, but it is actually a limited resource.　往往容易觉得水是多得用不完的,实际上水是有限的资源。　물은 풍족하다고 생각하는 경향이 있지만, 사실은 한계가 있는 자원이다.

選択肢の言葉

1「若干」＝数量ははっきり言えないが多くない／少し　can't tell the exact amount but not many (much)/a little　数量不能准确地说,但是不多/少许　수량은 정확하게 얘기할 수 없지만 많지 않다 / 조금
例：「募集人数、若干名」number of people to be hired, several people　募集人数,若干名　모집인수, 약간명
「先日提出した報告書を若干修正します」We need to add a few corrections to the report we submitted the other day.　前几天提出的报告书,修正了几个地方。　일전에 제출했던 보고서를 약간 수정하겠습니다.

3「おおまかに」＝大ざっぱに／重要なところだけで細かいところは取り上げない　roughly/deal with only major issues and not with detailed matters　粗略/只是重要的地方,小地方就忽略了　대충 / 중요한 곳만 보고 자세한 부분은 언급하지 않는다　例：「当社の業務内容をおおまかにお話しします。詳細は、こちらの資料をごらんください」We will roughly explain what we do in our company, and for details please take a look at this material.　粗略地讲一下本公司的业务内容。详细情况,请阅览这里的资料。　저희 회사의 업무내용을 대략적으로 말씀드리겠습니다. 상세한 내용은 이 자료를 봐 주십시오.

【2】 正解2　干渉

おせっかい＝干渉
＝他人のことに不必要に立ち入ること　to interfere with other person's affairs unnecessarily　干涉,不必要地介入他人的事　타인의 일에 불필요하게 관여하는 것

彼女の**おせっかい**にはうんざりだ。
I'm fed up with her intrusiveness.
对于她的干涉,真感到厌烦。
그녀의 간섭은 지긋지긋하다.

📝「親切も度が過ぎると**おせっかい**になってしまう」Excessive kindness could end up in intrusiveness.　亲切过度了就变成干涉了。　친절도 도가 지나치면 간섭이 되어 버린다.

選択肢の言葉

1「無作法(な)」＝作法から外れていて、失礼である様子。ill-mannered and rude　不礼貌,不讲礼义,失礼　예의에 벗어나, 실례를 범하는 것　例：「あの人、無作法だから、好きになれないわ」

3「説教／お説教」＝①宗教の指導者が人を導くためにする話　talk given by a religious leader in order to lead people　说教,宗教指导者为了引导人而说的话　종교의 지도자가 사람을 인도하기 위해 하는 말　例：「日曜日は教会で牧師さんの説教を聞く」
②堅苦しい教訓的な話　straitlaced, and moral lecture　严格的教训的话　딱딱한 교훈적인 이야기　例：「お父さんのお説教が始まったよ。今日もきっと長いよ」

4「強情(な)」＝頑固で自分の考えを変えないこと　to be stubborn and will not change one's idea　很顽固地不改变自己想法　완고하여 자신의 생각을 바꾸지 않는 것　例：「うちの娘は強情だから、一度言い出したら、なかなか考えを変えないんですよ。困ったものです」

【3】 正解1　場所を取らない

かさばる＝体積が大きくて場所を取る／大きくて扱いにくい　of large volume and takes up space/too big and difficult to handle　体积很大,占地方/很大,很难处理　부피가 커서 장소를 차지한다 / 커서 다루기 어렵다

旅行のお土産は**かさばらない**ものがいい。
You should pick something not bulky for souvenirs from a trip.
旅行的礼物以体积不大的东西为宜。
여행 선물은 부피가 크지 않은 것이 좋다.

📝「この荷物は**かさばる**ね。もっとまとめて小さくできないかな」

【4】 正解2　思いつきで行動する

気まぐれな＝思いつきで行動する様子
＝考えや行動がそのときそのときで変わる　one's idea or behavior changes from time to time　想法和行动在不同的时间有变化,忽三忽四　생각이나 행동이 수시로 바뀐다

彼女は**気まぐれ**な性格で、人に迷惑をかけることが多い。
She is a capricious character and often troubles people.
她忽三忽四的性格,给人带来了很多麻烦。
그녀는 변덕스러운 성격이어서, 사람에게 폐를 끼치는 경우가 많다.

📝「山の天候は**気まぐれ**だから、しっかり準備をして行きなさい」The mountain weather is changeable, so be well-prepared before you leave.　山地气候变化多端,好好准备了再走。　산의 기후는 변덕스러우니, 단단히 준비해서 가도록 해라.

選択肢の言葉

4「落ち着きがない」＝じっとしていなくて、不安がある感じが

する　not stay still and look nervous　不能保持稳定,感到不安　가만히 있지 못하고, 불안한 감이 있다
例：「あの子はいつも落ち着きがなくて、授業中もじっとすわっていられない」
「彼、就職したら落ち着きが出て、大人っぽくなったね」He has become composed and adult-like after starting working.　他就职后沉着了很多,像个大人了。　그 사람, 취직하더니 차분해지고, 어른스러워졌지.

【5】 正解3　関係
間柄=（人と人の）関係
2人は双方の家族にお互いを紹介し合った間柄だ。
The two are in a relationship in which they have introduced themselves to their respective families.
两人是双方家族互相介绍的关系。
두 사람은 양쪽 가족에게 서로를 소개한 사이다.
🔊「山本さんと私は、先輩と後輩の**間柄**です」

選択肢の言葉
4「縁」=特別の強い結びつき　special, strong bond　缘分,特别强的联系　특별히 강한 유대　例：「あの2人は不思議な縁で知り合って、とうとう結婚することになったそうだ」The two got to know each other under a unique circumstance and finally are going to get married, I hear.　那两个人因为不可思议的缘分相互认识,好像终于要结婚了。　저 두 사람은 신기한 연으로 서로 알게 되어, 마침내 결혼하기로 했다고 한다.

【6】 正解2　題名
タイトル=題名／肩書き　title/one's position　题名,头衔　제명 / 직함
この論文にはタイトルがない。
This thesis has no title.
这篇论文没有题名。
이 논문에는 타이틀이 없다.
🔊「それは何という題名の映画ですか。**タイトル**を教えてください」

選択肢の言葉
1「主題」=テーマ　theme　主題　테마　例：「家族の絆がこの作品の主題です」The theme of this piece is the bond of a family.　这部作品的主题是家族的纽带。　가족간의 정이 이 작품의 주제입니다.
3「論旨」=論文や議論の大事な点　main points of a thesis or discussion　论文,议论的重点,论点　논문이나 논의의 중요한 점　例：「あなたのこの論文は論旨が明快ではありませんね。ポイントを絞って書き直してください」The main points of your thesis are not clear. Rewrite it focusing on particular points.　你的这篇论文论点不清楚。集中要点重写一遍。　당신의 이 논문은 논지가 명쾌하지 않네요. 포인트를 좁혀서 다시 작성해 주세요.
4「要旨」=大体の内容　general contents　大概的内容,要旨　대체적인 내용　例：「長い文章の要旨を短くまとめた」

第2回

【7】 正解2　ずる休みをする
サボる=ずる休みをする
=なまけて仕事や学校を休む
彼女は最近よく仕事をサボる。
She often skips work recently.
她最近经常怠工。
그녀는 최근 일을 자주 쉰다.
🔊「学生時代はよく授業を**サボった**ものだ。おかげで、試験の前はいつも大変だった」

選択肢の言葉
1「（早く）さばく」=（早く）処理する　handle work (fast)　尽早处理　(빨리)처리하다　例：「彼女は有能な人だ。毎日山のような仕事を1人でさばいている」She is a capable person. She handles a pile of work all by herself every day.　她是有能力的人。每天一个人处理着大量工作。　그녀는 유능한 사람이다. 매일 산더미같은 일을 혼자서 처리하고 있다

【8】 正解3　消極的
引っ込み思案=消極的で自分から行動しようとしない(性格)
(personality of) being passive and won't try to act on one's own　畏缩不前,保守,消极　소극적이어서 스스로 먼저 행동하려 하지 않는다 (성격)
あの子は引っ込み思案で、なかなか友だちができない。
That boy/girl is passive and shy, so he/she can't make friends easily.
那个孩子畏缩不前,怎么也交不上朋友。
저 아이는 매사에 소극적이어서, 좀처럼 친구를 사귀지 못한다.
🔊「私は若いとき、**引っ込み思案**で、人前に出るのが苦手だった」I was shy and passive when I was young and didn't like to be in front of people.　我年轻的时候畏缩不前,很怕面对别人。　나는 젊었을 때, 소극적이어서 사람앞에 나서길 싫어했다.

選択肢の言葉
4「勝気」=負けたくないという気持ちがとても強い性格
例：「彼女は勝ち気で、ゲームに負けると、もう一度もう一度と、勝つまでやめない」She is such a strong-willed person that if she loses a game, she keeps playing again and again and won't quit till she wins.　她很好胜,比赛输了的话,再来一次,再来一次,不赢不肯罢休。　그녀는 지기 싫어하는 성격이어서, 게임에서 지면 한번더 한번더라고 하며, 이길때까지 그만두질 않는다.

【9】 正解4　対比
コントラスト=対比／対照
=対立する2つの違い　differences between two contrastive things　对比,对照,反差　대립하는 2가지의 차이
この絵は、色のコントラストが印象的だ。
The contrast in color of this painting is impressive.
这幅画,色彩的反差给人印象深刻。

이 그림은 색채의 대비가 인상적이다.

🖊「姉はおとなしく静か、妹は非常に活発で、2人の性格の**コントラスト**がおもしろい」The older sister is gentle and quiet, but the younger one is very outgoing. The contrast in their personalities is interesting.　姐姐老实而安静,妹妹非常活泼,两个人的性格的反差很有意思。　언니는 얌전하고 조용하며, 동생은 상당히 활발하여, 두 사람의 대조적인 성격이 재미있다.

【10】　正解 4　当座
目先=(問題文中の意味)当座
=目の前のこと／その時のこと／その場のこと
うちの社長は**目先**の利益しか考えない人だ。
Our company president thinks only about immediate profits.
我们的社长只考虑眼前的利益。
우리 사장은 눈앞의 이익만 생각하는 사람이다.

🖊「**目先**のことにとらわれずに、長い目で将来を見通すべきだ」You should not be swayed by the thought of immediate gain, but should take the long view of your future.　不要被眼前的事左右,必须用长远的目光来展望未来。　눈앞의 일에 얽매이지 말고, 장기적으로 장래를 내다봐야만 한다.

選択肢の言葉

3「取引」=商売上のやり取り　business transaction　交易,贸易　상업상의 왕래　例:「我が社はA社と取引をするのをやめた」

【11】　正解 2　一様に
軒並み=(問題文中の意味)一様に
=どれもすべて　every one of them　每一个都,一律都,挨个　모두, 전부

冷夏の影響で秋野菜が**軒並み**値上がりした。
Due to cool summer, the price of all the autumnal vegetables rose.
受低温夏天的影响,秋天的蔬菜一律都涨价了。
냉하의 영향으로 가을야채가 일제히 인상되었다.

🖊「経営が悪化した企業は**軒並み**リストラを行った」Every single company whose business worsened did restructuring. 经营不良的企业挨个地台井裁员。　경영이 악화된 기업은 일제히 구조조정을 실시했다.

選択肢の言葉

4「大幅に」(大幅な)=大きく(変わる)　greatly (change)　大幅　크게(변하다)　例:「不景気で給料が大幅にカットされた」

【12】　正解 4　特別な方法
秘訣=その人だけが特に大切にしていて、他人にはあまり知られていない効果的な方法　an effective method that one values greatly but is not known well to others　只有那个人知道,别人都不太知道的有效的方法.秘诀　그 사람만이 특별히 소중히 여기고, 다른 사람에게는 그다지 알려져 있지 않은 효과적인 방법

若さを保つ**秘訣**はどんなことですか。

What is the secret for maintaining youth?
保持年轻的秘诀是什么?
젊음을 유지하고 있는 비결은 무엇입니까?

🖊「ビジネスの交渉で成功する**秘訣**を書いた本が多数出版されている」A number of books on tricks for succeeding in business negotiations have been published.　写关于商务交涉成功秘诀的书有很多本出版了。　비즈니스 협상에서의 성공 비결을 다룬 책이 다수 출판되어 있다.

第3回

【13】　正解 1　手順の整え方
段取り=事を行う順序や方法(=手順)を決めること　to decide on the order/method of doing something (=tejun)
做事的顺序和方法=决定做事的顺序和方法,计划　일을 행하는 순서 및 방법(=차례)을 정하는 것

彼は仕事の**段取り**がいい。
He works in an organized manner.
他做事计划得很好。
그는 일을 효율적으로 한다.

🖊「この企画を実行するにあたって、まずは**段取り**を決めましょう」

選択肢の言葉

2「見通し」prospect　預料,眺望　전망　例:「いつになったら好況が取り戻せるのだろうか。景気回復の見通しがつかない」I wonder when we will have prosperous days back. There is no prospect of recovery.　什么时候才能恢复景气。恢复气(前景)很难预料。　어제쯤이면 호황을 되찾을 수 있을까. 경기회복을 예측할 수가 없다.

3「成果」=良い結果　good result　好的结果或成果　좋은 결과　例:「あの人は、会社で成果を出して出世することばかり考えているようだ」He seems like he is only thinking about getting ahead in his company by achieving good results.　那个人一心只考虑在公司做出成果好发迹。　저 사람은 회사에서 성과를 내서 출세하는 일만 생각하고 있는 것 같다.

【14】　正解 4　まるっきり
てんじ(～ない)=まるっきり(～ない)
=まったく～ない(くだけた会話に多く使われる　often used in a casual conversation　在与比较亲近的人对话中经常使用　허물없는 회화에서 많이 사용된다)

君にもらった地図は、古くて、てんで役に立たないよ。
The map you gave me is way too old to use.
你给我的地图太旧了,一点忙也没帮上。
너한테 받은 지도는 오래돼서 아예 도움이 되질 않아.

🖊「有名な画家が描いたこの絵を1万円で買いたいだなんて、**てんで**話にならない」It is ridiculous that he wants to buy this picture painted by a famous artist for only ¥10,000.
一万日元想买这幅有名画家的画,谈都不用谈。　유명한 화가가 그린 이 그림을 1만엔으로 사고 싶다고 하다니, 전혀 말이 되질

않는다.

選択肢の言葉
1「ろくに〜ない」=十分に〜ない　例:「サイズをろくに見ないでシャツを買ったら、子ども用だった」
2「かすかに」=ほんの少し(感じる)　(feeling something) slightly/vaguely　隐隐(感到)　아주 조금 (느끼다)　例:「水平線にかすかに島が見えるでしょう。あれが大島です」You see vaguely an island on the horizon, don't you? That is Oshima Island.　在水平线上隐约看到有个岛。那就是大岛。수평선 위로 희미하게 섬이 보이죠. 저기가 오오시마입니다.
3「てっきり」=(実際は違うのに)疑いなく(そうだと思う) (think) definitely (that it is so although it is not)　(实际上不是)但毫无疑问(地觉得是)　(실제로는 틀리지만) 의심치 않고 (그렇다고 생각하다)　例:「だれもいないので、てっきりみんな先に帰ったと思った」

【15】　正解 1　冷淡な
そっけない=冷淡な
=興味も関心もない　not be interested or do not care　没兴趣也不关心　흥미도 관심도 없다
彼女はこのごろいつも私にそっけない態度を見せる。
She always gives me the cold shoulder recently.
她最近总是对我采取冷淡的态度。
그녀는 요즘 늘 내게 무뚝뚝한 태도를 보인다.
📝「夫に『晩御飯、何がいい?』と聞いたら、『何でもいい』というそっけない返事が返ってきた」When I asked my husband what he wants for dinner, he said "Anything," bluntly.　对丈夫说"晚饭吃什么?",得到的是"什么都可以。"的冷淡的回答。　남편에게「저녁밥, 뭐가 좋아?」라고 물어보면,「뭐든 상관없어」라는 퉁명스런 대답이 돌아온다.

選択肢の言葉
2「あやふやな」=本当かどうかはっきりしなくて頼りない
not sure if it's true or not and unreliable　是真的与否不明确,含糊　정말인지 아닌지 분명치 않아 미덥지 않다　例:「記憶があやふやで、はっきり思い出せない」
3「いいかげんな」=確かではなくて、無責任な　not sure and irresponsible　不确实,没责任心　분명치 않고, 무책임한
例:「また計算が違っている。こんないいかげんな報告書を書いたのはだれだ」

【16】　正解 4　増えた
かさむ= (数量が)大きくなる／多くなる
今年は車の修理の費用がかさんだ。
Expenses for car repairs were high this year.
今年修理汽车的费用增加了。
올해는 차 수리 비용이 늘어났다.
📝「事業の失敗で借金がかさんでしまい、彼はとうとう夜逃げをしてしまった」Having huge debts due to business failures, he finally fled by night.　由于事业的失败,欠款又增加了,他终于乘夜远走高飞了。　사업의 실패로 빚이 늘어나

버려, 그는 결국 야반 도주해 버렸다.

【17】　正解 1　種類
ジャンル=種類 (特に、文学などの作品を様式で分けた種類)
genre (especially of literally works classified by styles)　种类 (特指把文学等作品按形式或者风格来分类。)　종류 (특히, 문학 등의 작품을 양식별로 나눈 종류)
図書館で本を探すときは、まずジャンルで検索するのがよい。
When searching for a book in the library, you should first look under a genre.
在图书馆找书时,首先按照类型来查找为好。
도서관에서 책을 찾을 때는 우선 장르로 검색하는 것이 좋다.
📝「書店の売り場では、書籍をジャンル別にまとめて置くことが多い」In bookstores, books are sorted out under genres in most cases.　在书店的柜台,书籍大多都按照类别来放置。서점의 매장에서는 서적을 장르별로 정리하여 놔두는 경우가 많다.

【18】　正解 2　強まる
募る =(問題文中の意味)(感情などが)強くなる　(emotion) gets stronger　(感情等)变得强烈　(감정등이) 강해지다
彼女に対する私の思いは募るばかりだ。
My love for her is getting stronger and stronger.
我对她的思念变得强烈。
그녀에 대한 나의 마음은 더해져갈 뿐이다.
📝「事故のニュースを見て、息子がその事故に巻き込まれていないかと、私の不安は募った」Hearing the news about the accident, I was worried that my son might be involved in it.　看到事故的新闻报道,担心儿子有没有被卷入事故,我的不安变得强烈。　사고 뉴스를 보고, 아들이 그 사고에 휘말린 것은 아닐까하는 나의 불안감은 더해 갔다.

第4回
【19】　正解 3　甘やかされて
ちやほやする=人をほめたり、甘やかしたりして機嫌をとる
try to please someone by complimenting or spoiling him/her　为了博得某人的高兴,表扬,纵容,放任此人　사람을 칭찬하거나, 응석을 받아주거나 하여 비위를 맞추다
彼女は周囲の人からちやほやされて育った。
She was raised being showered attention on by people around her.
她被周围的人娇养着长大。
그녀는 주위 사람들이 응석을 받아주는 환경에서 자랐다.
📝「スターはいつもファンの人たちからちやほやされている」A star is always flattered by the fans' attentions.　明星总是被粉丝们追捧着。　스타는 언제나 팬들이 추켜세워준다.

【20】　正解 3　男女のペア
カップル=男女のペア
=夫婦や恋人同士など男女2人の組　a pair of male and female like a married couple or lovers　一对夫妇或者一对恋人　부부나 연인사이와 같은 남녀 2사람의 짝

週末はいつもこの通りがカップルで賑わう。
This street always gets filled with couples on weekends.
周末这条路总是有很多恋人。
주말은 언제나 이 거리가 커플들로 붐빈다.

🖊「ハワイには、いつも新婚の**カップル**がたくさん来ている」

【21】 正解4　熱中している

打ち込む=熱中する／専心する　be devoted/be occupied
热衷,专心　열중하다 / 전념하다

大きな試合を前に、選手たちは練習に打ち込んでいる。
A big game ahead of them, the players are practicing very hard.
在大赛前,选手们专心于练习。
큰 시합 전에 선수들은 연습에 몰두하고 있다.

🖊「彼女は看護の仕事に**打ち込んでいる**」

【22】 正解1　連絡

消息を絶つ=連絡が来なくなる。行方がわからなくなる
stop hearing from someone, whereabouts unknown　没有联系,不知去向　연락이 끊기다. 행방을 알 수가 없다

その船が消息を絶って1週間になる。
It has been a week since contact was lost with the boat.
那条船已经失去联系一个星期了。
그 배가 소식이 끊긴 지 1주일이 되었다.

🖊「**消息が途絶えていて**、家を出た息子がどこにいるのかわからない」I haven't heard from my son who moved out and don't know where he is.　不知道断绝了音讯,离家出走的儿子在那里。　소식이 끊겨서, 집을 나간 아들이 어디에 있는지 모른다.

選択肢の言葉

2「通報」=警察などに情報を知らせること　例:「事故が起きたという通報を受けて、パトカーが現場に向かった」
3「航海」=海の上を船で行くこと　例:「タイタニック号の航海は悲劇的な結末に終わった」The voyage of the Titanic concluded in a tragic end.　泰坦尼克号的航海终于以悲剧结束。　다이타닉호의 항해는 비극적인 결말로 끝났다.

【23】 正解2　だらしない

ルーズな=だらしない
=きちんとしていない　not straightened up　不整齐,不准时
정확하지 않다, 끊고 맺음이 정확하지 않다

彼は時間にルーズな人だ。
He is a lazy person timewise.
他是不遵守时间的人。
그는 시간을 잘 지키지 않는 사람이다.

🖊「**ルーズな**生活をしていると、体にもよくないし、精神的にも集中力がなくなるのではないか」Leading a lazy life is not good for the health and can rid mental concentration as well, is it not?　过着散漫的生活,不仅对身体不好,精神上也变得缺乏集中力。　루즈한 생활을 하게 되면, 몸에도 좋지 않고 정신적으로도 집중력이 떨어지는 건 아닌가.

【24】 正解2　問題なく

すんなり=(問題文中の意味)問題なく
=順調に

私が出した案は会議ですんなりと決まった。
My proposal was easily approved at the meeting.
我提出的方案在会议上很顺利地通过了。
내가 제시한 안은 회의에서 쉽게 결정됐다.

🖊「両親に留学したいと言ったら反対されるかと思っていたのに、**すんなり**許してくれて、びっくりした」

選択肢の言葉

3「かろうじて」=やっと／ぎりぎりで　narrowly/barely　好不容易才,勉勉强强　겨우 / 가까스로　例:「レポートの締め切りに遅れそうだったが、かろうじて間に合った」

第5回

【25】 正解2　糸口

手掛かり=糸口
=事を解決するための始まり、解決の鍵となるもの
beginning to solving a problem, key to solution　解决事情的开始,解决的关键/线索,头绪　일을 해결하기 위한 발단, 해결의 열쇠가 되는 것

事件解決の手掛かりは全くない。
There is absolutely no clue to the solution of the case.
完全没有解决事情的头绪。
사건해결의 단서는 전혀 없다.

🖊「ようやく研究の**手掛かり**がつかめた。さあ、これからだ」

【26】 正解4　処理する

こなす=処理する
=(仕事を)ちゃんと済ませる　finish up (work) completely
处理,做完　(일을) 제대로 끝내다

私にその仕事をこなすことができるだろうか。
I wonder if I can manage the work properly.
我到底能不能做完那工作?
내가 그 일을 해낼 수 있을까.

🖊「この会社にはアメリカ人の社員が多いが、みんな日本語で立派に仕事を**こなしている**」There are a number of American employees in this company, and they all are doing great jobs using Japanese.　这个公司虽然有很多美国职员,但是大家都用日语出色地处理着工作。　이 회사에는 미국인 사원이 많지만, 모두 일본어로 훌륭하게 일을 해내고 있다.

選択肢の言葉

1「把握する」=しっかり理解する　例:「私にはこの文章の意味が把握できない」

【27】 正解4　完璧だった

申し分ない=完璧だ
=いろいろな面から見て不足なところや不満なところがない

there being nothing insufficient or unsatisfactory viewed from various aspects 从各种角度来看都没有不足和不满的地方，非常完美 여러면에서 부족한 부분이나 불만스러운 부분이 없다.
宿泊したホテルのサービスは申し分なかった。
The service of the hotel I stayed in was perfect.
住宿的饭店的服务是非常完美的。
숙박한 호텔의 서비스는 흠잡을 곳이 없다.
✏️「A選手は初めて出場した試合でベスト4に入るという、**申し分ない**成績をおさめた」

【28】 正解1　さしあたり
当面＝さしあたり
＝（将来はわからないが）今のところ　for now (the future not known though)　（将来不知道）目前,当前　（장래는 모르겠으나）지금으로서는
これだけの貯金があれば、当面は困らないだろう。
We will be able to live for a while with this much money saved.
有这些储蓄,目前不会穷困的。
이만큼 저축이 있으면 당장은 곤란하지 않을 것이다.
✏️「将来は自分の店を持ちたいと思っているが、**当面**は父の会社で働くつもりだ」I wish to open my own store in the future, but for a while I plan to work at my father's company.　将来想拥有自己的店,目前决定在父亲的公司工作。　장래엔 자신의 가게를 갖고 싶다고 생각하고 있지만, 당장은 아버지 회사에서 일할 생각이다.

【29】 正解2　休憩
一服する＝休憩する
この辺でちょっと一服しようか。
Why don't we take a little break now?
在这里休息一下吧。
이쯤에서 잠시 쉴까.
✏️「お疲れでしょう。どうぞ**一服してください**」

【30】 正解3　基礎
ベース＝基礎
＝基本になるもの／主要な材料　basic things/main materials　基本的东西,主要材料　기본이 되는 것 / 주요 재료
これは日本酒をベースにした、さわやかで飲みやすいお酒です。
This is a light and soft alcoholic drink made with Japanese sake as main ingredient.
这是以日本酒为主材料制作的很爽口很好喝的酒。
이것은 일본술을 베이스로 한, 산뜻하고 마시기 좋은 술입니다.
✏️「来月からインドネシアで仕事をするが、給料は日本の本社勤務の給与を**ベース**に支払われる」I'm going to start working in Indonesia next month, and will be paid based on the amount paid at the headquarters in Japan.　下个月起在印度尼西亚工作,工资以在日本的总公司的工资为基础支给。　다음달부터 인도네시아에서 일하게 되는데, 급료는 일본 본사근무의 급여를 베이스로 지불받게 된다.

第6回

【31】 正解1　目標を表す語
モットー＝目標を表す語
当店は、「どの店よりも安く」をモットーにしている。
"Cheaper than other stores" is the motto of our store.
本店把"比任何店都便宜"当作标语。
우리 가게는「어느 가게보다도 저렴하게」를 모토로 하고 있다.
✏️「私の**モットー**は『人にやさしく』です。みなさん、困ったことがあったら、どうぞ私に声をかけてください」"Be nice to others" is my motto. Guys, if you have a problem, come talk to me.　我的标语是"善待别人",大家有困难的话,请对我讲。　저의 모토는「사람에게 친절하게」입니다. 여러분 곤란한 일이 생기면 아무쪼록 저에게 얘기해 주세요.

【32】 正解4　要領
こつ＝要領
＝物事をうまくやるための方法　a method for doing things well　要领,做好某事的方法　일을 잘 하기 위한 방법
この仕事のこつを教えてください。
Please tell me knack of doing this job.
请告诉我这个工作的要领。
이 일의 요령을 가르쳐 주세요.
✏️「商売の**こつ**を覚えるには10年ぐらいはかかるだろう」It will take about ten years or so to learn good business skills.　要记住生意的要领需要十年时间吧。　장사의 요령을 터득하는 데에는 10년 정도는 걸리겠지.

選択肢の言葉
3「手順」＝事を行う順序　order of doing things　做事的順序　일을 행하는 순서　例:「機械を動かす手順は、この説明書に書いてあるから、その通りにやってください」

【33】 正解3　耐える
しのぐ（凌ぐ）＝（問題文中の意味）苦しいことや辛いことに耐えて、なんとか乗り切る　manage to overcome after persevering in difficulties and hardships　忍着痛苦和艰辛,终于渡过难关　괴로운 일이나 고통스러운 일을 견뎌내고, 어떻게든 극복하다
夏の暑さをしのぐためのよい方法はないでしょうか。
Isn't there a nice way to cope with the heat of summer?
有没有熬过夏天的好方法?
여름 더위를 견뎌 내기 위한 좋은 방법은 없을까요.
✏️「戦争中は食べ物がなかったので、草の根まで食べて飢えを**しのいだ**」Because food was scarce during war, people ate even grass roots to keep off hunger.　战争中因为没有食物,为了熬过饥饿连草根都吃。　전쟁중에는 먹을 것이 없었기 때문에, 풀뿌리까지 먹어가며 굶주림을 참아냈다.

【34】 正解2　やめちゃ

投げ出す=ぜんぶ終わらないうちに、あきらめてやめてしまう　give up and quit something before all is finished up　还没有完全结束,就断了念头　전부 끝나기도 전에, 포기하고 그만둬 버리다

📖 投げ出しちゃだめだ=投げ出してはだめだ

いいか。途中で**投げ出しちゃだめだ**ぞ。
Don't give it up halfway, OK?
听好了,可不能中途放弃啊。
알겠나! 도중에 포기하면 안된다.

✏️「弟は苦手な算数の宿題を始めたが、途中で**投げ出して**、遊びに行ってしまった」

選択肢の言葉
1「あきちゃ」=あきては
2「やめちゃ」=やめては
3「失敗しちゃ」=失敗しては
4「休んじゃ」=休んでは

【35】 正解3　柔らかい

しなやかだ=柔らかくてよく曲がる
猫の体の動きは非常に**しなやかだ**。
The cat's bodily motions are very flexible.
猫的身体动作非常柔软。
고양이의 몸의 움직임은 상당히 부드럽다.

✏️「この枝は細いけれど**しなやかな**ので、かごを作るのに使われている」These branches are thin but flexible, so they are used for weaving baskets.　这树枝虽然细但是很柔软,编篮子能用。　이 가지는 가늘지만 탄력있고 잘 휘어서, 바구니를 만드는데 사용되고 있다.

【36】 正解2　こっそり

ひそかに=こっそり
=他の人に知られないように　so others won't notice　不让人知道　다른 사람에게 알려지지 않도록

妻を驚かせようと、**ひそかに**結婚記念日のプレゼントを用意した。
For our wedding anniversary I secretly got a present for my wife to surprise her.
为了给妻子一个惊喜,悄悄地准备了结婚纪念的礼物。
아내를 놀래키려고 몰래 결혼기념선물을 준비했다.

✏️「親に結婚を反対された2人は、**ひそかに**部屋を借りて一緒に暮らし始めた」The two whose parents were against their marriage rented a room secretly and started living together.　结婚遭到父母反对的两个人,悄悄地借了房子,开始一起生活。　부모에게 결혼을 허락받지 못한 두사람은, 몰래 집을 빌려 함께 살기 시작했다.

選択肢の言葉
1「くっきり」=(形が)はっきり(見える)　(the shape of something) vividly/clearly (seen)　能清楚地看见形状　(형태가) 뚜렷이 (보인다)　例:「今日は天気がよくて空気もきれいで、青い空を背景に雪で真っ白の富士山がくっきり見える」
3「ばっさり」=一気に(切る)　bravely/decidedly (cut)　一下子(切断,切)　단숨에 (자르다)　例:「彼女は長く伸ばしていた髪をばっさり切った」
4「きっぱり」=迷わずにはっきり　definitely without hesitation　不犹豫,明确　망설이지 않고 분명히　例:「以前は頼まれるままに仕事を引き受けていたが、今は無理だと思ったときはきっぱり断ることにしている」I used to accept whatever jobs I was asked to do, but now I turn down bluntly when I think it's difficult.　以前在工作上(别人)怎么要求就怎么接受,现在觉得难办时,就毫不犹豫地回绝掉。　예전엔 부탁받은대로 일을 맡아서 했지만, 지금은 무리라고 생각될 때는 딱 잘라 거절하고 있다.

第7回

【37】 正解4　少しも

みじんも（～ない）=ほんの少しも（～ない）　not the slightest　一点也(没有)　아주 조금도, 전혀 (～없다)

彼はその仕事を、いやな顔など**みじんも**見せずに引き受けた。
He accepted the job without showing the slightest hesitation.
他脸上没有一点不愿意的神色就接受了那个工作。
그는 그 일을 싫은 내색도 전혀 하지 않고 받아 들였다.

✏️「今のやり方を非難する気持ちは**みじんもありません**。さらに効率のいい方法を検討したいと思っているだけです」I don't have the slightest intention to criticize the current system. I just want to look for a more efficient method.　我对现在的做法没有一点责备的意思,只是想讨论一下有没有效率更好的方法。　지금의 방법을 비난할 생각은 전혀 없습니다. 더욱 효율적인 방법을 검토하고 싶다고 생각하고 있을 뿐입니다

選択肢の言葉
3「一向に（～ない）」=まったく変わらず／いつまでたっても（～ない）　no change at all/(nothing happens) for ever　完全没有改变/再等也(没,不)　전혀 변함없이／언제까지도 (～ 않다)
例:「いくら体に悪いと言っても彼女は一向に禁煙しようとしない」

【38】 正解2　無責任な

いい加減な=無責任な
=おおざっぱで信頼できない　rough and unreliable　因粗枝大叶而无法信赖,靠不住　엉성하여 신뢰할 수 없다

いい加減なことを言わないでください。
Don't say such irresponsible things.
不要说靠不住的话。
무책임한 말 하지 마세요.

✏️「彼の計算は**いい加減**だから、いつもやり直さなければならない」

選択肢の言葉
1「不公平な」=公平ではない
3「無礼な」=失礼な　例:「知り合いでもないのに、『おばあち

ゃん』と声をかけるなんて、無礼なやつだ」

【39】 正解1　折り合う
妥協する=折り合う
=（対立している同士が）事をまとめるために譲り合う。
(opposing partners) compromise to settle things up　（持对立观点的同伴)为了解决事情而让步,妥协　（대립하는 사이가) 일을 수습하기 위해 서로 양보하다
社会生活を営む上では、妥協することも必要だ。
It is necessary to make a compromise in leading a social life.
为了在社会上生活,也有必要做一些妥协。
사회생활을 하는데 있어서는, 타협도 필요하다.
🖊「交渉の相手が一歩も引かないので、**妥協**せざるをえなかった」The negotiating partner wouldn't change his ideas, so I was forced to make a compromise.　交涉对方一步也不退让,我们不得不妥协。　협상 상대가 한발도 물러서려하지 않아서, 타협하지 않을 수 없었다.

【40】 正解3　発表
プレゼンテーション=発表
企画課の社員は明日のプレゼンテーションの準備で忙しい。
The employees in the planning department are busy preparing for tomorrow's presentation.
规划科的职员为了明天的(宣传计划)发表会正在繁忙地准备着。
기획과 사원들은 내일 있을 프레젠테이션 준비로 바쁘다.
🖊「**プレゼンテーション**をわかりやすいものにするには、絵や図を使って視覚化することだ」In order to make your presentation easy to understand, try to visualize it by using illustrations and diagrams.　为了让宣传计划简而易懂,可以用画或者图表来让它视觉化。　프레젠테이션을 이해하기 쉽게 하기 위해서는, 그림과 도형을 사용하여 시각화하는 좋다.

【41】 正解4　将来
前途=将来
前途のある若者たちを教えるのは、やりがいのあることです。
It is a rewarding job to teach young people with future.
教有前途的年轻人,是一件有干头的事。
장래있는 젊은이들을 가르치는 일은, 보람있는 일이다.
🖊「長引く不況の中、会社の**前途**も明るくない」In this prolonged recession, our company's future is not bright either.　在持续的不景气中,公司的前途不太光明。　계속되는 불황 속에, 회사의 장래도 밝지 않다.

選択肢の言葉
2「やる気」=事を積極的にやろうとする強い気持ち　one's strong will to do things actively　积极干事的坚强精神　일에 적극적으로 임하려고 하는 강한 마음　例:「やる気さえあれば、難しい仕事もうまくいくはずだ」

【42】 正解2　平凡だ
月並みだ（月並みな）=平凡だ
=普通で、優れたところも変わったところもない（「つまらない」というよくない意味がある）　ordinary/average and not especially excellent or unique (has the negative meaning of "boring")　很普通,既不优秀也没有变化。(有相当于"没意思"的不太好的含义。)　일반적이며, 뛰어난 부분도 색다른 부분도 없다 (「시시하다」라는 좋지 않은 의미가 있다)
あの評論家が言っていることは月並みだ。
What that critic says is mundane.
那位评论家所说的话很普通。
저 평론가가 하는 얘기는 진부하다.
🖊「**月並み**ですが、お二人のお幸せを心から祈っています」It may be stale to say but I pray for the happiness of you two from the bottom of my heart.　(我说的)也许是很普通的话,祝你们两个幸福。　평범한 인사말씀일지 모르겠습니다만, 두분의 행복을 진심으로 기원합니다.

第8回
【43】 正解4　前ぶれ
兆し=前ぶれ
=物事が起こる前に現れる印　sign that appears before something happens　事情发生前出现的征兆　일이 일어나기 전에 나타나는 신호
景気が回復しそうな兆しが少しずつ現れている。
A sign of recovery of economy is showing little by little.
景气恢复的征兆在渐渐出现。
경기가 회복될 것 같은 징조가 조금씩 나타나고 있다.
🖊「毎日雨が続きましたが、やっと天気がよくなる**兆し**が出てきました。明日は久しぶりに晴れそうです」

【44】 正解2　早く進んだ
はかどる=(仕事や勉強が)調子よく、どんどん進む　(work or studying) proceeding smoothly/very efficiently　(工作或者学习)很顺利,不断前进　(일이나 공부가) 좋은 상태로 척척 진행된다
新しいソフトを使ってみたところ、パソコンの作業がはかどった。
After trying the new software, my computer jobs went very efficient.
试着用了新的软件,电脑的操作进展顺利。
새로운 소프트를 사용해본 결과, 컴퓨터 작업이 잘 진척되었다.
🖊「テレビを見ながら勉強していては、**はかどらない**でしょう？テレビを切りなさい」

選択肢の言葉
1「手間取る」=順調に進まず、時間がかかる／はかどらない
例:「論文に取り掛かったのだが、資料集めに手間取っていて一向に進まない」I started working on my thesis, but it takes me so much time collecting materials and can't make much progress.　开始写论文了,但是收集资料很费工夫,完全

没有进展。 논문에 착수하였으나, 자료수집에 시간이 걸려 전혀 진척되질 않는다.

【45】 正解 4　数値
データ=数値
=資料としての数値
お手元の資料にある表の**データ**をご覧ください。
Please take a look at the diagram data in the material at hand.
请看一下你们手头资料里的数据表。
갖고 계신 자료에 있는 표의 데이터를 봐 주십시오.

✏️「1日の交通量の調査をしたが、**データ**を整理するのに数週間かかった」I did a survey on the quantity of daily traffic, and it took me a few weeks to organize the data.　调查了一天的交通量,但是整理数据需要数周时间。　하루 교통량을 조사하였으나, 데이터를 정리하는데 몇주 걸렸다.

【46】 正解 1　まっすぐに
まともに=まっすぐに 真正面から／普通に　straight from the front/in an ordinary way　直接从正面/一般地,正常地　똑바로 정면에서/정상적으로

彼は私の目を**まともに**見ようとしなかった。
He wouldn't look me straight in my eyes.
他不直接从正面看我。
그는 내 눈을 똑바로 쳐다보려 하지 않았다.

✏️「相手は強い。**まともに**ぶつかったら負けてしまうから、作戦が必要だ」The opponent is strong. If you fight with him in an ordinary manner, you'll lose, so you need a strategy.　对手很强。直接从正面碰撞会输掉,必须有作战策略。　상대는 강하다. 정면으로 부딪치면 지고 말테니, 작전이 필요하다.

【47】 正解 3　ありふれた
ありきたりな=ありふれた
=普通で、特に変わったところがない(「つまらない」というよくない意味がある)　ordinary and not particularly different/unique (has the negative meaning of "commonplace")　很普通,没有什么变化。(有"没意思"的不太好的含义。)　일반적이며, 특히 색다른 부분이 없다 (「시시하다」라는 좋지 않은 의미가 있다)

こんな**ありきたりな**発想から生まれた商品は売れるはずがない。
The product that was made with such a mundane idea will never sell.
这种由普通的构思而制作的商品不会畅销的。
이런 평범한 발상에서 만들어진 상품은 팔릴리가 없다.

✏️「これはどこにでもある、**ありきたりな**恋愛小説だがアイドル歌手が書いたということで話題になり、近く映画化されるということだ」

選択肢の言葉
2「手軽な」=簡単で手間がかからない　例:「このスーツケースは大きすぎないし軽いので、手軽に持ち運べて旅行に便利だ」

【48】 正解 4　無計画
行き当たりばったり=無計画
=前もってちゃんと準備をしたり考えておいたりしない様子　not prepare or plan properly in advance　预先没有准备或考虑好　사전에 꼼꼼히 준비해 두거나 생각해 두거나 하지 않는 것

彼の生き方は**行き当たりばったり**だ。
His way of life is happy-go-lucky.
他的生活方式没有计划。
그의 삶의 방식은 주먹구구식이다.

✏️「この会社の経営は無計画で**行き当たりばったり**だから、倒産するのは当然だ」The management of this company is unplanned and haphazard , so it is a matter of course that it will go bankrupt.　这个公司的经营无计划,做到哪儿是哪儿,倒闭是当然的。　이 회사의 경영은 계획 없이 주먹구구식이기 때문에, 도산은 당연하다.

選択肢の言葉
3「無神経(な)」=他の人がいやだと思うことや迷惑になることを気にしない／配慮がない　not worry about other people feeling bothered/not considerate　不在意别人添了麻烦或惹别人讨厌,不关心别人　타인이 싫다고 하는 것이나 폐가 되는 일에 신경쓰지 않는다／배려가 없다　例:「医者の**無神経な**言葉が患者の心を傷つけた」The doctor's inconsiderate words hurt the patient.　医生的满不在乎的话伤了病人的心。　의사의 무신경한 말이 환자의 마음에 상처를 주었다.

第9回
【49】 正解 1　心が広い
寛大な=心が広い
=他人のすることや考えを受け入れることができる様子
彼は**寛大な**人だから、きっと許してくれるだろう。
Because he is a broad-minded person, he will forgive you
因为他是宽大的人,一定会原谅(我们)的。
그는 관대한 사람이니, 분명 용서해 주겠지.

✏️「子どもを守るために犯罪を犯した母親に対して**寛大な**処置が取られた」A lenient judgement was made toward the mother who committed a crime in order to protect her child.　为了保护孩子,对犯罪的母亲采取宽大处理。　아이를 지키기 위해 범죄를 저지른 어머니에게 관대한 처치가 취해졌다.

選択肢の言葉
2「世話好きな」=他の人の世話をするのが好きな　be fond of taking care of others　喜欢帮助别人　타인을 돌보길 좋아하는　例:「私の母は世話好きで、近所にいる一人暮らしの老人に毎日昼食を届けている」

3「温厚な」=(人の)性質が穏やかでやさしい　one's personality is mild and kind-hearted　性格温和亲切　사람의 성질이 온화하고 착하다　例:「あの先生はとても温厚な方だ。彼が大きな声で怒っているのを見たことがない」

4「情が深い」=相手を思う気持ちが強い　think deeply about the other person　为对方着想的心情很强烈,很有感情　상대를 생각하는 마음이 강하다　例:「社長は一見冷たくて、会

社のことしか考えていないように見えるが、実は、情が深く、辞めた社員の世話までするそうだ」The company president looks cold and seems like he only thinks about his own company, but actually he is so compassionate he even takes care of his former employees, I hear. 社长看上去很冷淡,好像只考虑公司的事,实际上是个很有感情的人,连辞职的职员都会帮助。 사장은 얼핏 보면 차갑고, 회사일만 생각하고 있는 것처럼 보이지만, 정이 많아 그만 둔 사원까지 돌본다고 한다.

【50】 正解3　ただ今

目下＝ただ今　right now, currently　現在　바로 지금

新商品の発売に向けて、**目下**準備が進められている。
Preparations are now under way to begin the sale of the new product.
为了新产品的出售,现在正在进行准备。
신상품을 발매하기 위해, 현재 준비가 진행되고 있다.

📝「新しいエネルギーの供給方法について、**目下**政府内で検討中である」They are currently discussing in the government how to supply the new energy. 关于新能源的供给方法,现在政府内部正在讨论中。 새로운 에너지의 공급방법에 대해 현재 정부내에서 검토중이다.

選択肢の言葉

4「すみやかに」＝早く／速く　例:「校舎が古くなって危険なので、すみやかに対策を立ててほしいと、保護者たちは学校に要望書を出した」The parents submitted a request to the school that they work out a plan immediately because the school building got old and dangerous. 因为校舍很旧有危险,保护者们向学校提出请愿书,希望尽快制定对策。 학교건물이 낡고 위험해서, 조속히 대책을 세워달라고, 보호자들은 학교에 요망서를 제출했다.

【51】 正解1　行われない

見送る＝行わないで、そのままにする　not change things by doing nothing　不实行,维持原状,暂缓考虑　행하지 않고 그대로 두다

ここに高層ビルを建設する計画は**見送られる**ことになった。
The plan to build a sky scraper here was to be canceled.
在这里建造高层建筑的计划先暂缓考虑。
여기에 고층빌딩을 건설하기로 한 계획은 보류하기로 하였다.

📝「当社では本年度の社員の採用を**見送ります**」
Our company will not hire new employees this year.
本公司今年的职员录用先暂缓考虑。 당사에서는 금년도의 사원 채용을 보류하겠습니다.

【52】 正解4　じゃまに

うっとうしく（うっとうしい）＝じゃまになって、いやな感じに　be in the way, bothersome　妨碍,讨厌　귀찮아서, 싫은 느낌이 들어

髪が伸びて、**うっとうしく**なってきた。
My hair grew long and got bothersome.
前刘海长长了,很讨厌。
머리가 자라서 거추장스러워졌다.

📝「毎日新聞記者に追いかけられて**うっとうしい**と思っている有名人は多いだろう」

選択肢の言葉

3「ゆううつ（な）」＝心が重くて、いやな気持ち　例:「ああ、せっかくの日曜日なのに社長の命令で接待ゴルフをしなければならないなんてゆううつだな」It is so depressing to have to play business golf under the president's order on a precious Sunday. 啊,好不容易的星期天,社长命令要为招待客人打高尔夫,心里很沉重。 아, 모처럼의 일요일인데 사장의 명령으로 접대골프를 가야만 하다니 우울하다.

【53】 正解1　不和

摩擦＝（問題文中の意味）不和
＝仲が悪いこと／関係が良くないこと　not getting along/having a bad relationship　不和,关系不好　사이가 나쁜 것／관계가 좋지 않은 것

最近あの課の上司と部下の間には**摩擦**が生じているようだ。
It seems that there is some friction recently between the boss and his subordinates in that section.
最近那个科的上司和部下之间发生了摩擦。
최근 저 과(부서)의 상사와 부하 사이에는 마찰이 생기고 있는 것 같다.

📝「A国とB国の間には貿易**摩擦**が生じている」There exists trade friction between Nation A and B. A国和B国之间发生了贸易摩擦。 A국과 B국 사이에는 무역마찰이 생기고 있다.

選択肢の言葉

2「好意」＝（人を）好きだと思う気持ち　to like/love (someone), to have a crush (on someone)　好意,喜欢别人的心情　(사람을)좋아하는 마음　例:「彼は彼女に好意を持っているみたいだけど、彼女のほうはどうだろうか」

3「合意」＝考えが一致すること　agreement on ideas　合意,想法一致　생각이 일치하는 것　例:「交渉の結果、2つの会社は合意し、近々契約を結ぶことになった」After negotiation, the two companies reached an agreement and will enter a contract soon. 交涉的结果是,两个公司达成协议,最近要签署契约了。 협상 결과 두 회사는 합의하여, 조만간 계약을 맺기로 하였다.

4「不信」＝信用しないこと　not trust　不相信,不信任　신용하지 않는 것　例:「国民の間に内閣に対する不信が高まっている」People's distrust toward the government is getting stronger. 国民对内阁的不信任度在增加。 국민들 사이에서 내각에 대한 불신이 고조되고 있다.

【54】 正解2　方法

アプローチ＝（問題文中の意味）（目的のものに近づくための）方法

今度の仕事は、まったく新しい**アプローチ**で行われる。
The next project will be carried out with a completely

new approach.
这次的工作,将以全新的方法展开。
이번 일은 전혀 새로운 접근 방식으로 진행된다.

✏️「環境問題については、多くの学者がさまざまな**アプローチ**で研究を進めている」Many scholars are engaged in researches on environment issues with different approaches. 关于环境问题,很多学者用各种各样的方法在进行研究。 환경문제에 대해서는 많은 학자들이 다양한 접근방식으로 연구를 진행하고 있다.

第10回

【55】 正解1　見通しがつかない
目処が立たない=見通しがつかない
=予測できない
工事がいつ終わるか目処が立たない。
We cannot make an estimate on when we will complete the construction.
工程什么时候完工不能预测。
공사가 언제 끝날지 전망을 알 수 없다.

✏️「火事で家が焼けてしまった。これからどうして暮らしていったらいいのか**目処が立たなくて困っている**」Our house has been burned down in a fire. We have no idea how we're going live from now on and are in trouble. 火灾把家烧了。无法预测今后怎么生活,感到很为难。 화재로 집이 불타버렸다. 앞으로 어떻게 살아야 좋을지 전망이 보이지 않아 곤란해 하고 있다.

【56】 正解1　メンバー
スタッフ=メンバー
=仕事をいっしょにする人
我々のチームのスタッフを紹介しましょう。
Let me introduce to you the staff members of our team.
来介绍一下我们小组的成员。
우리 팀의 스텝을 소개하겠습니다.

✏️「この本の編集**スタッフ**が足りないので、来月募集をすることにした」Because we don't have enough editing members for this book, we are going to do recruiting next month. 因为这本书的编辑人员不足,决定下个月征募。 이 책을 편집할 스텝이 부족하기 때문에, 다음달에 모집하기로 했다.

選択肢の言葉
2「リーダー」leader　领导　리더
3「チーフ」chief/leader　头目,头子,主任　주임, 우두머리, 수석
4「モニター」monitor　监控,监控员　모니터

【57】 正解3　大変
さんざん=大変
=いやになるほどひどく　annoyingly awful/terrible　狠狠地,彻底地　싫어질 정도로 심하게
私は彼女にさんざん迷惑をかけている。
I have been troubling her endlessly.
我给她添了很多的麻烦。
나는 그녀에게 심하게 폐를 끼치고 있다.

✏️「この仕事を辞めるかどうか**さんざん**迷ったが、周りの人たちの助言もあって、結局辞めずに続けることにした」I was so undecided as to whether I should quit this work or not, but partly because of the advice from people around me, I decided not to resign and keep working here after all. 要不要辞掉这个工作犹豫得要命。周围的人也帮着出了主意,结果没有辞掉,还在继续干。 이 일을 그만둘까 말까 몹시 고민했지만, 주위 사람들의 조언도 있어, 결국 그만두지 않고 계속하기로 했다.

選択肢の言葉
1「時折」=ときどき　例:「明日は、午前は天気がよくても午後は時折小雨がふりますから、傘を持ってお出かけください」
2「通常」=普通は／いつもは　例:「重役会議は通常水曜日に開かれるが、今週は火曜日に変更された」The executive meetings are usually held on Wednesdays, but this week's was moved to Tuesday. 重要干部会议通常是在星期三开,这周改为星期二开。 중역회의는 보통 수요일에 열리지만, 이번주는 화요일로 변경되었다.
4「一頃」=以前のある時期　one time in the past　以前的某一时期。 일전의 어떤 시기　例:「これ、一頃流行ったゲームだね。なつかしいなあ」

【58】 正解4　人柄
人となり=人柄
=その人の特徴になっている性格
その手紙からは、彼女の人となりがよく伝わってきます。
The letter shows her personality well.
从这封信,能看出她的人品。
이 편지를 보면, 그녀의 성품을 잘 알 수 있습니다.

✏️「彼女は、有能なうえに**人となり**も立派だと社内での評価が高い」

【59】 正解3　上品だ
洗練されている=上品だ
この部屋の家具はどれも洗練されている。
Each piece of furniture in this room is refined.
这屋子里的家具都很讲究。
이 방에 있는 가구는 모두 세련됐다.

✏️「首相は国の顔だから、政治力だけではなく、**洗練された**マナーや話し方を備えていなければならない」Since the Prime Minister is the face of a nation, he is required to have well-polished manners and speeches as well as political powers. 首相是国家的脸面,不光要有政治力,高尚的举止风度和说话方式也是必不可少的。 수상은 나라의 얼굴이니, 정치력뿐만 아니라, 세련된 매너와 말투도 갖추고 있어야만 한다.

選択肢の言葉
2「質素だ」(質素な)=必要なものだけで、余計な金をかけていない、ぜいたくをしていない　having only necessary things

and not spending extra money, living a plain life　朴素,只有必要的东西,不花多余的钱,不奢侈　필요한 것 외에, 쓸데없이 돈을 쓰지 않는다. 사치를 하지 않는다　例:「A氏は今や大企業の社長だが、貧しかった昔と変わらない質素な生活をしているという」

4「精巧だ」(精巧な) =細かいところまで正確にできている　made with high precision　精巧　세세한 곳까지 정확하게 되어 있다　例:「この人形は精巧に作られているので、まるで生きているように見える」This doll is so precisely made it looks as if it were alive.　这个偶人制作得很精巧,看上去好像活着一样。　이 인형은 정교하게 만들어져 있어서, 마치 살아 있는 것처럼 보인다.

【60】　正解3　失敗する
しくじる=失敗する
あの人がしくじるなんて、考えられない。
I can't believe he has made a mess.
那个人会失败?很难想象啊。
저 사람이 실수를 하다니, 믿을 수 없다.

「ああ、**しくじっちゃった**。でも、次は絶対にうまくやるぞ」
Oh, I've made a mess. But I will definitely do fine next time.　啊,失败了。但是,下一次绝对能做好。　아, 실수해 버렸다. 하지만, 다음엔 절대 잘 해낼꺼다.

選択肢の言葉

2「ごまかす」=人にわからないように不正を行う　do wrong secretly　欺骗,蒙混,不为人知地做坏事。　남 몰래 부정을 저지르다　例:「子どものとき、母に頼まれて買い物に行った。そのとき、おつりをごまかして、母にひどく怒られた」When I was a child, I went shopping by Mother's request. At that time I cheated on the change and was badly scolded.　小时候,母亲让我去买东西。那时候,侵吞了找钱,被母亲怒责。　어렸을 때 엄마의 부탁으로 물건을 사러 갔다. 그때 거스름돈을 속여, 엄마한테 크게 혼났다.

用　法

第1回

【1】　正解 1

接客　meeting with a guest　会客，接待客人　접객
部長はただ今、接客中です。
The department head is now meeting with a guest.
部长现在正在会客。
부장은 지금 손님 접대중입니다.
使い方「店員は**接客**態度に気をつけなければならない」
正しい言葉 2「ラッシュ時の車内は通勤、通学の乗客でいっぱいだ」
3「今夜はアメリカからの来客があり、一緒に食事をします」
4「新しい顧客を開拓するための企画が社内で進められている」 A project to find new customers is under way in the company.　为了开拓新顾客的规划正在公司内推进。
새로운 고객을 개척하기 위한 기획이 사내에서 진행되고 있다.

【2】　正解 2

まぎらわしい＝まちがえやすい／見分けがつかない
confusing/indistinguishable　容易出错,不能分别　틀리기 쉽다 / 분간할 수 없다
この線には似たような名前の駅があって、まぎらわしい。
使い方「この方がスダさんで、あの方がスガさんですか。**まぎらわしい**ですね」
正しい言葉 1「梅雨の間はうっとうしい天気が続く」
3「今日の夕飯は料理の品数が少なくて、なんか物足りないなあ」
4「休みの日は、わずらわしい仕事のことを忘れてのんびりしたい」I want to relax on my days off forgetting about distressful work.　休假日，忘了烦琐的工作,想逍遥自在 (地度过)。　쉬는 날은 성가신 업무에 대한 내용은 잊고 느긋하게 지내고 싶다.

【3】　正解 3

ダイエット　diet　规定的饮食　다이어트
ダイエットに成功して 5 キロやせた。
使い方「若い女性の**ダイエット**は健康によくないと言われている」
正しい言葉 1「健康のために、食事の量を減らすことにした」
2「週に 3 回ジムに通って、体力をつけるトレーニングをやっている」
4「毎日の食事のカロリーを計算する」

【4】　正解 1

見極める　grasp, make sure　看透,弄清楚　가려내다, 규명하다
経済の動向を見極めるのは証券会社にとっても難しいことだ。
It's difficult even for stockbrokers to grasp the trend of economy.
对证券公司来说,看透经济动向是很难的事。
경제의 동향을 규명하기란 증권회사에 있어서도 어려운 일이다.
使い方「この問題の本質を**見極めない**と解決策は立てられない」We cannot set up a solution plan without ascertaining the essence of this issue.　不看透这个问题的本质就很难制定解决的对策。　이 문제의 본질을 밝혀내지 않으면 해결책은 세울 수 없다.
正しい言葉 2「あなたも少しは隣のご主人を見習って、家事を手伝ってください」(見習う) Please follow the next-door neighbor's husband a little and help me with the housework.　你能不能向隔壁的丈夫学学，帮着做点家务事。　당신도 조금은 옆집 남편을 본받아서, 집안일을 도와주세요.
3「伝統工芸の技を残そうと地元の人が立ち上がった」The local people rose up trying to hand down the techniques of their traditional crafts.　为了保留传统的工艺,当地的人们行动起来了。　전통공예의 기술을 후세에 남기고자 그 지역 사람들이 일어섰다.
4「この問題についてはできるだけ早く解決策を見出して／見つけてほしい」

【5】　正解 4

とかく＝一般的に（～する傾向がある）　in general (tend to ～)　一般有 (～ 的倾向)　일반적으로 (~ 하는 경향이 있다) (よくない傾向に使う)
人は、とかく間違いをしやすいものだ。
People tend to make mistakes in general.
人,一般是容易出错的。
사람은 아무튼 잘못을 하기 쉽다.
使い方「**とかく**人間は努力を忘れて楽な方向に流れがちだ」
正しい言葉 1「いくら頑張っても、どうせ結果は見えている」The result is obvious after all however hard I work.　不管怎么努力,反正结果已经能预料到。　아무리 노력해도, 결국 결과는 보인다
2「病人の具合は多少／幾分よくなったが、まだ回復したとは言えない」
3「やけどをしたら、とにかく早く冷水で冷やすことが大事だ」

【6】　正解 1

決め手＝決めるときの重要なポイント　a crucial point when making a decision　决定时要点,证据　결정할 때의 중요한 포인트
ここで入れる、この少しの砂糖が味の決め手です。
使い方「凶器に残された指紋が犯人逮捕の**決め手**になった」
The fingerprints left on the weapon were the conclusive factor for the arrest of the criminal.　凶器上留下的指纹,成为逮捕犯人的证据。　흉기에 남겨진 지문이 범인 체포의 결정적인 증거가 되었다.
正しい言葉 2「会議での決定に従い、新商品の開発スケジュールを見直した」In accordance with the decision made at the meeting, we rechecked the development schedule of our new product.　遵从会议的决定,重新考虑新商品开发的

85

日程。　회의에서 결정된 내용에 따라, 신상품의 개발 스케줄을 재검토하였다

3 「世間が注目していた裁判の<u>判決</u>は、無罪だった」The verdict of the trial that attracted people's full attention was "not guilty". 　社会瞩目的审判的判决是无罪。　세간이 주목하고 있던 재판의 판결은, 무죄였다.

4 「社長は、海外の市場から撤退するという<u>決定</u>を下した」The company president made a decision that they would retreat from the overseas market. 　社长决定从海外市场撤退。　사장은 해외 시장에서 철수한다는 결정을 내렸다.

第2回

【7】　正解 2

つくづく ＝ 深く感じる様子　feeling something deeply　很深刻地感到的样子, 深切　깊게 느끼는 모습

自分勝手なふるまいをやめない彼が**つくづく**嫌になった。

I'm fed up with him who won't stop his selfish behaviors.　对不能改变任性举止的他, 感到讨厌死了。　제멋대로 행동하는 그가 정말 싫어졌다.

使い方「失敗を重ねる自分の愚かさを**つくづく**感じている」I deeply feel my foolishness of repeating failures.　深切感到不断重复失败的自己的愚蠢　실패를 거듭하는 자신의 어리석음을 절실하게 느끼고 있다.

正しい言葉 1 「いつも厳しい部長だが、今回の企画に関しては<u>あっさり</u>オーケーが出た」Although he is usually rigid, the director gave a green light to the new project instantly.　总是非常严格部长, 对于这次的计划, 很轻松地说了OK。　언제나 엄한 부장이지만, 이번 기획에 관해서는 간단히 승낙해줬다.

3 「台風のせいで庭に植えたばかりの花が<u>根こそぎ</u>倒れてしまった」Due to the typhoon, the flowers I just planted in my garden were completely tumbled down.　因为台风, 刚在院子里种下的花连根拔起地倒下了。　태풍때문에 정원에 심어 놓은지 얼마 안된 꽃이 송두리채 쓰러져 버렸다.

4 「どうしてこんな結果になったのか、いくら考えても<u>さっぱり</u>わからない」

【8】　正解 3

ニュアンス　nuance　语气, 语感　뉘앙스

この2つの言葉の**ニュアンス**の違いが感じ取れますか。

使い方「微妙な**ニュアンス**の違いを外国語で説明するのは難しい」

正しい言葉 1 「地震で被災して以来、国民の防災意識に<u>変化</u>が生じている」Since they were hit by the earthquake, people's awareness toward disaster prevention has changed.　自从地震受害以来, 国民的防灾意识发生了变化。　지진으로 피해를 입은 이후, 국민의 방재의식에 변화가 생기고 있다.

2 「彼は皆を楽しませるユーモアの<u>センス</u>がある」

4 「いい<u>アイデア</u>が思いつかないので、少し時間をください」

【9】　正解 2

気がとがめる ＝ 自分の行動について良心に恥ずかしいと感じる　feel ashamed of oneself and feel like going against one's conscience　对自己的行动, 良心上觉得羞耻　자신의 행동에 대해 양심에 부끄럽다고 느낀다

息子を叱った後で、ちょっときびしく言い過ぎたかと**気がとがめた**。

After scolding my son, I felt guilty thinking I might have been too harsh.　斥责儿子以后, 觉得是不是说过头了, 良心上有些自责。　아들을 혼낸 후에, 좀 가혹하게 말을 지나치게 한거 아닌가하고 마음에 걸렸다.

使い方「あなたに失礼をしてしまったと、あれからずっと**気がとがめています**」I've been feeling guilty that I did something rude to you.　对你做了失礼的事后, 一直觉得良心上过不去。　당신에게 실례를 범해 버렸다고, 그때부터 계속 마음에 걸려 있습니다.

正しい言葉 1 「地震の被災地にいる息子がどうしているかと<u>気がもめる</u>」I'm worried how my son who is in the earthquake disaster area is doing.　在地震的受灾地的儿子不知怎么样了, 觉得很担心。　지진 재해지에 있는 아들이 어떻게 지내고 있는지 걱정되어 애가 탄다.

3 「<u>心が落ち込んだ</u>ときは、楽しい音楽を聴いて元気を取り戻す」（心が落ち込む）

4 「ライバルが目の前にいるのに、彼は平然と、まったく<u>気にとめない</u>様子だった」Although his rival was right in front of him, he looked composed and didn't care about him at all.　虽然竞争对手就在眼前, 但是他非常冷静, 完全不在意样子。　라이벌이 눈앞에 있는데도, 그는 태연하게, 전혀 마음에 두고 있지 않는 것 같았다.

【10】　正解 2

若手 ＝ グループの中の若いほうの人たち　younger people in a group　在一组人中的较年轻的人　그룹 안의 젊은 쪽에 해당되는 사람들

若手議員がこれからの日本を変えていくべきだ。

使い方「今回の美術展は**若手**の活躍が目立った」In this art exhibit, especially young artists took an active part.　这次的美术展中年轻人的活跃很令人瞩目。　이번 미술전은 젊은 측의 활약이 돋보였다.

正しい言葉 1 「もう<u>若い</u>ころのようには、体が思うように動かない」

3 「彼女は<u>若者</u>が着るような派手な服を好む」

4 「私はまだまだ<u>未熟</u>ですから、これからもどうぞご指導ください」

【11】　正解 4

日向 ＝ 日が当たる場所　sunny area　照得到阳光的地方　햇볕이 드는 장소

天気のいい日は鉢植えの植物を**日向**に出してやる。

I lay my potted plants in the sun on a sunny day.
天气好的时候，把花盆的植物拿到能照到阳光的地方。
날씨가 좋은 날은 화분에 심은 식물을 양지에 내어 둔다．
使い方「洗濯物は**日向**で干せば、すぐ乾く」
正しい言葉1「今日は曇っていて日が差さない」
2「この部屋は南向きでとても日当たりがいい」
3「夏の日差しを浴びて、植物がすくすくと成長する」

【12】 正解 1
ざっくばらん（な）＝心を隠さない様子／遠慮をしない様子
not hiding one's inner feelings/not hesitant/candid　直率，坦率,不客套　마음을 숨기지 않는 모습 / 사양하지 않는 모습
彼女は**ざっくばらん**な性格で、裏表がなく、みんなに好かれている。
She is a candid person, not a double-dealer, and is liked by everyone.
她性格直率，表里一致，被大家喜爱。
그녀는 솔직한 성격으로, 표리가 없어 모두가 좋아한다．
使い方「今日は堅苦しい話はやめて、**ざっくばらん**に話しましょう」Let's not have a serious talk today. Let's talk openly. 今天不讲拘泥形式的话，坦率地说话吧。 오늘은 딱딱한 이야기는 그만두고, 솔직하게 얘기해 봅시다．
正しい言葉2「膨大な量の仕事を前にして、思わずため息が出た」Seeing a huge amount of work in front of me, I unknowingly heaved a deep sigh. 在大量的工作前，不禁叹气。 엄청난 양의 일거리를 앞에 두고, 무심코 한숨이 나왔다．
3「毎日雨ばかりで、気分がゆううつになる」
4「今回の企画のおおまかな予定を説明します」

第 3 回
【13】 正解 4
情けない＝みじめ（な）／恥ずべき／嘆かわしい　miserable/shameful/pitiable　悲惨的，可耻的，令人遗憾的　비참한 / 창피스런 / 한심스럽다
弱いと思っていた相手に2回続けて負けるなんて、**情けない**。
使い方「**情けない**ことに、私は今、収入がビロビロ生活にも困っている状況です」
正しい言葉1「うちの息子は気が小さくて、人前に出るのがやだと言う」
2「この国は失業者からも情け容赦なく税金を取り立てる」In this country they collect taxes mercilessly from the unemployed as well. 这个国家对失业者也毫不留情地征收税金。 이 나라는 실업자로부터도 가차없이 세금을 거둔다．
3「何度も頼んでいるのに、彼女はそっけない返事しかくれない」I asked her repeatedly, but she only replied to me coldly. 虽然请求了几次，但是她给的只是非常冷淡的回答。 몇번이나 부탁하고 있는데, 그녀는 퉁명스런 대답뿐이다．

【14】 正解 2
慎む＝（正解文中の意味）気をつける　be careful　注意，小心　조심하다
お客様と話すときは言葉を**慎む**こと。
Be careful of your language when you talk to customers.
和顾客说话时必须谨慎用词。
손님과 이야기할 때는 말을 조심할 것．
使い方「社会人になったからには、行動を**慎みなさい**」
正しい言葉1「どうぞ遠慮しないで、たくさん召し上がってください」
3「社長の後ろには秘書が控えていた」（控える）Behind the company president was his secretary. 社长的后面有秘书在等候。 사장 뒤에는 비서가 대기하고 있다．
4「彼女はまだ幼いながら、善いことと悪いことをきちんとわきまえている」（わきまえる）She can tell good from evil although she's only a child. 她虽然还年幼，但是能清楚地识别好坏。 그녀는 아직 어린데도 좋은 일과 나쁜 일을 정확히 분간할 줄 안다．

【15】 正解 1
妥結　compromise settlement　妥协　타결
賃上げ交渉の**妥結**まで、社員は一致団結して経営者と闘った。
The company employees battled with the owner in harmonious cooperation till they reached a raise negotiation settlement.
直到（经营者）对提高工资的交涉妥协为止，职员们团结一致和经营者斗争。
임금 인상의 협상이 타결될 때까지, 사원은 일치단결하여 경영자와 싸웠다．
使い方「委員の意見は一向にまとまらず、**妥結**の見通しはつかない」The committee's opinions didn't come to a conclusion, and there is no prospect of a compromise settlement. 委员的意见完全不能统一，看不到妥协的希望。 위원들의 의견은 좀처럼 정리되지 않아, 타결될 전망이 보이지 않는다．
正しい言葉2「社会生活を営む上では、折り合いや妥協も時には必要になる」Accommodation or compromise is sometimes necessary in leading a social life. 为了在社会中生活，和解和妥协有时是必要的。 사회생활을 해가는 데 있어서, 양보와 타협도 때로는 필요하다．
3「指輪の交換が行われ、2人の婚約がめでたく成立に至った」An exchange of rings was carried out and the engagement of the two happily became official. 进行了戒指交换，两个人的婚约圆满地成立了。 반지 교환이 이루어져, 두사람의 혼약은 경사롭게 성립되었다．
4「このチームは、選手の結束が強い」

【16】 正解 3
ことごとく＝どれも全部
就職試験に**ことごとく**失敗して、すっかり自信をなくしてしまった。

N1 解答

使い方「うちの息子は、親の言うことに**ことごとく**反発する」
正しい言葉 1「過密スケジュールで、へとへとに／くたくたに疲れている」Having an overly busy schedule, I'm extremely tired. 因太紧张的日程而非常疲劳／精疲力竭 빡빡한 스케줄때문에, 녹초가 될 정도로 피곤해 졌다．
2「今年は例年に比べて、ことに厳しい暑さが続いている」
4「私は毎日朝刊に一通り目を通してから、出社しています」I glance at the morning newspaper roughly every morning before I go to work. 我每天阅览一遍晨报后，去公司。 나는 매일 조간신문을 대충 훑어보고, 출근하고 있습니다．

【17】 正解 2
一人前 =（正解文中の意味）大人や専門家としての能力があること having enough ability as an adult or a specialist 作为成人或专家, 有其能力 어른이나 전문가로써 능력이 있는 것
彼は懸命に修行に励んでいるが、一人前の職人になるにはまだまだだ。
He has been working hard in training himself, but it's still a long way till he becomes a professional artisan.
虽然他拼命地刻苦修行, 要做一个够格的手艺人还差得远呢。 그는 열심히 수행에 힘쓰고 있지만, 어엿한 장인이 되기까지는 아직 멀었다．
使い方「言うことは**一人前**だが、やることはまだ半人前だ」What he says is that of an adult, but what he does is that of an immature person. 说的话是够格了, 但是做的事还不太够格。 하는 말은 어른스럽지만, 하는 행동은 아직 반사람 몫밖에 안된다．
正しい言葉 1「サッカーの観戦チケットが一枚余っているんだけど、一緒にどうですか」
3「4月から親元を離れて、一人暮らしをすることにした」
4「私はまだ半人前ですので、これからもご指導のほど、よろしくお願いいたします」

【18】 正解 2
はらはらする feel nervous/worried/scared 飘落, 捏一把汗 조마조마하다
歩き始めたばかりの孫がけがをしないかと、私はいつもはらはらしている。
I always feel nervous about my grandchild who just started walking, worrying he might get injured.
刚会走路的孙子会不会受伤, 我总是要捏一把汗。 막 걷기 시작한 손자가 다치지는 않을까, 나는 언제나 조마조마해 하고 있다．
使い方「高層ビルの窓をふいている人を**はらはら**しながら見ていた」
正しい言葉 1「人気歌手のコンサートが始まるのを、観客はわくわくしながら待っている」（わくわくする） The audience are waiting for the popular singer's concert to begin with excitement. 观众在欢欣雀跃地等待着人气歌手的演唱会 开始。 인기가수의 콘서트가 시작되기를 고객이 설레는 마음으로 기다리고 있다．
3「両親が留守なのをいいことに、弟はすっかりのびのびしている」（のびのびする） With our parents away from home, my younger brother is entirely relaxed. 父母不在家成了好事, 弟弟过着悠闲自得的生活。 부모님이 부재중인 것을 좋은 핑계로 삼아, 남동생은 완전히 느긋하게 보내고 있다．
4「同窓会のためにわざわざ着物を買ってきた母は、うきうきしている」（うきうきする） My mother who went to the trouble of buying a kimono for the class reunion is being cheerful. 为了（参加）同学会特地去买了和服的母亲, 真是喜不自禁。 동창회때 입으려고 일부러 기모노를 사오신 엄마는 마음이 들떠 있다．

第 4 回

【19】 正解 3
見当たらない = 見つけられない cannot find/locate 没找到 찾을 수 없다
鞄に入れたはずの鍵が見当たらない。
使い方「この英語は日本語で何というのだろう。ぴったり合う言葉が**見当たらない**」
正しい言葉 1「10年先のことなんてまったく予想できない」
2「彼女が何歳なのか、だれにもまったく見当がつかない」
4「あの占い師の言うことはいつも当たらない」What that fortune teller says never comes true. 那位占卦者所说的话, 总是不没命中。 저 점쟁이가 하는 말은 언제나 맞지 않는다．

【20】 正解 1
大手 major, large 大户头, 大企业 큰 규모의 회사
今回の就職セミナーにはさまざまな業界の大手企業が参加します。
Major companies from various fields will participate in the employment seminar this time.
这次就业讨论会, 各种业界的大企业都来参加了。 이번 취업세미나에는 다양한 업계의 대기업들이 참가합니다．
使い方「この町にも**大手**スーパーが進出してきて、駅前の商店街がさびれてしまった」A large supermarket opened in this town also, and the shopping district in front of the station got deserted. 这条大街上大型超市也打了进来, 车站前的商店街变得很冷落。 이 마을에도 대형 슈퍼마켓이 진출하여, 역 앞 상점가가 한산해졌다．
正しい言葉 2「コンサート会場には大勢の人が集まっていた」
3「多数決をとったら、大半／大部分の人が賛成だった」
4「私の会社ではいくら残業しても手当がつかない」We don't get paid for whatever overtime work we do in our company. 我们公司再加班也没有津贴。 우리 회사에서는 아무리 잔업을 해도 수당이 붙지 않는다．

【21】 正解 4
ぶらぶらする idle away, fiddle about, do nothing 摇晃, 溜达, 闲呆着 빈둥거리다

定年退職した父がぶらぶらしているので、趣味を持つように勧めた。
Seeing my father doing nothing after he retired under the age limit, I suggested he takes up a hobby.
因为退休后的父亲就这样闲呆着，就劝他培养些兴趣爱好。
정년퇴직한 아버지가 빈둥빈둥 놀고 계셔서, 취미를 갖는 것이 좋다고 권해드렸다.

使い方「日曜日、新宿の街を**ぶらぶらして**いたら、友だちに出会って、いっしょに飲みに行った」

正しい言葉 1「恋人が初めて家に来るので、姉は朝から<u>そわそわして</u>落ち着かない様子だ」（そわそわする） Because her boyfriend is coming to our house for the first time, my older sister looks restless and nervous since morning. 恋人第一次来家，妹妹从早上起就坐立不安，慌慌张张的样子。 애인이 처음으로 집에 오니까, 언니는 아침부터 안절부절 못하고 흥분한 상태인 것 같다.

2「さっきから部屋の中で<u>ごそごそしている</u>けど、何かさがしているの？」（ごそごそする） You've been making rustling sounds in your room, but are you looking for something? 从刚才起就在屋里发出嘎吱嘎吱的声音，在找什么呢？ 아까부터 방안에서 부스럭거리는 것 같은데, 뭔가 찾고 있는거니？

3「飲みすぎたせいで、胃が<u>むかむかする</u>」（むかむかする） Drinking too much, I feel sick in my stomach. 因为喝多了，胃难受得想吐。 너무 마신 탓에 위가 메슥거린다.

【22】 正解 3

依然（として）＝今も変わらないで、同じように same still now, same as before 现在也没变，和从前一样。依然。 지금도 변함없이 똑같이

昨日倒れたＡ氏は、今も**依然として**危険な状態にある。
Mr. A who collapsed yesterday is still in critical condition.
昨天倒下的 A, 依然处在危险状态下。
어제 쓰러진 A 씨는 여전히 위험한 상태다.

使い方「遭難したと見られる船の行方は、**依然として**不明のままだ」 The boat expected to have been wrecked is still missing. 被认为是遇难了的那条船，依然还是行踪不明。 조난한 것으로 여겨지는 배는 여전히 행방불명인 상태다.

正しい言葉 1「あまりに恥知らずな彼女の振る舞いに驚いた私は<u>唖然として</u>何も言えなかった」 I was too stunned to say anything at her extremely shameless behavior. 对她的太恬不知耻至极的举止，我目瞪口呆，什么话也说不出。 너무나도 뻔뻔스러운 그녀의 행동이, 나는 기가 막혀서 아무말도 할 수 없었다.

2「地震で全壊した家の前では、そこの住人がただ<u>呆然として</u>立っていた」 In front of the house that was totally destroyed by the earthquake, the resident was standing vacantly. 在因地震而被全部毁坏的家的前面，在那里住过的人呆呆地站立着。 지진으로 완전히 무너진 집 앞에서, 거기에 살던 집주인은 그저 명하니 서 있었다.

4「非常事態にあっては、<u>毅然</u>として対応することが必要だ」 It is necessary to take actions resolutely in emergencies. 在发生异常事态时，必须采取毅然的态度去对应。 비상사태 시에는, 의연하게 대응할 필요가 있다.

【23】 正解 4

日取り＝（大きな事、重要な事を）行う日 date for holding (a big/an important event) 举行(大事,重要的事)的日子(큰 일,중요한 일을) 행하는 날

結婚式の**日取り**は、まだ決まっていない。

使い方「先生の次の講演会の**日取り**は決まりましたか」

正しい言葉 1「夏に長期の<u>休暇</u>を取って海外に行くつもりだ」

2「このホテルは人気があるので半年先も<u>予約</u>が取れない」

3「<u>段取り</u>よく仕事をしないと、期限に間に合わない」 We won't be able to make it by the deadline if we don't work in an organized manner. 如果不能有计划地工作，那么就不能在期限内完成。 순서를 잘 정해 일하지 않으면, 기한을 맞출 수 없다.

【24】 正解 4

場当たり的（な）＝そのときの思いつきだけの／深く考えない only of a casual idea/not thinking deeply 只是那时偶然的想法，一时的想法，不深刻考虑 그때의 즉흥적인 생각뿐인/깊게 생각하지 않는다

政府の景気対策は**場当たり的**で、根本的な解決にはならない。
The government's business policies are claptraps and don't lead to a fundamental solution.
政府的景气对策只是一时的想法，不能根本解决问题。
정부의 경기대책은 즉흥적인 것으로, 근본적인 해결책은 될 수 없다.

使い方「彼の発言は、ともすると**場当たり的**で無責任になる傾向がある」 His opinions can be rather claptrap and could be irresponsible. 他的发言，往往只是偶然的想法，有无责任感的倾向。 그의 발언은 걸핏하면 즉흥적이며 무책임한 경향이 있다.

正しい言葉 1「地震の後、町長は以前にも増して防災対策に<u>積極的だ</u>」 After the earthquake, the town manager is more active than before for disaster prevention. 地震后，町长比以前更积极地实行防灾对策。 지진 후, 촌장은 이전보다도 더 방재대책에 적극적이다.

2「水泳大会で我が校の代表選手が<u>驚異的</u>な大記録を達成した」 The representative swimmers from our school achieved a surprising record in a swimming tournament. 在游泳运动大会上，我校的代表选手达成了令人震惊的记录。 수영대회에서 우리 학교 대표선수가 경이적인 대기록을 달성했다.

3「<u>日常的</u>にアルコールを摂取している人の発ガン率は、そうでない人より高い」 The cancer risk for people who consume alcohol daily is higher than that for people who don't. 平日喝酒的人比不喝酒的人的致癌率要高。 일상적으로 알콜을 섭취하고 있는 사람의 암발생률은 그렇지 않은 사람보다 높다.

第5回

【25】 正解 2

むやみに = よく考えないで過度に（よくない意味で使う）
excessively without thinking (used in negative connotation)
什么也不想地日（用在不太好的意思上）　잘 생각하지 않고 과도하게（좋지 않은 의미로 사용된다）

欲しいものを見つけるたび、むやみに借金を繰り返す弟のことが心配だ。
I'm worried about my younger brother who randomly borrows money repeatedly each time he finds something he wants.
我很担心每次发现想要的东西，就反复地随便借钱的弟弟。
갖고 싶은 것을 발견할 때마다, 무턱대고 되풀이하여 대출을 받고 있는 남동생이 걱정된다.

使い方「課長は、機嫌が悪いと部下を**むやみに**叱りつける」
正しい言葉 1「夫の死後、3人の子どもを抱えて、私は<u>がむしゃらに</u>働くしかなかった」After my husband's death, I had no choice but to work frantically while taking care of my three children. 丈夫死后，带着3个孩子，我只能不顾一切地工作。 남편이 죽은 후, 3명의 아이들을 거느리고 나는 죽을둥살둥 일할 수밖에 없었다.
3「母の手術の成功を、家族みんなで<u>ひたすら</u>祈った」All our family members prayed sincerely for the success of our mother's surgery. 全家只是一个劲儿地祈求母亲手术成功。 엄마의 수술이 성공하기를 가족 모두 한마음으로 기도했다.
4「事故現場の処理が進むにつれて、原因が<u>徐々に／次第に</u>明らかになってきた」

【26】 正解 2

不審（な） = うたがわしい／あやしい　suspicious/doubtful
可疑的，奇怪的　의심스럽다 / 수상하다

彼の事件当日の行動には不審な点がある。
There is something doubtful about his actions on the day of the incident.
他在事发当天的行动有可疑之处。
그의 사건 당일의 행동에는 의심스런 점이 있다.

使い方「車内に**不審な**物があったら、すぐに駅員に連絡してください」
正しい言葉 1「彼女は<u>個性的</u>なセンスの持ち主で、着る服もちょっと変わっている」She is unique in her sense and the outfit she wears is a little different. 她是个具有个性的审美观的人，穿的衣服也有些与众不同。 그녀는 개성적인 센스를 지닌 사람으로, 입고 있는 옷도 조금 특이하다.
3「その学生は入学試験で<u>不正</u>を行って不合格になった」
4「発見された<u>遺体</u>は年齢、性別が<u>不詳</u>です」The age or sex of the body found is unknown. 被发现的遗体年龄，性别不详。 발견된 시체는 연령, 성별미상입니다.

【27】 正解 4

お詫び = 謝ること　to apologize　谢罪，道歉　사과하는 것

この度は大変なご迷惑をおかけいたしました。深くお詫び申し上げます。
I apologize from the bottom of my heart for having troubled you so much.
这次给您添了很大的麻烦。深深地向您道歉。
이번에 대단히 불편을 끼쳐드렸습니다. 깊이 사과드립니다.

使い方「息子が隣の家の窓ガラスを割ってしまったので、お菓子を持って**お詫び**に行った」
正しい言葉 1「お世話になった先生への<u>お礼</u>の品を買った」
2「<u>心</u>のこもった贈り物をいただいた」
3「彼はとても<u>礼儀</u>正しい好青年だ」He is a very polite and nice young man. 他是非常有礼貌的好青年。 그는 아주 예의 바른 청년이다.

【28】 正解 4

とぼける = 知らない振りをする　pretend not to know　装作不知道，装糊涂　모르는 척하다

父は、自分の立場が悪くなると、とぼける。
My father pretends ignorance when he is in an unfavorable situation.
父亲在处境对自己不利时，就装糊涂。
아버지는 자신의 입장이 난처해지면 시치미를 뗀다.

使い方「**とぼける**のはやめなさい。君がやったんだろう？」
Don't pretend ignorance. You did it, didn't you? 別裝糊涂了，就是你干的吧？ 시치미 떼지 마라. 니가 한 짓이지？
正しい言葉 1「この写真は少し<u>ぼけ</u>ているね。ピントが合っていない」（ぼける） This photo is a little blurry. It's out of focus. 这张照片有些模糊，焦点没对好。 이 사진은 조금 흐리게 찍혔네. 핀트가 맞지 않았어.
2「目が悪くなったのだろうか。最近細かい字が<u>かすんで</u>／<u>ぼけて</u>よく見えない」（かすむ／ぼける）
3「どっちへ行ったらいいのだろう。どうやら道に<u>迷って</u>しまったようだ」（迷う）

【29】 正解 3

見ごたえ　be worth watching　值得看　볼 만함

これは自然の脅威を教えてくれる、見ごたえのある映画です。
This movie which shows the wonders of nature is really worth watching.
这是一部告诉我们自然的威力的值得一看的电影。
이것은 자연의 위협을 가르쳐 준, 볼 가치가 있는 영화입니다.

使い方「**見ごたえ**がある／ない」「今日の番組はあまり**見ごたえ**がなく、つまらなかった」
正しい言葉 1「昨日のパーティーには、何人か<u>見覚え</u>のある顔があった」
2「店内の内装を変えて、白い壁にしたほうが<u>見栄え</u>がいい」You need to redecorate the interior of the store and it should look better with white walls. 把店内的装修改变一

下，墙壁漆成白色比较美观。　가게 내장을 바꿔, 하얀색 벽으로 하는 것이 보기 좋다．
4「今日のランチは洋子が作ってくれる。彼女の腕の<u>見せどころ</u>だ」

【30】　正解 4
ケース =（正解文中の意味）場合　case　场合，事例　경우
この薬を飲んでも、効果が出ない**ケース**もあります。
There is a case in which no good result is expected after taking this medicine.
即使喝了这药，也会有不见效果的事例。
이 약을 먹어도, 효과가 없는 경우도 있습니다．
使い方「そのような**ケース**は、家庭裁判所で相談するほうがいい」With such a case, you would rather consult it at a family court.　像这样的事例，到家庭裁判所取咨询一下比较好。　그러한 경우는 가정재판소에서 상담받는 것이 좋다．
正しい言葉 1「新居の庭には、野菜が少し作れるぐらいの<u>スペース</u>が欲しい」In the garden at our new house, we want some space where we can grow a little vegetables.　在新居的院子里，希望有一些种蔬菜的空地。　새집 정원에는 야채를 조금 키울 수 있을 정도의 공간이 있었으면 좋겠다．
2「仕事でたまった<u>ストレス</u>の解消法はカラオケで歌うことです」What I do to get rid of stress I get from work is to sing at a karaoke.　在工作中积下的压力的解除方法，就是去唱卡拉OK。　일때문에 쌓인 스트레스를 해소하는 방법은 가라오케에서 노래부르는 것입니다．
3「映画は、どんな<u>ジャンル</u>のものが好きですか」What genre of movies do you like?　喜欢什么类型的电影？영화는 어떤 쟝르의 영화를 좋아합니까？

第6回

【31】　正解 1
丸ごと = 切ったり部分に分けたりしないで、そのまま全部　the whole thing without cutting or dividing into pieces　不切割或分成小部分，就这样全部。整个，完整　자르거나，부분으로 나누지 않고，그대로 전부
他人の書いたレポートを**丸ごと**コピーして提出する学生が増えている。
使い方「りんごを食べるとき、私は、切らないで**丸ごと**食べるのが好きだ」
正しい言葉 2「当社の社員食堂では100人からの昼食をたった1人の調理師が<u>一手</u>に引き受けている」
3「困難が予想されたプロジェクトだったが、今のところ<u>万事</u>順調に進んでいる」
4「野原<u>一面</u>にれんげの花が咲いていて、ピンク色のじゅうたんのようだった」

【32】　正解 3
浮き彫り =（正解文中の意味）状況がはっきり目立つこと　a situation being clear and obvious　情况清楚地显现　상황이 확실히 눈에 띄는 것
犯人の自白から事件の真相が**浮き彫り**にされた。
From the criminal's confession, the truths of the case were made to surface.
从犯人的自白中，真相清楚地显现出来了。
범인의 자백으로 사건의 진상이 뚜렷이 드러났다．
参考「浮き彫りにする／浮き彫りになる」
使い方「今度の事件では会社の杜撰な経営体制が**浮き彫り**になった」
正しい言葉 1「新規の参入もあり、また倒産もあり、この業界は<u>浮き沈み</u>が激しい」With new corporations' participation or bankruptcies, there are extreme ups and downs in this business.　新加入的也有，倒闭的也有，这个行业沉浮很激烈。　신규 참가도 있고，한편으론 도산도 있고，이 업계는 흥망성쇠의 기복이 심하다．
2「公園の中央には、馬に乗った将軍の<u>像</u>／<u>彫像</u>が立っている」In the middle of the park stands a statue of a Shogun riding a horse.　公园的中央，站立着骑着马的将军的像/雕像。　공원 중앙에는 말을 탄 장군의 조각상이 서 있다．
4「この子は泳げないので、いつも<u>浮袋</u>／<u>浮輪</u>を持ってプールに行く」

【33】　正解 3
オンライン　online　在线　온라인
この商品はインターネットを使って**オンライン**で注文することができる。
使い方「コンビニや銀行のATMでの金の出し入れは**オンライン**で処理される」The withdrawals and deposits on the ATM at convenience stores or banks are processed online.　在方便商店或者银行的自动取款机存取钱时，都是线处理的。　편의점이나 은행의 ATM에서의 돈의 출납은 온라인으로 처리된다．
正しい言葉 1「駅前に新しいデパートが<u>オープン</u>するらしい」
2「今<u>ホット</u>な話題を探すなら、インターネットが一番だ」
4「教科書の大事なところに<u>アンダーライン</u>を引いた」

【34】　正解 1
名残 =（正解文中の意味）過ぎ去ったあとにまだ影響が残っていること　influence still remaining after some time has passed　过去有过的事直到现在还残留着影响，遗迹，惜别　지나간 뒤에 아직 영향이 남아 있는 것
この地域の町並みには江戸時代の**名残**が見られる。
Some influence of the Edo period is found in this district's landscape.
可以看到，这个地区的街道残留着江戸时代的遗迹。
이 지역 거리에는 에도시대의 자취가 보인다．
使い方「この国は、ところどころに戦争の傷跡が残り、戦乱の**名残**が見られる」Scars of war remain in some places in this country and influence of battleship can be seen.　这个国家这儿那儿残留着战争的创伤，可以看到战乱的遗迹。

N1解答

この国は　あちこちに　戦争の傷跡が残っており、戦乱の跡が見られる。
正しい言葉 2「仕事が終わらなかったので<u>残業</u>をして、帰宅したのは夜中になった」
3「この店では閉店直前に<u>売れ残り</u>の商品が半額で購入でき<ruby>購入<rt>こうにゅう</rt></ruby>る」At this store the goods left unsold can be bought at half price right before it closes.　在这个商店，关门前卖剩下的商品，半价就可以买到。　이 가게에서는 폐점직전에 가면 팔다 남은 상품을 반값으로 구입할 수 있다.
4「パーティーは楽しかったが、彼に会えなかったのが<u>心残り</u>だ」<ruby>心残<rt>こころのこ</rt></ruby>The party was fun, but it was a shame I didn't get to see him.　聚会虽然很快乐，只可惜没见到他。　파티는 즐거웠지만, 그를 만나지 못해 유감이었다.

【35】 正解 1
ばれる = 悪いことが表に出る　something bad becomes known　暴露，败露。不好的事露出表面　나쁜일이 표면에 나타나다
<u>A氏は妻に浮気がばれて離婚した。</u>
Mr. A got a divorce after his affair was found out by his wife.
A氏因为婚外情被妻子发现而离婚了。
A 씨는 부인에게 바람 피운것이 탄로나서 이혼했다.
使い方「あの子はうそをつくと顔に出るので、すぐ**ばれて**しまう」
正しい言葉 2「壁のペンキが<u>はげた</u>ので、<u>塗り直した</u>」(はげる) The paint on the wall came off, so I repainted it.　墙壁的油漆剥落了，重新涂了一下。　벽에 칠한 페인트가 벗겨져서, 다시 칠했다.
3「新学期が始まり、新たな期待に心が<u>弾んで</u>いる」(弾む)<ruby>弾<rt>はず</rt></ruby>With the onset of the new semester, my heart is filled with new expectations.　新学期开始了，新的期待在心里高涨。　신학기가 시작되어, 새로운 기대로 마음이 설레이고 있다.
4「家賃の支払いが<u>滞って</u>、家主から催促されている」(滞<ruby>滞<rt>とどこお</rt></ruby>る) I haven't paid my rent for a while and I'm being pushed to pay it by the landlord.　房租支付延迟了，房东在催我。　집세 지불이 밀려서, 집주인으로부터 독촉받고 있다.

【36】 正解 2
有意義(な) = 意味が大きい　meaningful, significant　有很大意义　의미가 크다
<u>大学では有意義な学生生活を送りたいものだ。</u>
使い方「昨日の研究会では子どもの教育について活発な意見交換ができて、**有意義な**時間を過ごすことができた」
正しい言葉 1「何度も練習しただけあって、彼女のスピーチは<u>見事な</u>できばえだった」Thanks to her repeated practice, her speech was excellent.　到底做了那么多的练习，她的演讲精彩而出色。　몇번이고 연습한 만큼의 보람이 있어, 그녀의 스피치 솜씨는 훌륭했다.
3「料理好きな彼女の台所には、<u>便利な</u>道具がそろっている」
4「この保証書は5年間<u>有効</u>です」

第7回
【37】 正解 1
斡旋する　mediate　调度，周旋　알선하다
私の姉は、留学生に住まいやホームステイ先などを斡旋する仕事をしている。
使い方「友人の**斡旋**で新しい<ruby>下宿<rt>げしゅく</rt></ruby>へ移ることになった」
正しい言葉 2「親友のAは私が<u>紹介した</u>男性と付き合い始めたらしい」
3「あなたが<u>協力して</u>くれなかったら、この計画は実現しなかっただろう」
4「少しでも社会に<u>貢献</u>したいと思い、ボランティア活動に<ruby>貢献<rt>こうけん</rt></ruby>参加した」(貢献する) Wishing to contribute to the society a little, I participated in volunteer activities.　想对公司作一点力所能及的贡献，参加了义工。　조금이라도 사회에 공헌하고 싶어, 자원봉사활동에 참가했다.

【38】 正解 4
まちまち = いろいろ　various, different kinds　各种各样　여러가지, 가지각색
新型ウイルスの伝染性については医者によって見解がまちまちである。
Regarding the contagiousness of new types of viruses, doctors have different opinions.
关于新病毒的传染性，不同的医生有各种见解。
신형 바이러스의 전염성에 대해서는 의사에 따라 견해가 가지각색이다.
使い方「子どもたちが作った<ruby>茶碗<rt>ちゃわん</rt></ruby>は色も形も**まちまち**だが、どれも味わいがある」The rice bowls that the children made are all different in color or shape, but each one has its aroma.　孩子们制作的碗，色彩和形状虽然各种各样，但是每个都很有味道。　아이들이 만든 찻종은 색깔도 형태도 가지각색이지만, 모두 멋이 있다.
正しい言葉 1「厚いセーターにビーチサンダルなんて、彼のファッションはかなり<u>ちぐはぐだ</u>」Wearing a thick sweater and beach sandals, he has an odd sense in clothes.　很厚的毛衣和沙滩鞋，他的时装很不对路。　두꺼운 스웨터에 비치샌들이라니, 그의 패션은 상당히 뒤죽박죽이다.
2「珍しいファッションの若者を、お年寄りが<u>まじまじと</u>眺めている」An old man/woman is staring at a young man/woman in an unusual fashion.　老年人们目不转睛地注视着穿新奇时装的年轻人。　신기한 패션을 한 젊은이를 노인분이 말끄러미 바라보고 있다.
3「この型のカメラの価格はピンからキリまでさまざまです」There is a wide range of price for this type of camera.　这种类型的照相机的价格从高到低各不相同。　이 유형의 카메라 가격은 최상급에서 최하급까지 여러가지가 있습니다.

【39】 正解 4
ポーズ　pose　姿势　포즈
彼女はカメラの前でポーズをとるのがうまい。

使い方「この絵の女性の**ポーズ**は、女性のもつしなやかな美しさをよく表している」The pose of the woman in this picture expresses female gracefulness very well. 这幅画中她的姿势,把女性特有的柔美表现得很好。 이 그림 속 여성의 포즈는, 여성이 갖고 있는 부드러운 아름다움을 잘 표현하고 있다.
正しい言葉1「弟は姿勢が悪いので、背が低く見える」
2「この店の店員は接客態度がよくない」The manners of the store clerks toward customers are not good. 这个店的店员接待客人的态度不太好。 이 가게의 점원은 손님을 대접하는 태도가 좋지 않다.
3「私は、父の仕事に対する姿勢を尊敬している」I respect my father's readiness for work. 我很尊敬父亲对待工作的态度。 나는 아버지의 일에 대한 자세를 존경하고 있다.

【40】 正解 3

よっぽど(=よほど)= きっととても maybe very... 一定 很, 很 틀림없이 매우
帰ってきた息子は**よっぽど**疲れていたのか、すぐに寝てしまった。
使い方「海外出張は**よっぽど**大変だったのだろう。彼はすっかりやせて帰ってきた」
正しい言葉1「ここは一流レストランと言われるだけあって、料理はさすがに最高だ」
2「いつも厳しい部長が今日はいやに／妙にやさしい。何かあるのだろうか」The usually rigid director is weirdly nice today. I wonder if something happened to him. 总是很严格的部长今天非常/格外地亲切。是怎么回事？ 항상 엄한 부장이 오늘은 이상하게/묘하게 다정하다. 무슨일이 있는건가.
4「彼女の指輪のダイヤがとても大きかったので、びっくりした」

【41】 正解 3

着実(な)= しっかりと落ち着いていて、危ない感じがない steady and calm, look confident 着实而沉稳, 没有危险的感觉 매우 침착하며, 위험한 감이 없다
この会社は、多くはないが**着実**に利益をあげている。
This company is steadily making profits, though not huge. 这个公司的盈利虽然不多,可是着实地上升着。 이 회사는 많지는 않지만 착실하게 이익을 올리고 있다.
使い方「勉強方法を変えてから、息子の成績は**着実**に上がっている」
正しい言葉1「A氏がこの選挙で当選するのは確実である」
2「怒らないから本当のことを正直に言いなさい」
4「彼が犯人だという確かな証拠がある」

【42】 正解 1

人望 trust 人望 인망
彼は人望が厚いので、リーダーにふさわしい。
As he enjoys a high reputation, he is worthy of a leader. 他很有人望,适合当领导。
그는 인망이 두터워, 리더로 적합하다.
参考「人望が 厚い／ある／ない」「人望を 集める／失う」
使い方「彼は**人望**があり、部下から慕われている」
正しい言葉2「私は医師の免許を持っていないので、治療を行う資格がない」I don't have the license as a doctor, so I am not allowed to treat (patients). 我没有医生的执照, 所以没有治疗的资格。 나는 의사면허를 갖고 있지 않아서, 치료를 할 자격이 없다.
3「この作家の新しい作品は非常に評判がよい」
4「彼女は医者になりたいという望みを持っている」

第8回

【43】 正解 3

手引き =（正解文中の意味）(犯罪など悪いことの)案内、導き guidance/ instruction (for something bad like crimes) 引导，向导 (범죄등 나쁜 일의) 안내, 인도
今回の事件は内部から手引きをした者がいるようだ。
In this case, there seems to be someone who may have helped from inside.
这次的事件有内部的人接应。
이번 사건은 내부에서 길잡이를 한 놈이 있는 것 같다.
使い方「こんな大胆な犯罪は一人ではできないだろう。だれか**手引き**をした共犯者がいるはずだ」Such a daring crime as this cannot have been committed alone. There must be an accomplice who cooperated with him. 这样大胆的犯罪一个人是不太可能干得了的,一定有共犯帮忙。 이런 대담한 범죄는 혼자서는 불가능하지, 누군가 길잡이를 한 공범이 있을 것이다.
正しい言葉1「傷が悪化しないように、病院で手当て／治療を受けたほうがいい」
2「社長は会社経営からの引退を発表した」
4「学校長の推薦／紹介で、彼を採用することにした」

【44】 正解 1

ひたむき(な)= 1つのことに向かって一生懸命で、忍耐強い working hard and patiently on one specific thing 向着一个目标,拼命努力,坚强忍耐。 한가지 일에 열심히며, 인내심강하다
彼は目的の達成に向かって、ひたむきに努力している。
使い方「これは、作者の芸術に対する**ひたむきな**情熱が伝わってくる作品だ」This is a piece that makes you feel the artist's passionate devotion for art. 这是一部能感到作者对艺术的由衷热情的作品。 이것은 작가의 예술에 대한 한결같은 열정이 느껴지는 작품이다.
正しい言葉2「今日は店にひっきりなしに客が入って来る」
We have customers coming into the store one after another today. 今天店里接连不断地来客人。 오늘은 가게에 끊임없이 손님이 들어 온다.
3「そんなに暗くならないで、前向きに考えよう」Don't feel

4「国際空港では飛行機が頻繁に発着する」There are frequent departures and arrivals of airplanes at an international airport. 在国际机场,飞机频繁地起飞着陆。 국제공항에서는 비행기가 빈번하게 발착한다.

【45】 正解 3
うんざりする　get sick and tired, feel disgusted　腻，讨厌，没兴趣　진절머리나다, 지긋지긋하다
1つレポートを提出すると、またレポートの課題が出る。もううんざりする。
使い方「部長のくどい説明には、いつも**うんざりする**」
正しい言葉 1「うっかりして電車を乗り間違えて、遅刻してしまった」
2「妻はきっちりした性格で、特にお金の使い方には厳しい」
4「彼はラグビーの選手だっただけあって、体ががっしり／がっちりしている」

【46】 正解 1
見せびらかす ＝ 自慢そうにみんなに見せる　show off something proudly　很骄傲地让大家看　자랑하듯 모두에게 보이다
彼がわざわざ車で来たのは、新しい車を見せびらかすためだった。
使い方「彼は子どもの写真を**見せびらかして**自慢をするので、同僚にいやがられている」
正しい言葉 2「本屋の店先に今月の新刊書が並べられている」
3「彼は断然トップで優勝し、力の差を見せ付けた」（見せ付ける）He won an absolute victory and showed off his much greater ability. 他绝对领先地得了冠军,显示了实力的差别。 그는 단연 톱으로 우승하여, 실력의 차를 보여주었다.
4「父親は子どもに英語を覚えさせようと、教育番組を見せた」

【47】 正解 1
てんで（〜ない）＝ 全く（〜ない）（くだけた会話で使うことが多い）　not 〜 at all (usually used in casual conversation) 完全(没有)(在与亲近的人对话)(比较通俗的对话)中用得较多。) 전혀 (〜 않다)(허물없는 회화에서 사용되는 경우가 많다)
僕は、英語はてんで分からないんだ。
使い方「彼の言うことは**てんで**あてにならない**から、自分で確かめたほうがいいよ」What he says is not reliable at all, so you should check it on your own. 他说的话完全不可靠,还是自己确认一下好啊。 그가 하는 말은 전혀 믿을 수가 없으니, 직접 확인해 보는 것이 좋을꺼야.
正しい言葉 2「彼はすごくストレスが溜まっているのか、いつも疲れた顔をしている」
3「主人の帰宅が今日は特に遅い。何かあったのだろうか」

4「当時はひどく食料が不足していて、苦しい生活を強いられていた」Food was very scarce at that time, and they were forced to lead a severe life. 当时食品严重不足,被迫过着艰苦的生活。 그때는 너무나도 식료품이 부족해서, 고달픈 생활을 보낼 수 밖에 없었다.

【48】 正解 2
満場一致　unanimous consent　全场一致　만장일치
衆議院に提出された法案は満場一致で可決された。
The bill submitted to the House of Representatives has passed under unanimous consent.
众议院提出的法案全场一致通过了。
중의원에 제출된 법안은 만장일치로 가결되었다.
使い方「次のオリンピックをＡ市で行うことが**満場一致**で決まった」
正しい言葉 1「週末はどのレストランも満員なので、事前に予約したほうがいい」
3「この公園は春になると桜が満開になる」
4「Ａさんの試験の点数は満点で、みんなを驚かせた」

第 9 回
【49】 正解 3
わずらわしい ＝ 面倒でいやな　troublesome and bothersome　因麻烦而觉得讨厌，腻烦　귀찮고 싫은
相続についてのわずらわしい手続きは、弁護士にまかせている。
All those troublesome procedures of inheritance are left in the hands of our lawyer.
与继承有关的腻烦的手续,都委托律师在办。
상속에 관한 번거로운 수속은 변호사에게 맡기고 있다.
使い方「田舎は近所づきあいや親戚とのつきあいが**わずらわしい**ので、都会へ出て暮らしたい」In the country interacting with neighbors and relatives is a nuisance, so I want to move to a city. 在农村。与近邻、亲戚的交往很腻烦,想去城市生活。 시골은 이웃과의 교재나 친척간의 교재가 성가시니, 도시에 나와 살고 싶다.
正しい言葉 1「同じ名前の学生がクラスに 2 人いて、ややこしい／まぎらわしい」
2「午前中はいつも掃除や洗濯などであわただしく過ぎてしまう」
4「大勢の人が見ている前で失敗をして、とてもはずかしかった」

【50】 正解 1
段取り ＝ 仕事などの手順を決めること　to decide on how to proceed work　决定工作等的先后次序　일등의 순서를 정하는 것
段取りが悪かったせいで仕事の完成が遅れてしまった。
使い方「表彰式の**段取り**が決まり次第、お知らせします」We will let you know as soon as the arrangement of the award ceremony is set up. 表彰仪式的计划定下来后, 会通知你

的。 表彰式の絶句が定まりましたら、お知らせいたします。
正しい言葉 2「荷物の支度／準備ができたら、出発しよう」
3「他人の文章を使用するには事前の許可が必要だ」You need to get permission in advance when you want to use someone else's sentences. 要引用别人的文章，事前必须得到允许。 다른 사람의 문장을 사용하기 위해서는 사전에 허가가 필요하다.
4「来月のイベントで使用する会場の下見を新入社員に頼んだ」I asked a new employee to go check the hall which we will use for the event next month. 下个月活动将要使用的会场的预先检查，已经委托新职员办了。 다음달 이벤트에서 사용하게 될 회장의 사전점검을 신입사원에게 부탁했다.

【51】 正解 2
あがる =（正しい文中の意味）緊張して落ち着きがなくなる feel nervous and restless 因緊張而失去鎮定 긴장하여 침착성이 없어지다
私は人前に立つとあがってしまい、顔が赤くなり声がふるえる。
使い方「大勢の観客を見たとたん**あがって**しまって、歌詞を忘れてしまった」
正しい言葉 1「今月は経費の出費がかさんで、赤字になってしまった」（かさむ）We had so many expenses this month and fell into the red. 这个月经费的支出增多，成了赤字。 이번달은 경비지출이 늘어나, 적자가 되어 버렸다.
3「濃いコーヒーを飲むと頭が冴えて仕事がはかどる」（冴える）If I drink thick coffee, my head becomes clear and I can work harder. 喝了浓咖啡脑子很清醒，工作进展快。 진한 커피를 마시면 머리가 맑아져 일이 잘 진행된다.
4「昨日の弁論大会の記事が新聞に載っていた」（載る）

【52】 正解 3
やけに =いつもとちがってひどく（くだけた会話で使うことが多い）unusually terribly (used mainly in casual conversation) 与平时不同，太过分了。厉害，要命 언제나와 달리 심하게 (허물없는 회화에서 사용되는 경우가 많다)
今日はやけに蒸し暑いな。
使い方「**やけに**のどがかわく。塩辛いものを食べたせいかなあ」
正しい言葉 1「彼女はいつも秘密を言いふらしてしまうので、今回は絶対に話さないでおこう」
2「テストに向けて一生懸命に勉強しているが、毎回その努力は報われない」Although I study very hard for the tests, my efforts don't get rewarded each time. 为了考试拼命地努力着，但是每次努力都没有回报。 테스트를 위해서 열심히 공부하고 있지만, 매번 그 노력은 결실을 맺지 못한다.
4「会場に入ったら、宴会はとっくに始まっていたので、びっくりした」I was surprised because the party had already begun long before when I entered the place. 进入会场，(发现)宴会早已经开始了,太吃惊了。 회장에 들어가니, 연회는 벌써 시작되고 있어서 깜짝 놀랐다.

【53】 正解 3
もめる =けんかをする have a fight 吵架 싸우다
浮気問題でもめていた近所のご夫婦が、とうとう離婚したらしい。
I hear that the neighborhood couple who were struggling with extra-marital affairs finally got a divorce. 为了婚外恋问题而争执不休的邻居夫妇终于离婚了。 바람문제로 다투던 이웃집 부부가 결국 이혼했다고 한다.
使い方「亡くなった父親の遺産の相続をめぐって兄弟が**もめている**」The brothers are arguing about the inheritance of their late father's estate. 为了去世的父亲的遗产继承问题，兄弟在争吵。 돌아가신 아버지의 유산 상속을 둘러싸고 형제가 싸우고 있다.
正しい言葉 1「冷蔵庫に入れたまま忘れていた野菜がすっかり腐ってしまった」
2「初めて行った町で道に迷ってしまった」
4「肩が凝っちゃった。ちょっともんでくれない？」（もむ）I have still shoulders. Would you give me a little massage? 肩膀好酸痛啊，能不能帮我按摩一下？ 어깨가 뻐근해졌어. 좀 주물러 주지 않을래？

【54】 正解 4
なじみ familiarity 熟悉，亲密 친숙함
ここは以前私たちが住んでいたところで、なじみが深い土地です。
参考「なじみが 深い／ある／ない」
使い方「外国に行くと、**なじみ**のない習慣に出合って驚くことが多い」
正しい言葉 1「長年の研究が実を結び、ついに新薬が開発された」
2「我が社は創立 80 年の歴史を持つ」
3「また同じクラスになるなんて、私たち縁があるね」We may be so destined that we are in the same class again. 又分在同一个班级，我们真是有缘。 또 같은 반이 되다니, 우리 인연이 있네.

第 10 回
【55】 正解 2
廃れる =（流行、習慣、言葉、考え方、制度などが）行われなくなる (fashion, custom, language, idea, system, etc) become obsolete （流行，习惯，词语，想法，制度等）不再实行或使用了。废除 (유행，관습，언어，사고방식，제도등이) 행해지지 않게 되다
流行語は廃れるのも早い。
使い方「ナイロンが生まれてから、絹のストッキングは**廃れてしまった**」After nylon was invented, silk stockings went obsolete. 自从呢绒诞生后，丝织的长筒袜就不再被使用了。 나일론이 생긴 후, 실크 스타킹은 유행하지 않게 되었다 (한물이 가 버렸다).

N1 解答

正しい言葉 1「子どものころ気に入っていた絵本は古びて、色があせている」（古びる）
3「毎日大量のごみが捨てられている」
4「事故を起こした発電所は廃止されることになった」The power plant that had the accident was to be closed. 发生事故的发电所被废止了。 사고를 일으킨 발전소는 폐지하기로 했다.

【56】 正解 3
くちずさむ＝自分ひとりで小さい声で歌う sing alone in a low voice 自己一个人小声唱歌 자기 혼자서 작은 목소리로 노래한다
気が付くといつもくちずさんでいる歌がある。
I have a song that I often sing quietly unconsciously.
注意到自己总是在唱歌。
생각해 보면 언제나 흥얼거리는 노래가 있다.
使い方「母は今流行りの歌を**くちずさみ**ながら掃除をしている」
正しい言葉 1「酔っ払い同士がけんかしていて、お互いをひどくののしっていた」（ののしる） Two drunkards were fighting and were badly calling each other names. 两个喝醉酒的人在吵架, 互相破口大骂。 술 취한 사람들 끼리 싸우고 있었는데, 서로를 심하게 욕하고 있었다.
2「早朝の公園を散歩すると、小鳥たちがさえずるのが聞こえる」（さえずる） If you stroll in the park early in the morning, you can hear little birds singing. 在早晨的公园散步, 能听到小鸟们的歌唱。 아침 일찍 공원을 산보하면, 작은 새들이 지저귀는 소리를 들을 수 있다.
4「つまずいて、持っていた資料を床にばらまいてしまった」（ばらまく） I tripped and scattered the material I had on the floor. 绊倒了, 拿着的资料散了一地。 발이 걸려 넘어져, 갖고 있던 자료를 바닥에 뿌려 버렸다.

【57】 正解 3
前途＝これから先／将来 (one's) future 从此以后／将来 앞으로／장래
彼は前途有望な若者である。
使い方「会社は倒産せずに済んだが、**前途**多難であることに変わりはない」The company barely avoided bankruptcy, but hardships are still on its way. 公司总算没倒闭, 但是前途多难是一点没变。 회사는 도산하지 않고 버틸 수 있었지만, 전도 다난함에는 변함이 없다.
正しい言葉 1「高校を卒業してからの進路を決めなければならない」
2「その船の行方は依然として不明のままである」The boat is still missing. 那条船的行踪依然是不知去向。 그 배의 행방은 여전히 불분명한 상태이다.
4「プロジェクトの途中経過／進捗状況を上司に報告する」 make a progress report of a project to one's boss 向上司报告研究计划的中途经过／进展状况。 프로젝트의 도중경과／진전상황을 상사에게 보고한다.

【58】 正解 1
カムバックする＝復帰する come back, make a comeback 复归, 复出 복귀하다
芸能界を一度引退して数年後にカムバックする人も多い。
Not a small number of people make a comeback a few years after resigning from the entertainment business.
一旦从演艺界退出, 数年后复出的人也很多。
연예계를 한번 인퇴하고 몇년 후에 다시 복귀하는 사람도 많다.
使い方「怪我をして長い間試合に出ていなかったM選手が、ようやく**カムバックする**そうだ」
正しい言葉 2「この町を一度訪れた人は必ず再訪したくなるという」
3「電車は終点の駅から折り返して運行します」The train will run a U-turn service from the terminal station. 电车在终点站调头后运行。 전차는 종점역에서 되돌아와 운행합니다.
4「脳は使わないと、日に日に衰えていく」The brain gets deteriorated day by day unless you use it. 如果不使用脑, 会一天比一天衰退。 뇌는 사용하지 않으면 나날이 쇠퇴해져 간다.

【59】 正解 2
同然＝同様 the same 同样 같음
友人から譲ってもらった中古のピアノは新品同然だった。
使い方「この資料は全く役に立たない。紙くず**同然**だ」This material is totally useless. It's nothing but trash. 这资料完全没用。和废纸一样。 이 자료는 전혀 도움이 되지 않는다. 휴지조각과 다를 바 없다.
正しい言葉 1「社会人だったら、そんなことは知っていて当然だよ」
3「彼女の行方は依然としてわからないままだ」
4「最年長の彼女が自然にグループのまとめ役になった」

【60】 正解 4
漠然（と）＝ぼんやりしていてはっきりしない blurry and not clear 模糊而不清楚, 含混 어렴풋하여 확실하지 않다
この言葉の意味は漠然としていてわかりにくい。
使い方「私が小さいときに亡くなった祖母のことは、**漠然と**しか覚えていない」I only remember vaguely about my late grandmother who passed away when I was a child. 我模糊地记得在我小时候去世的祖母。 내가 어렸을 때 돌아가신 할머니에 대한 일은 막연하게밖에 기억하지 않는다.
正しい言葉 1「彼は大勢の人の前でも堂々と話すことができる」
2「計画は予定通りに着々と進んでいる」
3「友達に悩みを聞いてもらったら、気分がすっきりとした」